鬼脸物理课②

相对论史话

GUI LIAN WU LI KE

刘继军◎著

南京师范大学出版社

图书在版编目（CIP）数据

鬼脸物理课．2 / 刘继军著．-- 南京：南京师范大学出版社，2019.2（2022.6 重印）
ISBN 978-7-5651-4001-3

Ⅰ．①鬼… Ⅱ．①刘… Ⅲ．①中学物理课－课外读物
Ⅳ．① G634.73

中国版本图书馆 CIP 数据核字（2018）第 301958 号

书　　名 / 鬼脸物理课．2
作　　者 / 刘继军
责任编辑 / 曹红梅
责任校对 / 张新新
出版发行 / 南京师范大学出版社
地　　址 / 江苏省南京市玄武区后宰门西村 9 号（邮编：210016）
电　　话 /（025）83598919（总编办）（0371）68698015（读者服务部）
网　　址 / http://press.njnu.edu.cn
电子信箱 / nspzbb@njnu.edu.cn
印　　刷 / 河南瑞之光印刷股份有限公司
开　　本 / 710 毫米 ×1010 毫米　1/16
印　　张 / 17
字　　数 / 260 千字
版　　次 / 2019 年 2 月第 1 版　2022 年 6 月第 4 次印刷
书　　号 / ISBN 978-7-5651-4001-3
定　　价 / 45.00 元

出 版 人　张志刚

Contents
目 录

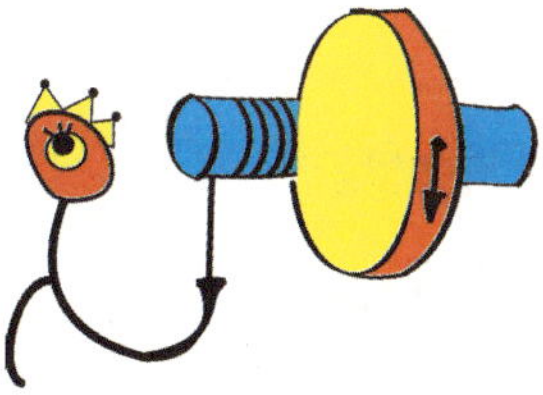

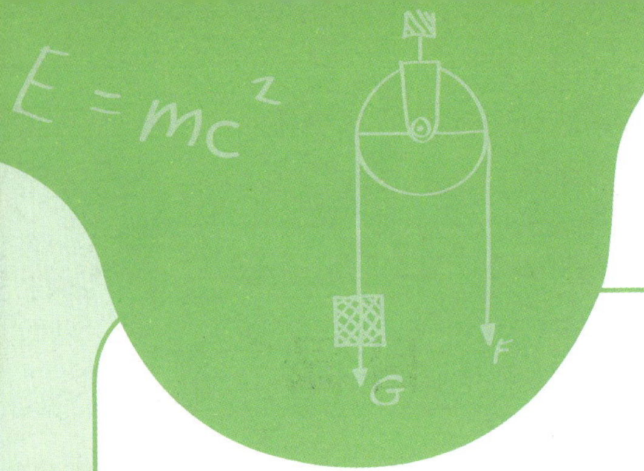
$E = mc^2$
G
F

第十章 狭义相对论（上）

曙光

1 追光

1895年，风景如画的瑞士阿劳镇，一个16岁的少年脑子里出现一个古怪想法：一条美丽的光线划破夜空，去宇宙深处happy，我追上去以速度c与它同去，会看见什么？一条优美动人的振荡的曲线——光波？但经验和麦克斯韦方程组告诉我，不会发生这样的事情。或许，这条光线看起来和我坐在教室里看它时没什么分别。

从此，这个问题如影随形，他这样胡思乱想，痛并快乐着，欲罢不能。

光速虽快，但思想可及，总有一天，我会窥透你的秘密！

转眼10年过去了。

1905年，繁华而优雅的瑞士首都伯尔尼，一辆公共汽车例行公事地穿梭于繁华的街头。后车窗，一双永远好奇、清澈而又深邃的眼睛，看着伯尔尼最著名的钟塔，胡思乱想的脑子里又蹦出一个怪问题："如果公共汽车以光速飞行，会怎样？"

我说："会散架。"

他没理我，脑子里却出现了一只指针被定住的钟。如果公共汽车以光速飞行，那么，钟发出的光追不上车，在车上人看来，钟的指针就定在光速飞行的那一刹那。如果超过光速呢？指针倒转……时间和空间是一体的，是能够变形的网状结构……

追光

你知道，他就是10年前的那个追光少年。这个满脑子奇思怪想的家伙，现在瑞士伯尔尼专利局供职。他下了这趟公共汽车不久后，就发表了一篇与本职工作无关的论文——《论动体的电动力学》。

这时是1905年6月。

他指出：只要人们愿意抛弃绝对时间的观念，以太就纯属多余。

哟，几百万年的时间观念，你说抛弃就抛弃，你以为你是谁？

当然，看见本章的题目时你就知道了，他就是本书的第三位超级牛人——阿尔伯特·爱因斯坦，天才中的天才，巨人中的巨人。

但当时，他的名字不像现在这样如雷贯耳。

他去年才从专利局的临时工转正，得到这里的最低职称：三级技术员。因此，他提出的古怪理论没有引起人们的注意。

1905年6月，还记得这个时间吧？庞加莱发表了《论电子动力学》，提出类似的观点。我们知道，爱因斯坦的论证比庞加莱的论证更接近物理，后者认为这个问题是纯粹数学性的，而且至死不接受爱因斯坦的理论解释。尽管如此，我们也不应该忘记，庞加莱从数学上与爱因斯坦的理论无意契合，前者的盛名，在促使人们后来接受相对论等方面，起到了重要的作用。

现在想想，《论动体的电动力学》的发表，真是悬而又悬。我们一条一条来看：

①爱因斯坦当时的地位平庸到了极点，在世人眼里，他与巍峨的科学殿堂毫不沾边，而他这篇论文的剑锋，却直指这座殿堂的塔尖和中柱。

②爱因斯坦当时赖以谋生的专业，与这篇论文所涉及的领域毫不相干，这就是说，没持证你就上岗了，还想当师傅。这样一个完全的"外行"，提出了一个匪夷所思的观点，挑战当时的整个物理学体系。

③论文观念奇特，完全出乎直观认识之外，不像牛顿理论那样容易理解，包括物理学家也难以理解相对论，加之上述情况的影响，条件极其不利，但影响巨大的《物理年鉴》居然发表了它，让后人不得不佩服主编普朗克（就是当年被老师泼凉水的那个孩子）的慧眼和胸襟。如果换一个人看稿会怎样？

④作者名字前面没有挂上一排各位领导的名字，干净利落。

在这种条件下，如果某些环节是另外的样子，这篇旷世奇文和爱因斯坦的命运又会如何？

实际上，1905 年，爱因斯坦发表的论文不止这一篇，他发飙般地发表了 6 篇论文！

大哥，2017 年，咱国在 SCI 上发表的论文就有三十几万篇，现居世界第二。小爱 6 篇而已嘛，用得着“发飙”，句尾还浪费一个惊叹号？

亲啊，对不起，忘了说，这 6 篇论文的分量，够得上 4 个诺贝尔奖：

3 月发表《关于光的产生和转化的一个启发性观点》，提出光量子概念，给出光子能量公式 $E = h\nu$，完美解释了光电效应。

4 月发表《分子大小的新测定法》，创造了一种测定分子大小和数量的新方法。

5 月发表《热的分子运动论所要求的静止液体中悬浮粒子的运动》，解释了布朗运动，终结了物质是否由分子或原子组成的争论，也解释了不同物质互相接触时彼此进入到对方中去的扩散现象：从浓度大处向浓度小处扩散，分子排列越松散、温度越高，扩散越快。

6 月发表《论动体的电动力学》，给出狭义相对论的出生证，成为物理革命的宣言。

9 月发表《物质的惯性同它所含的能量有关吗？》，完美诠释了质能关系，得出永垂不朽的 $E = mc^2$。

12 月发表《关于布朗运动的理论》，进一步充实了关于布朗运动的研究。

这 6 篇论文为物理学三大领域——物质结构原子论、量子论和狭义相对论奠基，还顺便为其他学科，例如统计学等做出卓越贡献！

苍天啊，大地呀，世上原来真的有奇迹啊！哪位神仙姐姐给我出个主意吧：面对如此天才，除了膜拜，我们还能干些什么？

我想，那句话只有用在这，才字字掏心、毫无虚伪、绝不夸张：我对你的景仰有如滔滔江水连绵不绝，又如黄河泛滥一发不可收拾！

1905 年因此光芒四射，史称爱因斯坦奇迹年，以至于 100 年后的 2005 年也跟着沾了光，被世界物理界和联合国确定为“国际物理年”，纪念爱因斯坦和他所做的工作，全球人民尤其是物理界狠狠地狂欢了一年。

但在 1905 年，人们并没有意识到这一点，因为这几篇论文对人类科学的影响力直到很久以后才逐渐显露出来。可见，思想超前，目光高远，必经曲高和寡之痛。

《论动体的电动力学》所确立的思想，被人们称为“相对论”，爱因斯坦觉得名实不符，如果自己取名，宁可叫它“不变性理论”，因为物理学定律对所有观察者都是一样的。但大家都喜欢叫它“相对论”，众怒难犯，众愿难违，爱因斯坦的命名权就这样被广大人民群众剥夺了。

那个追光少年，经过 3 600 多个日日夜夜的苦苦求索，终于羽化成蝶，不，是羽化成仙，超凡入圣，开创了人类的新纪元！

不是吧大哥，3 600 多个日日夜夜就能这样，那我 14 000 多个日日夜夜的苦苦求索，怎么连个屁都没见到？不公平啊！

亲啊，动不动就咆哮是不好的，吓到小朋友怎么办，就算吓不到小朋友，吓到猫猫狗狗也是不好的嘛。人家是天才嘛！你以为随便谁努努力就能为所欲为？不要和天才比，要和自己比，比自己以前强，力气就没白费。就算不比以前强，力气也没白费，不然在这片逆流里，一不小心就会被卷退十万八千里啊，所以还是好好努力吧……

2 教我如何不信你

光速不变，咱们真的信了吗？即使信了，咱们能理解光速不变是个什么情况吗？

我们知道，转变观念可不像换零件，新的来了旧的拿走，它更像是换血，搞不好新的也会被污染成旧的。

后面的内容，与光速不变密不可分，离开它，就没有下文。所以，咱找点儿空闲，找点儿时间，揣着好奇，再回来看看，让自己就像相信“月有阴晴圆缺”那样，不仅对它深信不疑，还能把它作为一个常识来使用，这样在以后看爱因斯坦的推导时，能够自然想到，某处是由光速不变得来的。

麦克斯韦用方程证明了，迈克尔逊－莫雷实验证实了，我们通过观测也亲眼看到了——光速不变。好像还有一件事没做，那就是思想实验，光速不变原理还可以通过一个有趣的逻辑来证明。这里又要用到小学算术……唉，真麻烦。

嫦娥姐姐，吴刚哥哥，快放下那只兔子，演出开始了！

为了嫦娥，地球人你和月球人吴刚吵架。

吴刚很气人，你很生气，后果很严重。

你随手把看月亮用的手电筒（恭喜你成为使用该电器观测月球的第一人）朝吴刚扔过去，手电筒脱手的一瞬间，你还无耻地摆了个 pose 给嫦娥看。

地对月导弹

因为吴刚在月亮上，所以你和吴刚间的距离 s 是 38 万千米，手电筒的速度 v 为 15 万千米/秒（即使是为了嫦娥，扔这么用力你也太狠毒了），光速 c 为 30 万千米/秒。

假如光速是可以与光源的速度叠加的，那么，那个 pose 的影像会以光速正常向吴刚传去，而手电筒的影像会以手电筒速度与光速之和向吴刚传去。

现在我们根据光速可以叠加的假设，分别算一下三个时间：手电筒影像到达吴刚的时间，pose 影像到达吴刚的时间，手电筒到达吴刚的时间。

根据小学算术，求 3 个时间都用同一个公式：时间 = 距离 ÷ 速度。

手电筒影像到达吴刚的时间 $=38\div(15+30)=0.8\dot{4}$。就是说，你扔出手电筒 $0.8\dot{4}$ 秒后，吴刚看到手电筒向自己飞来。

pose 影像到达吴刚的时间 $=38\div30=1.2\dot{6}$，也就是说，你扔出手电筒 $1.2\dot{6}$ 秒以后，吴刚才看到你的 pose。

手电筒到达吴刚的时间 $=38\div15=2.5\dot{3}$，也就是说，你扔出手电筒 $2.5\dot{3}$ 秒以后，吴刚中招。

运算结果告诉我们，假设光速可以叠加（可变），那么，吴刚先看到一个手电筒飞向自己，又过了 $0.4\dot{2}$ 秒才能看见你扔手电筒的 pose，这和事实不符。

不仅如此，这样还会出现一个诡异的现象，因为手电筒脱手的一瞬间，手与手电筒的速度相等，前臂次之，上臂更慢，身体最慢，所以，你的手发出的光，会和手电筒影像一起到达吴刚，然后依次是前臂、上臂、身体发出的光到达吴刚。

所以，可怜的吴刚看到的是：一只手把手电筒扔向自己，随即手消失，手电筒继续执着地飞向自己，它后面，手消失的地方，依次闪现前臂、上臂，然后隔了一小会儿，出现你的 pose。

如果算上你身体转动的加减速，他还会看见半个你。难怪他都忘了躲这只不远万里而来的手电筒。

这件事太诡异了，以至于喜欢看恐怖片的吴刚强烈要求再来一遍，把你和他正在生气这件事忘得一干二净。

“太刺激了。”他说。

“心胸太宽广了！”你由衷赞叹。

“这也许是脑袋刚才被手电筒砸了的缘故。”我分析。

“无聊。”嫦娥说。

“我们离他远点吧，砸到小兔兔怎么办？”超级自恋的玉兔说。

于是嫦娥抱着玉兔，飞到地月距离的 4 倍处，与你、吴刚三点成一线。

面对一个测不准的投手，躲在目标后面也许才是最安全的，嫦娥想。现在，她的确很安全：她离你 152 万千米，离吴刚 114 万千米。

“可以开始了吗？”你邪恶地玩着手电筒，捡了大便宜似的跃跃欲试，体会着如何完美重复刚才那个 pose。

“等一等，这次我们加点剧情。”吴刚兴奋地说，“刚才，手电筒飞了 $2.5\dot{3}$ 秒到我的脑袋。这次，你还那样扔，朝月桂树旁边扔，我先躲在月桂树洞里，在手电筒到达的那一瞬间，我隆重出场，看看是个什么效果！”

“大哥，你一出来就挨砸，啥也看不成啊。”你心里这样想着，嘴里却说：“真是太有创意了！月桂树真不白砍啊！是不是砍一斧长一智？”太坏了你。

吴刚兴奋地钻进树洞。你举起手电筒。

“开始！”我说。

手电筒还是那个手电筒，月亮还是那个月亮，pose 还是那个 pose 哟，速度还是那些个速度。

吴刚精确地出现在手电筒到达的时刻、到达的地方。手电筒依然正中头顶。

除了吴刚什么也没看见，其他一切似乎跟上次没什么区别。

但是，几秒钟后，嫦娥惊叫起来，玉兔惊跳起来。

因为嫦娥和玉兔看见了更诡异的事。

她们看到什么了？我们算算几道光到达嫦娥的时间，就知道了。

手电筒出发时的光：$152 \div (15+30) = 3.3\dot{7}$ 秒。

pose 的光：$152 \div 30 = 5.0\dot{6}$ 秒。

吴刚到达着弹点的光：$2.5\dot{3} + 114 \div 30 = 6.3\dot{3}$ 秒。

这就是说，嫦娥和玉兔先看见一只手电筒朝月桂树飞去（手、手臂就不说了，跟前面一样），过了 $5.0\dot{6} - 3.3\dot{7} = 1.6\dot{8}$ 秒，才看到你扔手电筒的 pose，又过了 $6.3\dot{3} - 5.0\dot{6} = 1.2\dot{6}$ 秒，发现吴刚出现在月桂树旁，就在刚才手电筒的转折点，脑袋好像被什么砸了一下……穿越了?！好像又没有啊?！嫦娥和玉兔无辜地对视着。

为什么要拿地月距离甚至更远来说事？因为这样算出来的时间差我们更容易分辨、更容易理解，其实不论抛物的距离远近，道理是一样的。根据你用手电筒扔吴刚的例证的原理，如果光速可以叠加，你和朋友打乒乓球时，你将每次

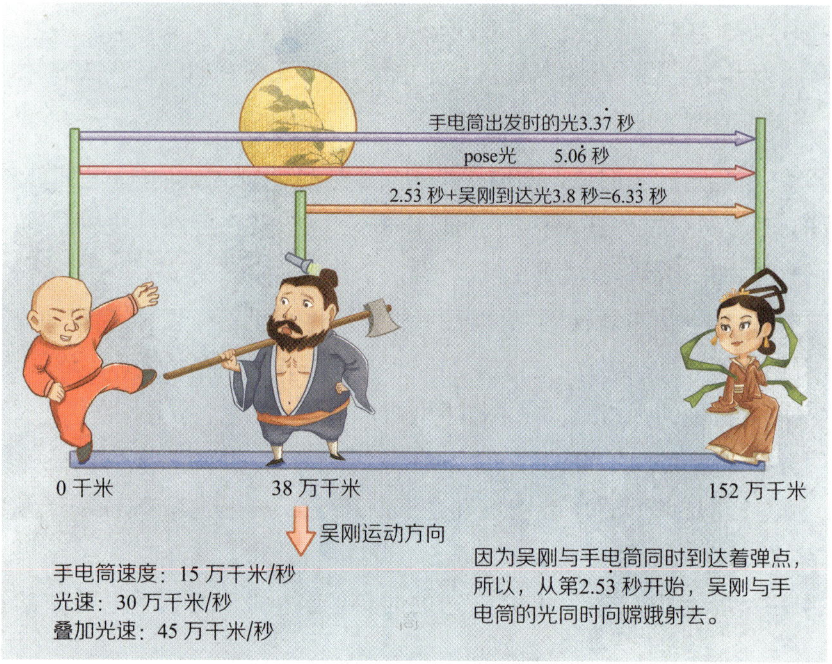

还是地对月导弹

都先看见球朝你飞过来，然后才看见朋友挥拍。这样玩法是不是太诡异了？

其实，用“诡异”二字，并不能够说明不诡异的就是事实，因为我们的现实，诡异到偶尔不诡异我们会觉得更诡异。

这里需要特别强调的有两点：

①这里的诡异，是指与观测严重不符，到目前为止，无论是日常观测，还是科学观测，都没有发现事件后发先至的诡异现象。光速在事实上是没有叠加的。也就是说，光的传递速度是不随着光源速度的改变而改变的。

②如果你坚持不信，那好，你也可以套用上面的公式，把光速不变的情况算一下，我保证，不会出现事件顺序颠倒的诡异现象。这与观测相符，所以我敢跟你打赌。

在光速不变这个问题上，实际观测十分靠谱，我们可以这样推测一下：

在浩瀚的星辰中，除了自转轴恰好指向我们的天体以外，其余天体在自转时，都是一侧转向我们，另一侧转离我们，周而复始（若想象不出来，攥起拳头转一下就看出来了）。如果光速可以叠加，那么，两侧发出的光，速度就各有差异。这些星光，动辄需要几百上千甚至几十亿年才能到达地球，在这漫长的旅程中，快光必定超出慢光很多年到达地球，而它们，在我们视野中都是有位移的，那么，我们就会观测到很多成对的月牙状恒星，或者线状星轨。

但实际上，我们从未观测到这种情况。

在后面的红移、蓝移中（第十四章“引力红移”一节），我将用咱俩小时候常玩的一个游戏作为例证，再次证明光速是不变的。

什么？你问后来你和嫦娥姐姐怎么样了？你们的私事居然来问我？她当然还在月亮上，去吧。刚才我俩比赛薅兔毛时，吴刚在旁边还提起你来着。

“光速不变”后来成为狭义相对论的两条基本原理之一。有反相对论者认为这一原理是荒唐的，他们利用声速在相同密度的空气中传播速度相同这一现象，套用爱因斯坦的推导方法，推导出以“声速不变”原理为基础的“相对论”，来反证相对论原理错误。

本人看后，不得不承认这种做法十分聪明，但这些大侠忽略了一个基本事实：声音本身不是一种独立存在的物质，而是物质的振动，这种振动的传播以及传播速度，依赖于产生振动的物质，而这些物质的运动速度是可变的。比如，声速是340 m/s，你在30 m/s 的风中喊话，你的声音会以370 m/s 的速度传向下风口——可与介质速度叠加。再比如，列车以30 m/s 的速度匀速前进，我在车厢里说话，声音会相对于列车这个惯性系以340 m/s 的速度传播，但在轨道边站着的你看来，声音以370 m/s 的速度传向车头，而以310 m/s 的速度传向车尾——可与惯性系速度叠加。

不必举更多例子，我们把声音传播的可变结果与光速测量的结果对比一下，就知道二者根本不是一回事，声音只是相对于它在其中传播的介质而言速度不变。

还有一点很关键：光是独立存在的物质。所以，“声速相对论”可以看作一个阿凡提式的机智。

好了，我们用能想到的各种方法得出了同一个结果：任由咱们怎么折腾，光速对我们都涛声依旧。所以，小情侣们交流或交换感情，不要空口套白狼式的海誓山盟，也不要“钻石恒久远，一颗永流传”式的物质象征，因为这些东西只是变得慢一点而已，物理学、地质学、心理学和化学都纷纷告诉我们，没有不变的东西，除了光速。

光速作为一个物理常数，在现代物理学中具有极其特殊的意义。由于其确定性，光速被作为确定时间和空间的基准。

3 《论动体的电动力学》

这是相对论的开山论文。我们在谈相对论时，不顺便看看它，岂不等于连新娘盖头都没掀就直接洞房了？虽然不妨事，但这样会不会有点小小的遗憾呢？

所以，在19世纪的物理学家乃至全世界各族人民都没意识到伟大的相对论诞生之前，我们不妨先睹为快，看看相对论的出生证，顺便了解一下这个科学理论是怎么建立的。为了赶时间，也为了学术氛围轻松些，咱就扼要地走马观花，了解个大概。想体会原汁原味呢，可以去搜一下《论动体的电动力学》（以后简称《论动》）原文。

理解狭义相对论，需要一点点耐心和时间。即使这部分我们没完全弄懂，也没关系，我们只要大致理解狭义相对论的基本思想就OK了。想要深入理解，再下点功夫，也不是很难。

《论动》开篇，小爱拿出一个导体、一个磁体，说：不管是你静我动，还是我静你动，作用是相同的，都能让导体产生电流。虽然只是一个简单的例子，却气势逼人，直指电磁学关于运动相对性的统一大业。

他以此为例，论证了物体运动的相对性，得出结论：不存在绝对静止。所以，寻找以太的实验失败是必然的（还记得吧，以太是静止的）。说完顺手把以太理论扔进垃圾箱。为什么扔得这么干脆呢？等会儿就知道了。

然后他指出，适用于力学的坐标系，对电动力学啊、光啊什么的也同样适用。这样，他得出一个“相对性原理”的猜想：物理定律在任何惯性系中都相同。

这没问题吧？

在不同的惯性系中，做力学实验，得到的结果都相同。那么，也是在不同的惯性系中，做电磁学、热力学实验，难道会得到不同的结果吗？你在家里拿着短铁棍在火上烧，会烫手，然后你拿着这根短铁棍去火车上烧，就不烫手了？——如果世界是这样，那真的是太疯狂了！

所以，我们只好承认：物理定律在任何惯性系中都相同。

还记得前面的两个“相对性原理”吧？

庞加莱的“相对性原理”：运动定律在任何惯性系中都相同。（第九章“群

雄逐鹿”一节)

伽利略的“相对性原理”:力学定律在任何惯性系中都相同。(第九章“伽利略变换”一节)

瞧,都只差两个字,但涵盖面可差之千里:运动定律包括了力学定律,而物理定律包括了运动定律。高度决定广度。站在牛顿、伽利略、庞加莱这些大牛的肩膀上看风景,就是一个字:爽!

小爱说,既然现有的一切实验都证明,“相对性原理”不是错误的,那么,我们可以把它从猜想提升为一个公设。

他又说,我们还要引进另一条公设:光速不变原理。指的是光在真空中速度不变。这也是被实验证明了的,我就不废话了。

这两条基本原理是整个狭义相对论的基础,简洁明了。

简洁,符合“奥卡姆剃刀”原理。咦?突然冒出来一把剃刀,它干吗的?

答:专职剃掉多余的东西。它有个八字方针:如无必要,勿增实体。

别看只有八个字,它在科学、哲学、经济等各个学科、各个领域广泛适用。

还没看出这八个字有啥了不起?那咱们回到一个熟悉的案件,当一回侦探。

未婚的公主怀孕了。

皇家理论:

① 假设上天要降生一个圣人,拯救地球;

② 假设圣人降生必须选一个不平凡的肚子;

③ 假设上天可以不必通过任何接触即可直接令人类受孕;

④ 假设公主的肚子极不平凡。

这些个假设加在一起,才能让皇家得出一个光荣的结论:上天使公主怀孕了。

谁看见了?上天为什么要用这种方式派一个胎儿?

“起夜的王公公看见了,一道金光……”你哪来这么多废话?再问喝茶去!

……

民间理论:

假设有一个男人让公主怀孕了。

就一句话的事。

现在,该侦探大人您来回答了,哪个解释更接近真相呢?

傻子都知道,当然是后者的解释更接近真相。

“如无必要,勿增实体”的意思就是:假设越少的解释,就越接近真相。

“奥卡姆剃刀”原理还告诉我们,如果某个条件无法检测,无法证实,那这个条件就等于没有,没必要存在。比方说,某人一觉醒来,发现掉了一缕头发。问奶奶,奶奶说这是“鬼剃头”,也就是鬼干的。这个无法证伪,也无法证实,所以不靠谱。要想得到正确结论,就必须用奥卡姆剃刀把“鬼”从掉头发这个事件中剔除,才有可能找到真相。

科学也是这样,比如解释这个问题:天为什么下雨?

祖先的解释:是神仙干的,具体是龙干的,龙在江河湖海吸足了水,到天上把水变成雨洒向大地。还往往需要风婆、雷公、电母、云童来帮忙打打场子搞搞仪式。

现在的解释:是能量转换的结果。具体是水受热汽化上升,受冷凝成水珠,空气撑不住它,就掉下来成了雨。

看,同样是把水运到天上再洒下来,但检测不到且无法证实的龙、雷公、电母、风婆、云童就太多余了。

这就是为什么小爱毫不犹豫地抛弃了以太同志。他的心在跳,他的剃刀在“嘟——”,于是……

小链接

功与能

功,我们不是第一次见这个词了,实际上我们几乎每天都能看到、听到它。功这个词似乎很陌生,让我们换种说法再试试看:能量。这样是不是顺耳了很多,还不够吗?如果你喜欢武侠,那你一定听说过武林高手身体里都有一种叫气的东西;如果你看日本动漫,那你一定听说过查克拉。不论这东西在其他领域叫什么,在科学的领域我们都叫它:功。

就像功的别名一样,它的单位一样有很多:牛顿·米(N·m)、瓦时(W·h)、千瓦时(kW·h)、卡(cal)……而所有功(能量)的单位都可以是焦耳(J)。简单地介绍一下功:

① **功的定义**：力和作用在力的方向上通过的位移的乘积。它是描述力对空间积累效应的物理量，是过程量。定义式：$W = F \cdot s \cdot \cos\theta$，其中 F 是力的大小，s 是力的作用点的位移的大小（相对于水平地面），θ 是力与位移间的夹角。

② **功的两个必要因素**：一是作用在物体上的力；二是物体在力的方向上通过的距离。

③ **功的计算**：功（W）等于力（F）跟物体在力的方向上通过的距离（s）的乘积，本公式只适用于恒力做功。

说到功我们就不得不说下功率（P）：单位时间（t）里完成的功（W），叫功率。计算公式：$P = W/t$。功率的单位是瓦特（简称"瓦"，W），1 W = 1 J/s，1 kW = 1 000 W。

一个物体能够做功，这个物体就具有能（能量）。能量有很多种，有机械能、内能、动能、势能、风能、水能、核能等等，它们之间都可以通过各种各样不同的方式相互转化。我们分别介绍下这几种能：

① **机械能**：动能和势能的统称，机械能 = 动能 + 势能。单位：焦耳。动能和势能之间是可以互相转化的。

② **动能**：物体由于运动而具有的能叫动能。运动物体的速度越大，质量越大，动能就越大。表达式：$E_k = mv^2/2$。

③ **势能**：分为重力势能和弹性势能。重力势能：物体由于被举高而具有的能，物体质量越大，被举得越高，重力势能就越大。弹性势能：物体由于发生弹性形变而具有的能，物体的弹性形变越大，它的弹性势能就越大。

④ **内能**：物体内部所有分子做无规则运动的动能和分子势能的总和叫内能（也称热能）。任何物体都有内能，物体的内能跟物体的温度和体积有关。

物体的内能和机械能有着本质的区别。物体具有内能的同时可以具有机械能，也可以不具有机械能。

① **分子动能**：做热运动的分子具有动能，在热现象的研究中，单个分子的动能是无研究意义的，重要的是分子热运动的平均动能。温度是物体分子热运动的平均动能的标志。物体的温度越高，分子运动速度越快，内能就越大。

② **分子势能**：分子间具有由它们的相对位置决定的势能，叫作分子势能。分子势能随着物体的体积变化而变化。分子间的作用表现为引力时，分子势能随着分子间的距离增大而增大。分子间的作用表现为斥力时，分子势能随着分子间的距离增大而减小。对实际气体来说：体积增大，分子势能增加；体积缩小，分子势能减小。

③ **改变内能的两种方式**：

a. 做功：其本质是其他形式的能和内能之间的相互转化。物体对外做功，物体的内能减小；外界对物体做功，物体的内能增大。

b. 热传递：其本质是物体间内能的转移。

注意：a. 做功和热传递在改变物体的内能上是等效的，但有本质的区别。

b. 特别要强调的一点是在热传递过程中，传递能量的多少才能叫作热量，物体含有多少热量的说法是错误的。

④ **热量的计算**：

a. $Q_{吸} = cm(t - t_0) = cm\Delta t_{升}$。其中：$Q_{吸}$ 是吸收的热量，单位是 J；c 是物质的比热容，单位是 J/(kg · ℃)；m 是质量，单位是 kg；t_0 是初始温度，t 是后来的温度，单位是℃。

b. $Q_{放} = cm(t_0 - t) = cm\Delta t_{降}$。

燃料燃烧放出的热量 $Q_{放} = qm$。其中：$Q_{放}$是放出的热量，单位是 J；q 是热值，是 1 kg 某种燃料完全燃烧放出的热量，单位：J/kg；m 是质量，单位是 kg。

小结：有这么多的“能”，还有很多关于能量之间转换的运算，复杂多样，不过只要记住了“能量守恒”这四个字，就不复杂了。

动能定理：外力对物体所做的总功等于物体动能的变化。

机械能守恒定律：在只有重力（或弹簧弹力）做功的情形下，物体动能和重力势能（或弹性势能）可以发生相互转化，但机械能的总量保持不变。

【例 1】下面关于摩擦力做功的叙述，正确的是

A. 静摩擦力对物体一定不做功

B. 滑动摩擦力对物体不一定做负功

C. 一对静摩擦力中，一个静摩擦力做正功，则另一个静摩擦力一定做负功

D. 一对滑动摩擦力中，一个滑动摩擦力做负功，则另一个滑动摩擦力一定做正功

答案☞ BC

物体在静摩擦力作用下可以向各个方向运动，所以静摩擦力可以对物体做功，故 A 错误。物体在滑动摩擦力的作用下也可以运动，即运动方向可以与滑动摩擦力的方向相同，此时，滑动摩擦力对物体做正功，故 B 正确。由于一对静摩擦力等大反向，且作用位移相同，故一个力做正功，另一个力一定做负功，故 C 正确。在一对滑动摩擦力中，力的大小相等、方向相反，但两力的作用位移大小不相同，方向也不相同，故 D 错误。

【例 2】如图所示，质量均为 m 的小球 A、B、C，用两条长为 l 的细线相连，置于高为 h 的光滑水平桌面上，$l>h$，A 球刚跨过桌边。若 A 球、B 球相继下落着地后均不再反跳，则 C 球离开桌边时的速度大小是多少？

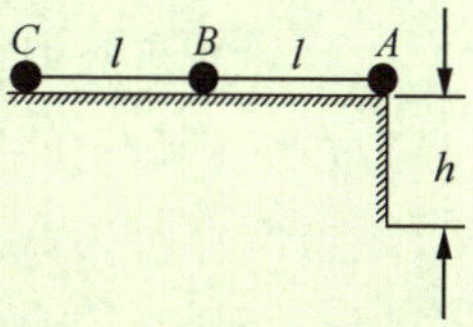

解析☞ 当 A 小球刚要落地时，3 个小球速度相等，设为 v_1，3 个小球机械能守恒。

$$3mgh = 2mgh + \frac{1}{2} \times 3mv_1^2 \quad 解得\ v_1 = \sqrt{\frac{2gh}{3}}。$$

当 B 球刚要落地时，B、C 机械能守恒。B、C 有共同的速度，设为 v_2。

$$2mgh + \frac{1}{2} \times 2mv_1^2 = mgh + \frac{1}{2} \times 2mv_2^2 \quad 解得\ v_2 = \sqrt{\frac{5gh}{3}}。$$

【例 3】下列情况中力对物体做功的是

A. 举重运动员把 1 000 N 的杠铃举高 2 m

B. 举重运动员举起杠铃在空中停留了 5 s

C. 重 200 N 的小车在光滑的水平面上匀速直线运动

D. 起重机吊着重物水平移动 10 m

答案☞ A

A 中物体受的力和物体运动方向在同一条直线上。B 中的物体并没有移动，C 中的物体所受合力为 0，D 中的力与物体移动的方向垂直。

【例 4】放学后，体重为 500 N 的小明同学背着重 40 N 的书包沿水平路面走了 200 m，又登上大约 10 m 高的 4 楼才回到家，共用了 5 分钟。则他在回家的过程中对书包所做的功约为________J，功率约为________W。

答案☞ 400　1.3

力对物体做功的两个必要因素是作用在物体上的力与物体在该力的方向上通过的距离，据此确定两个过程（水平路面上行走、登楼）是否做功；若做功，先利用 $W = Fs$ 计算功的大小，再利用 $P = W/t$ 求功率。小明在水平路面上行走时，其对书包施加向上的力以克服书包自身的重力，但书包在竖直方向上移动的距离是0，此过程其对书包做功为0；在登楼时，将书包提升，对书包做功 $W = Fs = 40\ \text{N} \times 10\ \text{m} = 400\ \text{J}$，做功功率 $P = W/t \approx 1.3\ \text{W}$。

【例5】已知船满载后的总质量为160 t。

① 一艘满载的船停在水平地面上时，与地面间的总接触面积为 $80\ \text{m}^2$，那么它对地面的压强为多少？（$g = 10\ \text{N/kg}$）

② 气垫船入水后，启动柴油发动机，通过向下喷气将船身匀速抬高2.15 m，若整个过程中没有能量损失，则抬高一次需要消耗多少千克的柴油？（柴油的热值 $q_{柴油} = 4.3 \times 10^7\ \text{J/kg}$）

③ 气垫船以30 m/s的速度匀速直线运动时，若受到的阻力始终为 $7.2 \times 10^4\ \text{N}$，那么推力的功率为多少？

解析☞ ① $2 \times 10^4\ \text{Pa}$　② 0.08 kg　③ $2.16 \times 10^6\ \text{W}$

① 船对地面的压强等于压力除以受力面积：$p = F/S = 2 \times 10^4\ \text{Pa}$。

② 由气垫船抬高一次所做的功可以求出所需要的能量，再根据燃料燃烧值就可计算出所需要的汽油的质量：$m = Q/q = W/q = Gh/q = 0.08\ \text{kg}$。

③ 当气垫船匀速直线运动时，推力与阻力是相等的，所以知道了阻力也就知道了推力，推力的功率等于推力的大小乘以运动的速度：$P = Fv = 2.16 \times 10^6\ \text{W}$。

爱因斯坦认为，自然界应当是和谐而简单的。所以，他的理论都是出于简单，归于深奥。

经过前面的艰苦历程，我们不难接受他的两条原理，因为到现在，它们在我们心里就像地球围着太阳转一样，已经不再是什么深奥的科学理论，而只是简单的事实。

同样是刀，在我手里西瓜都切不齐，在罗丹手里就能塑成《思想者》，在刘邦手里还能斩蛇起义成就大业。这两个简单的事实，到了史上最强大的三级技术员爱因斯坦手里，就掀起了现代物理学革命，改造了人类的宇宙观。

接下来，《论动》分运动学、电动力学两大部分，探讨了时间、空间、物质与运动的关系，探讨方式是，以两条原理为基础，由浅到深，用缜密的逻辑推理和数学推导得出结论。

这样一来，整个过程就难免枯燥、烦琐，尤其是那一堆一堆的公式，别说看，想起来都头疼，所以，在这里，咱俩只挑其中最短、最简单、最重要的，也是公式最少的第 1 节、第 2 节（《论动》共有 2 章 10 节），假装学习一下，就可以翘课了。

我试着把它翻译成大白话，与君共飨。但是有两点，我们一定要有足够的心理准备，并且提起精神来：

一是这里不得不动用初中数学了，不过，要是看公式过敏，直接跳过去好了，误不了二路汽车；

二是根据原文翻译，这就要全程叙述推导过程，再有趣的推导过程，也是从一个公式到另一个公式，枯燥是难免的。

但是，这可是爱因斯坦的相对论开山论文啊！不品品其中的滋味，怎一个“憾”字了得？！

那，还等什么？开始吧。

翻译之前，有件事咱得达成共识（唉，我怎么这么啰唆）。

我们知道，在科学论文里，为了避免歧义，即使是大家都明白的东西，论文作者也不得不把话说得十分缜密精确。比如，平时我们说“吃好喝好”，大家都明白，但放在论文里，就会出现歧义：什么叫“好”？吃喝到什么程度才算“好”？笼统的东西就是这样，不问没问题，一问全是问题。所以写论文就得这样说：“饮食应尽量消除饥渴感，满足身体补充能量的本能需求，以及咀嚼、味觉、吞咽刺激带来的感官快感，进而使精神愉悦（以营造亲切友好的社交氛围）。”

这样说话，在语言表达上难免枯燥、冗长、拗口，读起来费劲。所以，这里的所谓“翻译”，就是直接写出大家明白的话，大家配合一下，别往歪了想，别死抠字眼，就万事大吉。好，现在开始！

在读《论动》之前，我们得讨论一下，什么叫“同时”，因为《论动》第 1 节讨论的就是“同时性的定义”。所以，我们先跟小爱同志做一个关于“同时”的思想实验。

什么是"同时"？

现在我们请牛郎、织女和你一起来做这个实验。我负责解说。

牛郎、织女负责坐在一列匀速直线行驶的快车上，车的名字叫"爱因斯坦列车"，简称"爱车"。与高铁比起来，此车更神速。

你的任务很光荣很艰巨，你负责矗立在乍暖还寒的站台上，眼巴巴地等爱车经过，眼睛一眨不眨地观察。

很不幸，按照史上最强"八婆"王母的规定，牛郎和织女照旧不能坐在一起，牛郎在车头，织女在车尾。所幸他俩之间没有其他乘客，依然可以相互遥望。

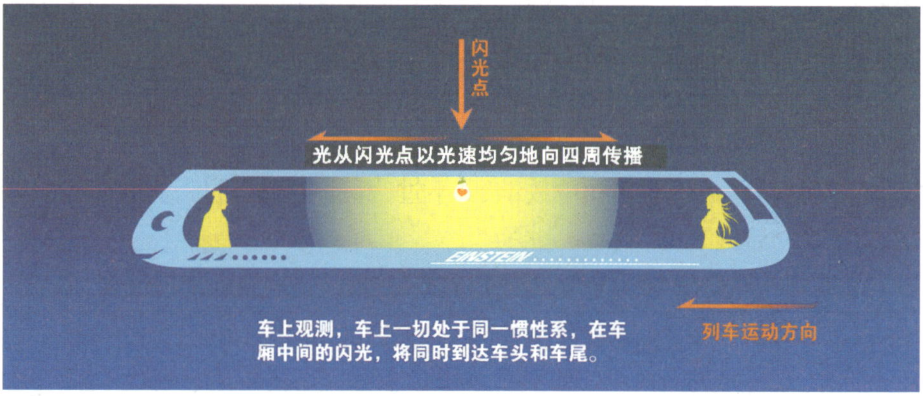

爱因斯坦列车之车上观测

但不幸的是，现在车内外漆黑一片，没有光。没有光的意思是，他俩仍然互相看不见。万幸的是，在他们的正中，有一盏灯。这盏灯在爱车经过站台时，闪了一下光。

君坐爱车头，我坐爱车尾，日日思君不见君，所幸车同轨。这一闪，虽是那样短暂，却是他们最甜蜜最迫切的奢望——这是他们看对方一眼的唯一机会！他们满怀期待，感恩地睁大双眼。瞥你一瞬，足慰我心！

很自然，他们如愿以偿，"同时"看到了对方。因为，灯、牛郎、织女都在爱车这一个惯性系中，对他们而言，这些就是"静系"，物理现象和在地面上没什么分别。在这里，无论我们做什么物理实验，得到的结果和在地面上的实验结果都一样。这盏灯在他们正中，所以，灯发出的光，以同样的速度传向四周，自然就同时到达牛郎和织女。

这一点也不奇怪。

奇怪的是，在站台上的你，却先看到织女处亮了一下，然后牛郎处才亮了一下。

What？牛郎和织女认为同时发生的事情，你看起来居然是先后发生的？Why？因为，你和牛郎、织女所在的参考系不同。人家在车上飞奔，而你在站台上呆立。

在你的参考系，光速当然也是不变的，灯闪时，你看到光从闪光点出发，以同样的速度 c 射向四周。然而，光传播时，列车依旧向前飞奔，在站台上的你看来，车尾的织女与刚才的闪光点之间的距离在缩短，相反，牛郎与闪光点的距离在拉长，灯光当然先到近的地方，所以，你看到灯光先到达织女，然后才到达牛郎！

啊？！眼睛别瞪那么大，嘴也可以合上了。相信我，你们都没错，只是由于所在的参考系不同，观察的结果就不同。

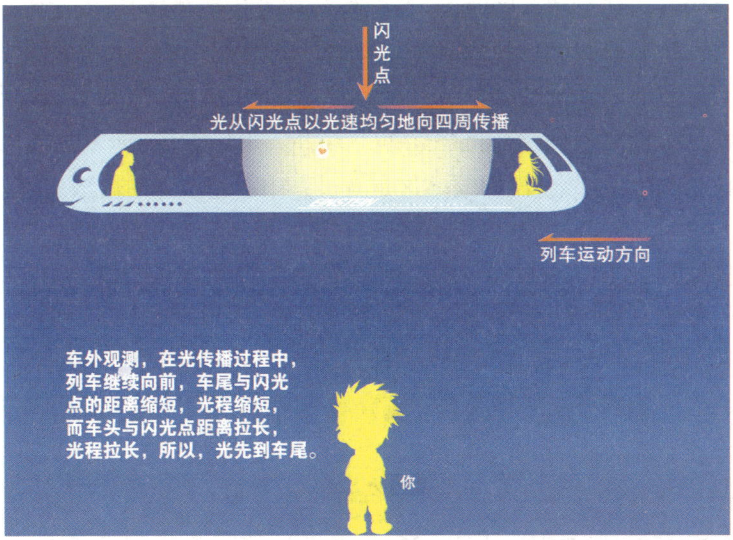

爱因斯坦列车之车外观测

如果一时理解不了，我们不妨反向思考一下，假设你我并排站在站台上，咱俩中间有一盏灯，它闪了一下光，那么对咱俩而言，光一定是同时到达你我，因为距离一样，光速都是 c，所以用时一样。那么牛郎织女在飞驰的爱车上会看到什么呢？运动是相对的，对他们而言，爱车就是静系，他们观测到，站台飞快地与爱车擦肩而过，而那个闪光速度照样是 c，你我其中一个在接近闪光点，而另一个在离开闪光点，光先到近的，再到远的！

这与我们观察牛郎织女没什么分别，所以图就用不着画了。如果你想看图，就把前面那幅图中的爱车车棚去掉，当它是站台就 OK 了。

这回没问题了吧？同一道光，在不同参考系观测得出它到达的时间不同，所以我们管这个实验叫“同光异时”。

小爱告诉我们，所谓“同时”，只有在同一参考系才成立，不同的参考系，不仅运动这个活泼调皮的小家伙是相对的，就连时间这个看起来无比顽固死板的老家伙也是相对的！离开了参考系，就没有“同时”，也没有“现在”！

听起来特别扭是吧？别扭就对了，这是人之常情，哪怕眼睁睁看到新来的是真理，但只要与老观念相冲突，也不舒服。可见欺生、排外的斗争，不仅存在于群体之间、地域之间，也存在于个体的头脑中，与生俱来。不过没关系，克服它，咱就升级了。

看来，“同时”这个概念需要重新定义。所以，小爱开始了《论动》的第 1 节，利用光速不变原理，定义“同时”。（注意，这一节比较枯燥）

一个静止的坐标系，我们管它叫“静系”。静系里，有一个不动的质点（代替物体的有质量的点，一种理想化的模型，忽略了其大小和形状）。现在，我们想要搞清楚这个质点的位置。该怎么办？好办。用尺量量，标出它的坐标值，就搞定。这个初中生都会，没问题。这是对静系中静止质点的做法。

小链接

最基本、最常用的测量工具是刻度尺。

刻度尺的使用方法如下：

① 使用前要注意观察它的零刻度线、量程和最小刻度值。

② 用刻度尺测量时，尺要与被测物体保持水平，且不利用磨损的零刻度线。

③ 读数时视线要与尺面垂直，在精确测量时，要估读到最小刻度值的下一位。

④ 测量结果由数字和单位组成。

在计量器具的刻度标尺上，最小格所代表的值叫作分度值，分度值又称刻度值。

【典例】

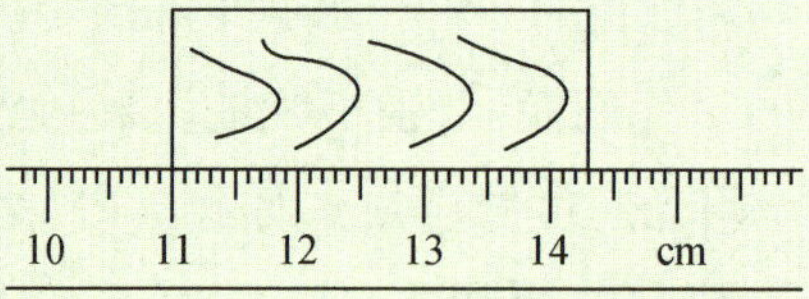

以上图片中，分度值是________，木块的长度是________。

答案☞ 1 mm　3. 30 cm

那么,如果这个质点淘气乱动,又该怎么办呢?也好办,我们就动用时间函数,来给出它的坐标值,描述它的运动轨迹。这个,好像也没什么问题。

为什么要说“好像”呢?因为有一个隐藏得很深的问题:时间。根据经验,我们判断“时间”,总是以“同时”为出发点。比如,你去火车站送嫦娥回月球,说“火车7点到”,大家都明白,那是指“火车到”和“表显示7点”这两件事是同时的。

那么,我们为什么要相信这块表呢?因为它显示的时间读数,与“北京时间”是精确同步的。也就是说,在北京时间7点的“同时”,这块表也显示7点,所以我们相信它。

但是,这种“时间”,只不过是人为定义的,是拉钩上吊一百年不许变的一个约定,是方便我们人类判断和使用的一种“时间计量标准”。一般情况下,没什么问题。

但是,这里还要用一个“但是”,是因为用我们定义的这种“同时”,去处理发生在不同地点的两件事,就不灵了。刚才我们在火车内外,已经体会到了,它相当不灵,牛郎织女看到是“同时”发生的事,在我们看来就不“同时”,没法统一意见。这里不再赘述。

下面,我们一起来找一种办法,大家都认可的办法,用以确定“同时”。

What?你昨天恰好买了三块大表?并且居然是一模一样、质量上乘的三块大表?土豪啊!那太浪费了,这样,我代表你允许你自己留一块,再代表你赠给牛郎和织女各一块,并代表他俩对你致以诚挚的谢意!

现在,牛郎、织女被王母扔到银河系的两个角落,相望却不能相聚。本来约好每晚8点“同时”给对方一个飞吻,然后梦中相会,但被扔得匆忙,也不知道表是不是同步。吻,是不能乱飞的,要是不“同时”,说不定就被哪只妖怪给接去了,异地恋伤不起啊!刚才,他俩坐在火车里,都没办法确认“同时”,现在隔着银河系这么远,该怎么确定“同时”呢?

什么?你说这三块表都对好了?分秒不差?那咱俩讨论一下:

假如在刚才的“同光异时”实验中,牛郎、织女 and 你,已经分别戴着这三块对好的表了。现在车头和车尾发生了两件事:一件事是光到达牛郎,另一件事是光到达织女。他们看看表,发现这两件事发生在同一个时间点。问题是,你观测到,光先后到达他俩,也就是,事情发生在两个时间点。那么,你的表应该以哪个时间点为准呢?

以此反推这两件事，当你的观测发生在同一个时间点时，爱车上的观测结果，一定是发生在两个时间点。那么，怎么确定你们的公共时间呢？

聪明的你发现了，事先对表，也搞不定是吧？那么，现在我们就应该想个办法，用来验证不同位置的表是不是同步。

我们管牛郎的时间叫作“郎时”，用 t_A 表示，对岸的当然叫“女时”了，用 t_B 表示。那么他俩的公共时间——“公时”怎么定呢？

有办法：走光。

别想歪，这里的“走光”，是让光在牛郎、织女之间来回走。

为什么偏要走“光”，而不走“水”“风”“马”什么的呢？还不是因为光速不变！因为光速不变，所以在距离相同的情况下，无论是从他到她，还是从她到他，走一趟，花的时间是“相同”的。

根据这一原理，用他俩的表来计时，算一下光在他俩之间往、返的时间各是多少，如果得数相等，那么，就证明他俩的表是同步的。

好，现在，我们就用这个原理，列出隔河对表的通用公式来。

牛郎拿着你砸吴刚的那只手电筒，用来观测织女。在郎时 t_A，一道光射向对岸，它在女时 t_B 到达织女，被织女的照妖镜反射回去，光在郎时 t'_A 回到牛郎这里。一共只有三个时间点，分隔一去一回两段时间。

用他俩的表所显示的时间计算：

光从牛郎到织女所用的“时间间隔” $= t_B - t_A$

光从织女反射回牛郎的“时间间隔” $= t'_A - t_B$

如果 $t_B - t_A = t'_A - t_B$，那么两只表同步；

如果 $t_B - t_A \neq t'_A - t_B$，那么两只表不同步。

好，口说无凭，我们实际操练一下。

现在，两人之间的距离不知道，表是不是同步也不知道。

幸运的是，手电筒和照妖镜这两样神器还在。

更幸运的是，他俩已经学会了利用“光速不变”来对表。

牛郎知道，他只要发出一个光信号，织女接到这个信号的同时，就会回一个光信号。他接到织女的回信，就能知道三件事：

第一件事：牛郎和织女之间的距离（用 r_{AB} 表示），这也是光在他俩之间走一个单程的距离。

第二件事：A、B 两表是否同步。

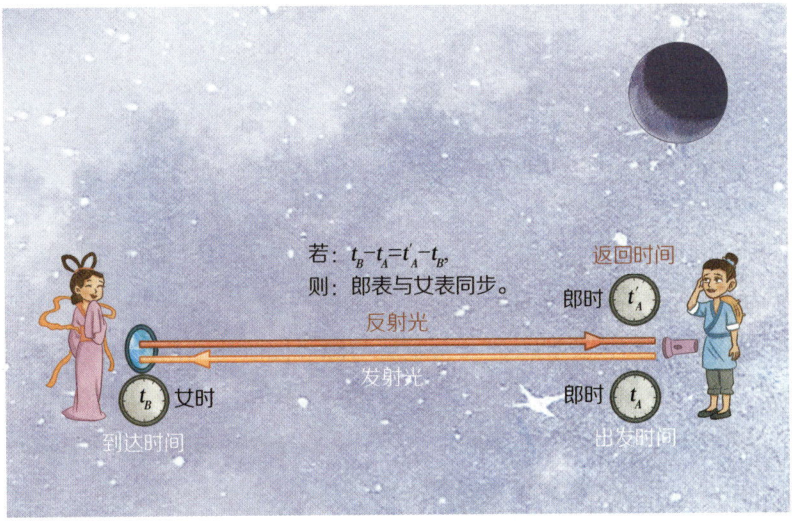

异地"同时"定义(隔河对表)

第三件事：如何使两表同步。

好，现在从 0 秒开始。

牛郎用手电筒向织女发出一个光信息：我的表现在是 0 秒。

织女的照妖镜在接到信号的同时，按照设定的程序，自动发回信息：我的表现在是 5 秒。

牛郎收到织女回信时，他的表显示 6 秒。也就是说，光从他这里发过去，再反射回来，一共用了 6 秒钟。

下面搞定三件事：

第一件事：

牛郎和织女之间的距离 = 光往返用时(6 − 0)秒 × 光速 30 万千米/秒 ÷ 2 = 90 万千米。

第二件事：

$$t_B - t_A = (5 - 0)\ 秒 = 5\ 秒$$

$$t'_A - t_B = (6 - 5)\ 秒 = 1\ 秒$$

5≠1，那么 $t_B - t_A \neq t'_A - t_B$，因此两表不同步。

第三件事：

光走单程 90 万千米需要的时间 = 90 万千米 ÷ 30 万千米/秒 = 3 秒。

但织女收到信息时，表显示 5 秒。

这说明织女的表比牛郎的表快(5－3)秒＝2秒。

然后，牛郎把自己的表拨快2秒。

搞定。

牛郎织女隔着银河确定“同时”的这个实验，我们叫“隔河对表”。

两个“时间间隔”相等，那么，这两只表就是同步的，对吧？

接下来，为了获得大家都公认的简单真理，以备后文之需，我们不得不做出两个简单的推测。有多简单呢？看完就知道了：

① 如果郎表与女表同步，那么女表就与郎表同步——后面这句结论正确得比废话还无聊。

② 如果郎表和女表同步，又和地球人你的表同步，那么女表和你的表也相互同步。这个结论也无比正确吧？

是不是简单到令你生气，以为它在侮辱咱俩的智商？这不要紧，要紧的是，你一看就承认它是对的。

那么好，根据上述经验，我们对处于不同地点的表，规定了它们“同步”的定义，就获得了“同时”和“时间”的定义，我们都承认这是一个很科学很靠谱的约定。

一个事件的“时间”，就是事件发生地的表当时显示的值，这块表和某一块特定的静止的表同步。对一切时间的测定，都以这块特定的表为参照。

恭喜你，在我们的实验里，这块特定的表，就是你戴的那块。

我们还可以根据小学算术“距离÷时间＝速度”的公式，推导出：

$$2r_{AB}/(t'_A - t_A) = c$$

这个公式翻译成汉语：牛郎和织女的距离的2倍÷光往返的时间＝光速。没问题吧？

既然没问题，那我们就把它当成一个普适的公式来用。

咱俩还得记住一个要点：静系的表定义的时间，叫作“静系时间”。

接下来，小爱开始了《论动》的第2节，题目是“关于长度和时间的相对性”。

注意，这一节更枯燥，所以必须提起精神来。乖，别噘嘴，这一节过去，咱这期小爱论文培训班就结业了，坚持到底的，每人发一本“人格证”哦。

首先，小爱重申了他的两条基本原理：

相对性原理：物理定律在任何惯性系中都相同。

光速不变原理：无论观测者位置如何、运动状态如何，真空中的光速都是固定的 299 792 458 m/s。记住，光速不变，永远指的是“真空中的光速”不变。

那么，不管任何参考系怎么折腾，下面这个公式都成立：

光速 = 光走的距离/时间间隔

OK，下面我们得完成一个任务：量爱车的长度。爱车记得不？就是牛郎织女两口子坐的那个专列。

爱车静止时，我们请来悟空，把金箍棒变得与车一样长，并命令金箍棒不许再伸缩，也不能弯。金箍棒听话地点点头，被悟空打了一巴掌，再不敢动了。

现在，金箍棒、爱车的长度都是 L。

那么车运动时，长度会有变化吗？

我们在静系中观察，让爱车匀速平移，速度是 v。爱车相对我们在动，所以它属于动系。

现在，有两种方法来量车的长度：

方法一：悟空拿着金箍棒，跟着车一起做运动，直接量一下，它俩一样长。注意，只是说它俩一样长，可没说“长度是 L”哦。

方法二：根据前面的定义，我们以静系的表，也就是你戴的那块表为准，在某个时刻 t，请牛郎织女帮忙，“同时”标出爱车两端对应静系坐标的两个点（A、B），然后用金箍棒量一下两点之间的距离。这其实就相当于你想量笔的长度时，先把笔放在纸上，标出笔的两个端点，然后把笔放在一边，用尺量这两点之间的距离，所得结果就是笔的长度。这种方法虽然稍稍复杂些，有点脱裤子放屁的嫌疑，但不影响测量结果，对吧？

重点是，在运动中，方法二的结果会是什么呢？答案马上揭晓。

咱们接着做实验，牛郎和织女兴高采烈地坐在爱车上，这回，牛郎在车尾，织女在车头，他俩和你都戴着表。别忘了，这三块表每次使用前都对好了时间，分毫不差。

好，现在重复“同时”的测定，也就是重复“隔河对表”的实验。不同的是，这次牛郎织女坐在爱车中对表。而你，在静系中观测运动中的爱车。这其实是重复“同光异时”的实验。区别是，爱车上的光，由原来从中间发出，改为从车尾到车头再到车尾走一个来回，但光行原理是一样的。

在我们马上要进行的这个实验里，上述原理依然有效。

那么，对你而言，要使光在牛郎和织女之间的往返时间相等，也就是使他俩的表“同步”，就必须对车速进行处理，不然，光在你眼里，从他到她，再从她到他的往返时间肯定不一样！

所以，在这第三个实验里，公式里要出现爱车的速度 v。光在郎时 t_A 从牛郎处发出，在女时 t_B 于织女处被反射回，并在郎时 t'_A 返回到牛郎处。则：

光从车尾跑到车头所用的时间是：

$$t_B - t_A = r_{AB}/(c - v)$$

左侧，$t_B - t_A$，这个我们很眼熟，“隔河对表”时用过，是光从牛郎到织女所用的“时间间隔”；

右侧，r_{AB} 代表牛郎和织女的距离，$(c - v)$ 是光速减去爱车的速度，距离除以速度，得到的仍是“时间间隔”。

What？$c - v$？！不是说光速不变吗？怎么还能用 c 进行加减？

亲啊，这个 $(c - v)$，正是利用光速不变原理，在数学上处理车速的推导结果。下面就是推导过程，你要是不怀疑这个公式，就用不着看推导过程了。

光从车尾射向车头，对静系而言，车在运动，光到达车头所走的距离，是车长加上车行距离。光行时间是 $(t_B - t_A)$，车速是 v，则车行距离为 $v(t_B - t_A)$。

那么，光行距离就是车长 + 车行距离，也就是 $[r_{AB} + v(t_B - t_A)]$。

光速为 c，不叠加 v，得到等式：

$$[r_{AB} + v(t_B - t_A)]/c = t_B - t_A$$

推导过程：

$$r_{AB} + v(t_B - t_A) = c(t_B - t_A)$$

$$r_{AB} = c(t_B - t_A) - v(t_B - t_A)$$

$$r_{AB} = (c - v)(t_B - t_A)$$

得到：

$$t_B - t_A = r_{AB}/(c - v)$$

没问题吧？那就看下一个公式。

光从车头跑到车尾所用的时间是：

$$t'_A - t_B = r_{AB}/(c + v)$$

左侧，$t'_A - t_B$，这个我们也特眼熟，是光从织女到牛郎所用的“时间间隔”。

右侧，同前式，区别是织女处的光射向牛郎时，牛郎随车以速度 v 迎向光来的方向，所以是$(c+v)$。

这个等式的推导过程与前式的一样，就不重复了。

严正声明：之所以一会儿要$(c-v)$，一会儿要$(c+v)$，是因为光速不变！光速不变与我们的日常认知相悖，不好理解，这就是为什么本文像祥林嫂一样反复唠叨：不管光源和观测者怎么折腾，光速都是 c。

如果换成可以与惯性系速度叠加的子弹啊什么的，就不用加减了，因为目标迎向或背离子弹的速度，被子弹与惯性系速度的叠加抵消了。

简单算一下就更明白了：

车以 50 m/s 飞驰，车尾的人向车头射一发子弹，他观测，子弹相对于车以 100 m/s 的速度射向车头。车外人观测，加上车前进的速度，子弹相对于静系的速度为(100+50) m/s。但车头正在以 50 m/s 的速度离开子弹，这样，子弹接近车头的速度是(100+50-50) m/s，得数还是子弹的速度——100 m/s，不必“$+v$”或“$-v$”。

如果你觉得上面的语言推论不靠谱，那么我们再进行一次推导（觉得靠谱就直接跳过推导）：

车速为 50 m/s，子弹速度为 100 m/s，在静系看来，子弹的速度必须与车速叠加，子弹相对于静系的速度是 100 m/s+50 m/s=150 m/s。子弹飞的时间是$(t_B - t_A)$，车行距离是$50(t_B - t_A)$，子弹走的距离为$[r_{AB} + 50(t_B - t_A)]$。

得到等式：

$$[r_{AB} + 50(t_B - t_A)]/150 = t_B - t_A$$

$$r_{AB} + 50(t_B - t_A) = 150(t_B - t_A)$$

$$r_{AB} = 100(t_B - t_A)$$

得到：

$$t_B - t_A = r_{AB}/100$$

看，可以叠加的子弹速度，在这里没有与车速形成加减关系。

那么，上面的公式都没问题吧？

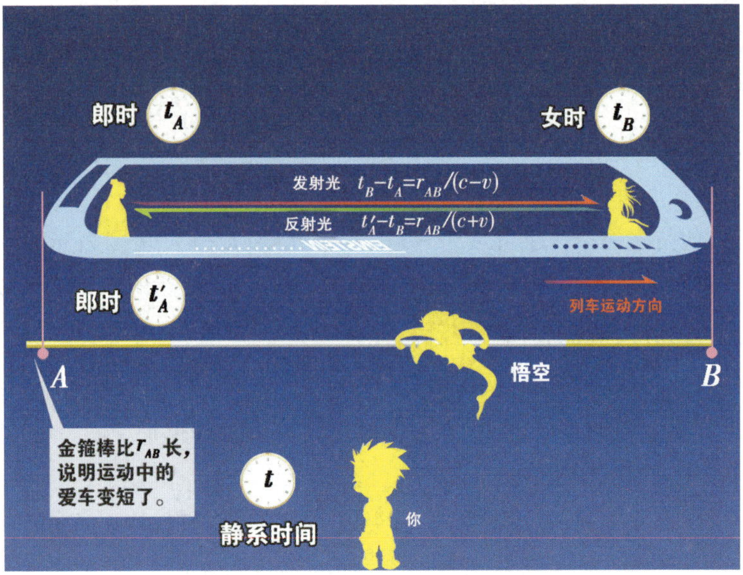

测量爱车

没问题我们就看看结果：

$r_{AB}/(c-v)$不可能等于$r_{AB}/(c+v)$，是吧？

这意味着什么呢？

这意味着，$t_B - t_A = t'_A - t_B$ 这个等式不成立了！

我们没忘记“隔河对表”的事吧？只有当 $t_B - t_A = t'_A - t_B$ 时，他俩的表才是同步的。

这就得出一个十分意外的结论：当你认为牛郎和织女的表同步时，牛郎和织女却发现，他俩的表不同步！反之，牛郎和织女认为同步时，你看他们就是不同步的。

这就会造成一个后果：当以你的静系时间为准，看他俩“同时”在列车两端标出两点时，在车上看来，是织女在车头先标了一点，车往前跑了一小段后，牛郎才在车尾标了一点。两点间的距离一定比列车短——也就是说，运动中的爱车在你看来变短了！

见鬼了?!

后面我们会知道，这不是你的眼神不好，也不是测量的数学偏差问题，而是运动导致的物理结果。再唠叨一遍：物理结果！

小爱得出结论：没有绝对的“同时性”，要说“同时”，得看是相对于哪个坐标系而言。

从此，绝对时间观被粉碎。

在刻苦学习小爱论文的悲催时期，我们一连做了三个实验。准确地说，其实是两个实验，因为第三个实验实际上是前两个实验的综合演习。

做了这么多实验，我们从肉体上到精神上都很疲惫了，所以在做下一个实验之前，我冒充一次领导，简单地做一下工作总结，就当休息了。

第一个实验：同光异时。它证明了时间是相对的，而不是绝对的。在一个参考系“同时”发生的事情，对另一个参考系而言，却是先后发生的。可见，时间与运动状态、空间位置密切相关。

由于不同参考系、不同位置的“同时”不好确定，所以我们抓耳挠腮，想了一个好主意，用来确定“同时”。于是有了第二个实验。

第二个实验：隔河对表。利用一个十分好用的“确定量”——光速，验证了一个可靠的“异地对表”方法。牛郎织女用了都说好，实践证明这果然是个好主意，也是唯一的主意。

既然是个好主意，那么我们就用它来做一件事，搞搞测量，来看看是啥结果，于是有了第三个实验。

第三个实验：测量爱车。结合前两个实验，用公式计算后得出结论：不同参考系的“同时”不是一回事；运动中的物体会变短。

如果你看这三个实验之间的关系和结果感觉很新鲜，哈哈，那么建议你回到这些实验，从头到尾再看三遍。

按照惯例，这里我们需要强调三点。为什么非要强调三点呢？因为一两点就把事情说清楚了，显得讲话没水平。所以就算一个字能搞定的问题，也要把它拆出三个问题来。具体做法是吹气、注水、循环、没事找事。好，废话少说，下面我们来废话一下。

第一个问题：认真程度的问题。

这个问题最关键，所以放在第一。如果你以前没有系统地学习过物理知识，那么，即使你是个天才，也不能指望仅靠浏览一遍本文就把它全部搞懂。即使你曾经有这个想法，也要把它偷偷扔掉，千万不要说出来，这会让牛爷、麦爷这些大神抓狂的，会让我们这些凡夫俗子恼羞成怒的。多给自己一点时间，静下心来，认真看，认真思考，有些地方一时看不懂也没关系，回过头再研究下，总会豁然开朗的。你会发现，亲手拨开迷雾看到的风景，就像亲手揭开美丽新娘的面纱，是那样让人心潮澎湃。

第二个问题：知识连贯的问题。

这个问题最重要，所以夹在中间。你读懂并记住前面的知识了吗？虽然我们不考试，但有些关键的知识点，我们还是要搞懂并牢牢记住的。因为理论就像台阶，下面的不铺好，上面的就够不着。

理解这三个实验，我们至少要对以前的两个知识点无比熟悉，无条件接受，就像对自己的名字一样，你喜欢，或者不喜欢，它就在你家户口本里，你必须记在心里，脱口而出，不容置疑。

好在理解狭义相对论，只需要搞定两个旧的知识点。

知识点一：相对性原理。记住伽利略的船（第九章“伽利略变换”一节），以及咱仨在船里所做的一切，以及船里发生的一切，并且看看庞加莱和爱因斯坦是怎样发展相对性原理的。记住，所有匀速直线运动的参考系，你在其中做任何物理实验，得到的结果都等价于静止的参考系，是一样一样一样的啊！如果你觉得哪里不对劲，那就回去仔细看 10 遍。什么？回去只看了 9 遍半就看懂了？才人啊！现在理解了没？从爱车里看，不论车跑得多快，车厢正中间的闪光，必然同时到达坐在两头的牛郎和织女。

知识点二：光速不变原理。光速不变，是指在真空里，无论光源怎么折腾，也无论观测者怎么折腾，你上量、下量、左量、右量、站量、跳量、跑量、匍匐量、翻筋斗量、坐动车量、趴火箭量、骑扫帚量……光的速度都是一个数：299 792 458 m/s。如果没记住，麻烦回去看 10 遍。100 多年来，无数科学狂人、天才大牛，用尽各种精确到变态的办法，企图量出不同的值来，然后名扬天下。但迄今为止，无一成功。如果这样你还坚持不信光速不变，那麻烦你去量出另一个值来。如果不能，就只好委屈你，和我一起暂时相信这个残酷的事实。

OK，你在爱车外，爱车中间的那道闪光向四周等速传播，而爱车却向一个方向飞奔，一头离开闪光点，另一头接近闪光点，那么，光一定先照到接近闪光点的那一头，对吧？

你和牛郎织女看的是同一道闪光吧？他们测得“是同时到的”，而你却测得“不是同时到的”，并且都是对的。这就是相对论最关键的一个观念：时间是相对的。不同参考系，“同时”其实不同时。

注意：其他波的速度是多变的。需要介质传播的波，比方说声波，虽然不随波源改变速度,但随介质改变速度,织女在爱车里说话,车厢载着她和空气一起向前飞奔,她探测到声波以正常的 340 m/s 的速度向车头传播。你在车外站着不动,探测到声波传播速度叠加在车速上了,是 340 m/s + 车速。如果你反向运动着探测,声波的传播速度更快,是 340 m/s + 车速 + 你的速度。水波也是这样。可见,除光以外的其他波速,会因介质运动和观测者运动而改变。

OK,以上两点没问题了吧?

第三个问题:观念转变的问题。

这个问题最严重,所以置后压轴。在我们这个低速的世界里,绝对时间的观念,会自动在我们头脑中播下种子,在日常经验的浇灌下,生根发芽,茁壮成长,想要转变它,必须经过一个十分纠结甚至痛苦的过程。不要说是我们这些普通人,就算是庞加莱这样万众敬仰的大天才,也没转过这个弯。这不是语言沟通问题,而是观念转变问题,因为庞加莱不可能看不懂爱因斯坦的论文,并且在此之前,他自己也得出过相对论的某些结论,他会不懂吗?

但他为什么没接受这个理论呢?很简单,绝对时间观在他头脑中扎根太深,拔不出来。这表现在,你有多少实验和确凿的公式证明,他就有更多理由去反驳:这只是数学结果,而不是物理真实。我不信,你有啥办法?

所以,如果你对这几个实验感到迷糊、纠结,那不怪你,你也不必苦恼,因为庞加莱也和你一样。但是,我们需要验证一下自己,究竟是没读懂文字,还是没转变观念。

怎么验证呢?回头检查一下,有没有哪句话读不懂,要仔细检查哦。检查完了?如果你确定每一句都能读懂,那么,就证明你的纠结来自观念的转变。

这样,我们可以接着往下谈。

你有没有这样的经历,一个明摆着的道理,你试图说服一个人去接受它,但是无论如何也做不到。我们表达得再清楚,IQ 正常的他也打死不接受。

为什么?我相信,你不会认为他没听懂你的话。你知道这是观念问题。他的潜意识在保护那个旧观念(这是人之常情,程度不同而已),所以会不由自主地找出很多理由,在内心或在语言上拒绝。他也很纳闷,你怎么会对如此荒唐的想法坚信不疑。

有过这个经历是吧?如果你坚持认为没有,那么我用两个字提醒你:代沟。

这回呢,想起来了吧?你一定有过这个经历。

那好，我们还可以接着往下探讨：我们应该怎样去面对新观念？其实这是个老问题，前面说过。

我们先做做脑体操。

如果有人对秦始皇说："我可以看着千里之外的 MM 跟她谈心。"老秦一定会说："你拿我开涮呢?！拖出去斩首一个时辰！"但是如果他找到了长生药，活到现在，看见视频聊天，还会认为这事荒唐吗？

面对一个与固有观念截然不同的看法，哪怕这个看法给我们的第一印象是荒谬、可笑，我们也应该尽快让自己冷静下来，用开放的心去看待。

所谓"用开放的心去看待"，就是先试着让自己接受它，弄懂它。到真正弄懂的那一刻，你才能做出更准确的判断，那时，再去反驳也不迟。知己知彼，百战不殆嘛。

不错，科学需要怀疑，但不能在不懂时就怀疑。不知道它是什么，那我们怀疑它什么？

理解需要思考。这种与日常经验相悖的东西，更需要思考，如果只是单向灌输，即使拍成电影，也难以理解，何况是文字，是吧？

有过看不懂电影的经历吗？我有过，比如《盗梦空间》《让子弹飞》《大话西游》等。解决办法很笨很简单：再认真看一遍。《大话西游》我看过十几遍，从笑看到哭，最后还是会意一笑。当然，这与电影没有可比性，不过借彼喻此罢了。

这几个实验实在没看懂也没关系，相对论的科普，直译爱因斯坦论文的，这应该是第一次。哈，我们吃的是第一只螃蟹，吃不到蟹黄很正常。

还好，我们还有其他的路，来继续我们的相对论之旅，也许，理解高速效应后，前面的事情就迎刃而解了。就好比我们小学算术没学好，念了初中以后，回头一看小学算术，一拍大腿，这么小儿科的题，当初怎么就能做错呢！

OK，我们继续。

不管怎么说，我们也算学习了小爱的《论动》。这篇论文后面还有 8 节，后面那 8 节都比较长，而且公式越来越多，推导越来越复杂，咱俩就不受这个累了。

狭义相对论的推导公式虽然很多，但它们有一个核心：洛伦兹因子。我们来看看，怎么能得到这个因子？它靠谱吗？

还记得咱俩在火车上玩乒乓球的事吧？就是乒乓球在火车里的球桌上跳啊跳啊的那个无聊实验（第五章"空间的困惑"一节）。我们把那两个图 Ctrl + C 一下，Ctrl + V 到这，复习一下。

在火车上的人看来，球垂直于桌面上下跳动，上下一次的行程，就是起跳点到最高点的连线长度的二倍。

但是在铁道边的人看来，球是画着抛物线随着火车前进方向运动，上下一次的行程，是那根抛物线的长度。很显然，后者观测的行程更长。

车上观察乒乓球在火车上的运动

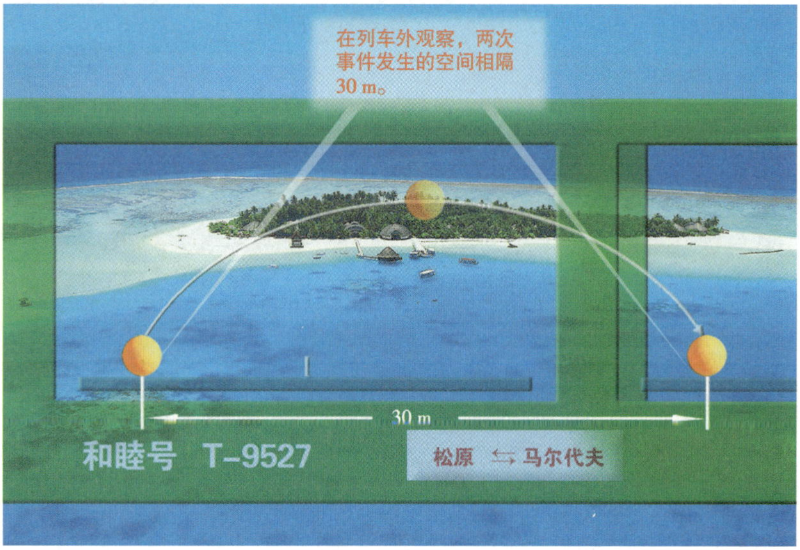

车外观察乒乓球在火车上的运动

想起来了吧？这个没问题吧？

没问题就好。乒乓球会这样，光也会这样。不同的是，乒乓球上下跳时，由于向上逐渐减速、向下逐渐加速，所以，它画的是抛物线。而光，我们知道，它只有一个速度，所以，它始终走的是直线（还记得前面说的光的“直线传播定律”吧？原来如此！）。

我们平时观测不到光上下跳走斜线，是因为我们的交通工具速度不够快。现在好了，有了爱车，咱想让它跑多快，它就能跑多快。

现在，我们让爱车以20万千米/秒的速度飞奔。车上，我们用一面镜子代替乒乓球台，为了让光上去后还能下来，我们把车厢顶棚也换成镜子，上下镜面相对、平行。这样，光就能在两块镜面之间不断折射，像乒乓球一样，上下跳动了。

现在，我们就朝下面镜子的A点垂直发射一道极短的光，它立即跳向上面镜子的B点，再折回A点。看，它果然不知疲倦地在两面镜子之间上下折腾开了。

好，现在我们来看看，爱车内外两个参考系对这件事的看法有何不同。

在车上，牛郎织女两口子当然看见光垂直于两个镜面上下跳动，如此往复。

对车外的你来说，光从A点出发，向B点跳动的同时，爱车在飞奔，它必须走斜线才能到达B点，向下反射时也是这样，必须走斜线才能回到A点。如此往复。

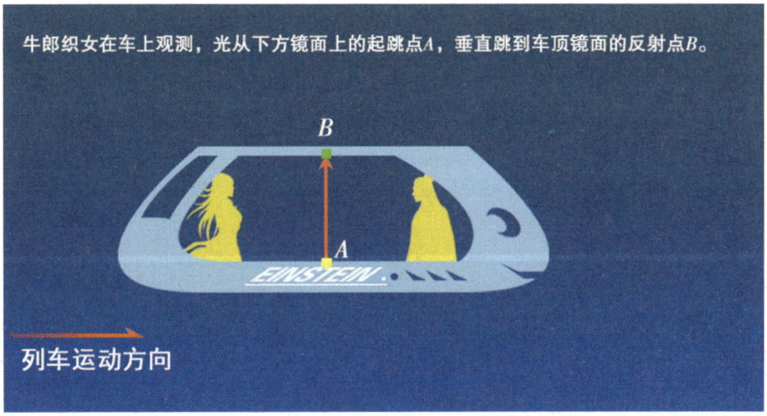

车上观测光行路径

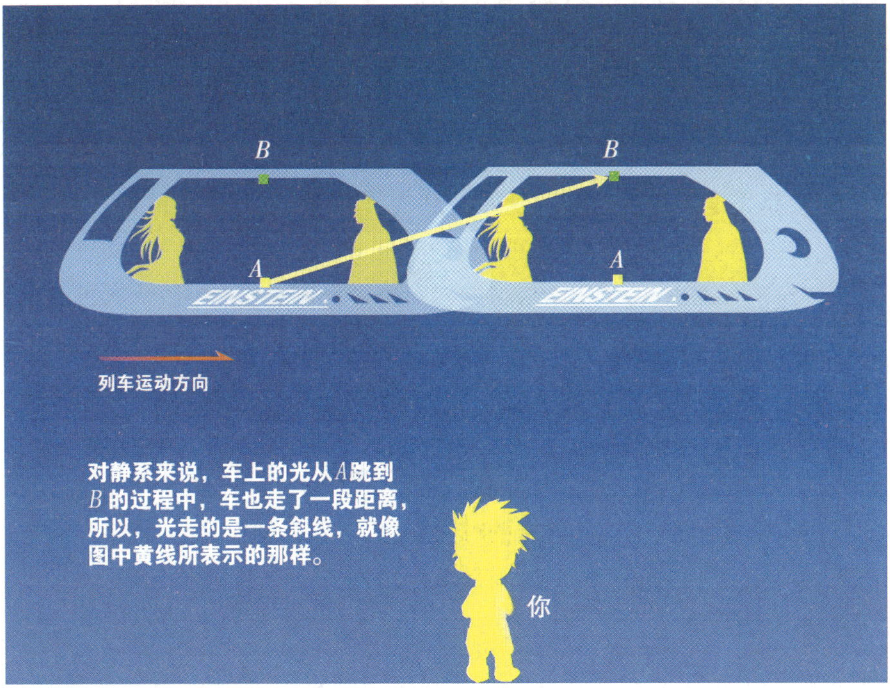

车外观测光行路径

这意味着什么呢?

这就是说:牛郎织女所观测到的光行距离,是两块镜面之间的垂线长度;而你观测到的光行距离,是两块镜面之间的斜线长度。

我们知道,在互相平行的两个平面之间,任何一条斜线,都比垂线长。这不奇怪吧?

那么问题来了:光速是不变的,同一道光,同样是从 A 点到 B 点,它走的距离却不一样!

是不是不可思议? 这怎么可能呢?

但这是事实。它像闯进头脑羊圈里的一只老虎,嘲弄地看着土生土长的经验羊群。虽然对于我们的经验来说,这个事实很残酷,但我们已经习惯了。因为现实就是残酷的,没商量。

爱因斯坦说,只要我们舍得抛弃绝对时间观念,这件事就一点也不奇怪了。

这是因为在静系的你看来,爱车的运动使时间膨胀了,也就是流动变慢了,所以光以同样的速度走了更长的距离!

尽管前面做了那么多实验,你还是不肯相信,是不? 没关系,我也不愿意信,所以,咱算算,到底是咋回事。

我们把爱车内外观测的光行路径提取出来，加上爱车走的距离，画个图。哈，原来是个直角三角形！

斜线，是车外观测的光行距离，光速 c × 车外时间 t = 距离，用 ct 表示。

垂线，是车内观测的光行距离，光速 c × 车内时间 t' = 距离，用 ct' 表示。

横线，是光走一趟的时间里的车行距离，车速 v × 车外时间 t = 距离，用 vt 表示。

没问题吧？那好，还记得勾股定理不？两条直角边长的平方之和等于斜边长的平方。

对，这就是被全世界各族人民纷纷发现的，妇孺皆知、童叟无欺的勾股定理，也叫毕达哥拉斯定理。

既然小爱说，爱车的运动使它的时间膨胀了，那么现在，我们就用勾股定理算一下，爱车上的时间和车外的时间是个什么关系。

根据勾股定理：

$$(vt)^2 + (ct')^2 = (ct)^2$$

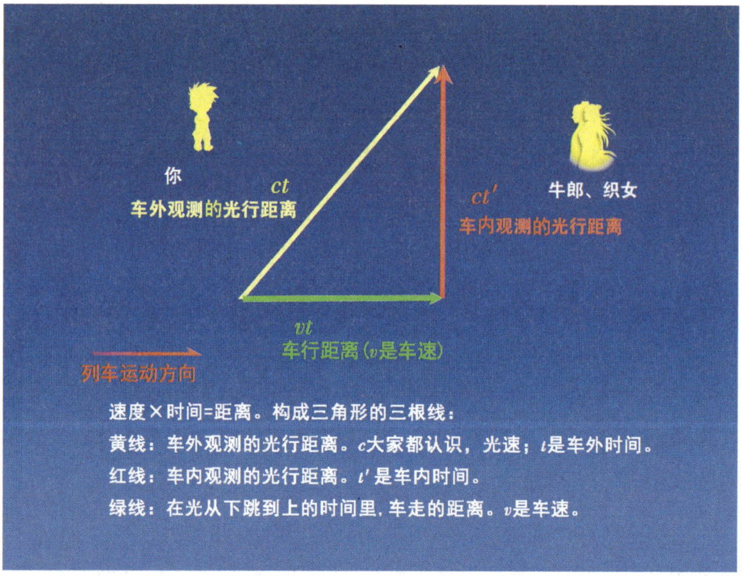

时间与速度的关系

因为我们是第一次煞有介事地推导方程，所以一上来就要亮出武林绝学，用独孤五式，搞定爱车内外的时间之比。

第一式：见龙卸甲——去掉括号。

$$v^2t^2 + c^2 t'^2 = c^2t^2$$

第二式：乾坤大挪移——把 v^2t^2 挪到右侧。

$$c^2 t'^2 = c^2t^2 - v^2t^2$$

第三式：移形换影——两边都除以 c^2 。

$$t'^2 = t^2 - \frac{v^2}{c^2}t^2$$

第四式：斩草留根——两边都开方。

$$t' = \sqrt{1 - \frac{v^2}{c^2}}\ t$$

第五式：泾渭分明——把时间、速度分列两侧。

$$\frac{t'}{t} = \sqrt{1 - \frac{v^2}{c^2}}$$

耶！

其实，在第四式就已经搞定车内和车外的时间关系了。用第五式，是为了让我们看到“干干净净”的洛伦兹因子的核心，也就是等式右侧的 $\sqrt{1 - \frac{v^2}{c^2}}$。

洛伦兹因子的标准式是 $\frac{1}{\sqrt{1 - \frac{v^2}{c^2}}}$，用 γ 表示。γ 也叫“相对论因子”。在独孤五式的基础上，再加一式——左右逢源，也就等号两边都用 1 除一下，就得到了那个传说中的 γ。

眼熟吧？没错，在前面看到过类似的式子（第九章“种豆得瓜”一节），尤其是里面的那个内核——速度和光速之比的平方，多次出现在各大强人的公式里。那么，$\sqrt{1 - \frac{v^2}{c^2}}$ 的神奇之处在哪儿呢？我们现在就来残忍地解剖一下。

前面说过，相对于光速，我们人类创造的所谓“高速”，简直就不值一提。我们还不知死活地用飞机啊、火箭啊、子弹啊什么的跟光速加以对比，结果是自取其辱，弓腰埋头垂手暴汗而逃，只好承认我们人类的世界，实在是一个低速的世界。

用我们的速度 v 套进这个公式，$\frac{v^2}{c^2}$ 就是一个极小极小的值，用你知道的人类制造的最高速算一下就会发现，这个值小到让我们绝望，于是 $\sqrt{1-\frac{v^2}{c^2}}$ 就约等于1，而当 $\sqrt{1-\frac{v^2}{c^2}}$ 约等于1时，用第四式一算，$t' = t$，想起来了吧，这就是伽利略变换式里的等式(第九章“伽利略变换”一节)!

这下明白了吧？在我们的世界，之所以用伽利略变换式就能搞定不同参考系之间的变换，是因为我们的运动速度低。

如果爱车能达到光速，会怎么样呢？还是用第四式，算一下：$t' = 0$。

什么意思？搞错了吧?!

没错，不相信我没关系，咱得相信公式，这代表“时间停止”!

速度越接近光速，时间越慢。这就是相对论要告诉我们的事实。这就是为什么静系、动系的“同时”总是不能统一。

达到光速，时间停止。那么，超过光速，会怎么样呢？

不要怕，把它说出来，没错，超过光速，时间将倒流！(所谓虚数的意义问题暂不考虑。)

你跳那么高干吗？眼睛为什么冒绿光？

你说我们可以穿越了？你要去找苏小小？

亲啊，先别急，小爱还没告诉我们，咱究竟能不能做到超光速呢。我们还不知道这事靠不靠谱呢，你雀跃得是不是早了点？

我们先把欢欣鼓舞的表情收一收，这里有件事需要声明下：由于在直角三角形里，直角边必须小于斜边，所以由勾股定理得到的相对论因子，其实隐含了一个局限，那就是 vt 必须小于 ct，也就是 v 必须小于 c。

如果只用相对论因子本身去推导时间停止和倒流的结论，在暂不讨论虚数概念的情况下，没问题。但是，从它在本文的出身——勾股定理来看，做 v 等于

或大于 c 的假设，在逻辑上不够严谨。

不过，我们在此之前不止一次说过，科学家们通过各种途径，使用各种方法，都能得到洛伦兹因子，福格特、拉莫尔、亥维赛、洛伦兹、庞加莱、斐兹杰惹、爱因斯坦……到今天，这个名单可以列更多。而他们的方法，却不是由直角三角形得出的。尤其是爱因斯坦以两个原理为基础所做的推导，物理意义明显，并且没有 v 的限制。可见，洛伦兹因子是具有普遍意义的一个公式。这些科学家取得相对论因子的途径，不存在这种逻辑局限，所以我们尽可以用它来判断，当 v 等于或大于 c 时，会发生什么。

本文之所以采用直角三角形进行推导，完全在于它的物理意义的直观性、推导过程的简洁性，以及勾股定理的普及性，无论是推导过程，还是时间的相对性，大家一看就懂。虽然在深层意义上不是那么严谨，但它对初学者的启发意义却是非凡的。

所以，我们还是要向这个推导形式的提出者致敬！

由于相对论观念与人们的日常认知相冲突，所以，100 多年来，有无数哲学、数学、物理学强人，带着挑剔的目光，拿着放大镜，深入细致地研究过《论动》，如果有逻辑错误，或数学错误，早就被揪出来示众了。数学、物理学界的大牛庞加莱就不承认相对论的结论，但他也仅仅是不承认“结论”而已，因为在狭义相对论的基本原理、逻辑论证、数学推导中，他也没找出错误，所以，他只把相对论的结果看作是数学结果，而拒绝相信其中的物理意义。

有反相对论的民科宣称：主流物理界都在拼命维护相对论。这个命题本身就靠不住：

第一，所谓“主流物理界”，它不是某个纪律严明的组织，而只是一个领域、一个行业，有什么力量能让整个行业齐心协力去维护一个同行的理论？谁有这个能力掌控这件事？

第二，不要说推翻相对论，建立一个崭新的理论，就算是找到相对论理论或观测上的明显漏洞，都会名垂千古。这个道理，傻瓜都懂，何况是这些全球最聪明的脑袋瓜？那么，他们为什么不去做这件名垂千古的事？

到目前为止，尽管有无数人尝试，但还没有人真正驳倒它，更重要的是，它的结论得到了证实。所以，作为一个三流学人，我对这篇论文只好采取如下态度：

① 不对论文逻辑的缜密性和数学的精确性做评论；

② 采信它的结论。

在结束本章之前，为了加深对时间相对性的理解，我们再来做一个有趣的实验。

这个实验看起来简单，实则比较纠结。但我们已经练过独孤五式了，知道时间可以随速度膨胀了，通俗地讲，都是过来人了，再做实验，多转几个弯，也问题不大，是吧？

其实，这个实验，几乎在每一部相对论科普作品里都会出现，因为，它是爱因斯坦在他自己的科普作品《狭义与广义相对论浅说》中的一个经典例证。

OK，演出开始了。

背景交代：

按照王母的规定，牛郎织女应该老老实实地戳在银河两边作望眼欲穿状，等着喜鹊来搭桥，表演苦情戏逗天庭干部开心。但是由于诸神的工厂不遵守低碳环保的天条，搞得环境每况愈下，原来满天飞的喜鹊成了稀有动物，现在就算把乌鸦都算上，也凑不到几只，所以，原本不稀罕的鹊桥，如今却成了一个美丽的传说。

但是人家牛郎织女你情我愿，是合法夫妻，硬是从此不让他们见面，天庭会被神佛鬼魔各界指控没有人权的。于是，经王母签字同意，他俩接受了咱俩的邀请，上了爱车。不过，他们必须一个坐车头，一个坐车尾，一年照例只准见到对方一次。凭什么？就凭王母喜欢这个桥段！

但是，由于我们的实验，他俩经常借闪光眉目传情，比有鹊桥时见面机会还多。

这令玉帝很不爽。因为这个桥段王母看多了，也要求用这种眼神与玉帝交流。于是玉帝很生气，后果很严重，决定亲手惩罚牛郎织女：你们不是喜欢闪光吗？这次让你们闪个够，用闪电劈了你们！

玉帝还真是与时俱进，决定改变以往一生气就随手施法、狂轰滥炸的变态形象，亮亮自己千百年来练就的绝活——闪电双击。（干吗狂按鼠标啊你？！）

为了实现闪电精确制导打击，玉帝派四大天王测量了爱车的长度，以及爱车的移动速度、位置。

打击匀速直线运动的靶子，玉帝还是蛮有经验的，因为天宫每次军事演习都是这样搞法，目标每次都配合得相当默契，一接一个准。

各种数据十分齐全。玉帝令文曲星计算了发招时间、角度、力度……然后手一挥，两道闪电激射而下，同时劈向爱车两端，目标当然是应该坐在爱车两头的牛郎织女。

天宫大员们兴奋地瞪圆双眼，习惯地抬起双手，准备在闪电击中爱车头尾的那一瞬间，及时鼓起如雷的掌声，配合一下闪电的声势以及玉帝满足的表情。这个动作，数主管军演的天蓬元帅练得最熟，他就是靠响亮而及时的喝彩，逐渐引起了玉帝的注意，从而平步青云的。

“轰！”这是两道闪电到达的声音，只有一声，真齐啊！“同时”到达的。

“好！”这是天蓬元帅的声音。每次，他都最及时。

然而只有天蓬元帅的声音。这次，其他大神没有像以往一样紧接着喝彩鼓掌。因为，闪电击中了爱车两头的路基。领导没打准。

看来做事慢半拍也不见得是坏事。

大家尴尬地看看玉帝，又和玉帝一起尴尬地看看天蓬元帅。抬起的双手改拍为搓，十分自然和谐。

玉帝很快打破了尴尬的局面，他脸上褪去残红，咳嗽了两声，和蔼地说：“其实这几天，我始终在为一件事痛心啊，上周日午夜，嫦娥主任向我哭诉，天蓬元帅前段时间醉酒巡河，巡到月宫找小嫦同志强行谈心，屡辞不归，还被玩手电筒的玉兔撞见，影响很不好嘛……”

几天后，天蓬元帅投胎下界，顶着猪头取经去也。后来的事大家都知道了，不提。

单说那两道闪电，在各种数据精确齐全、玉帝手段精熟的情况下，为什么没击中呢？

众神私下议论了 n 天，也没个结果。

其实这事很简单，因为高速运动的爱车收缩了！两道闪电落脚点的间距，是爱车静止态时的尺寸，太长了，所以闪电落空了。

平时演习都是在低速状态下进行的，领导炫技时，速度调得更低，这事其实大家都知道，只有对玉帝来说，才是个秘密。军演场上，始终在成功和掌声中度过的玉帝，一直以为自己绝无失败的可能，直到他遇到高速运动的爱车。

平心而论，这次电击，玉帝发挥得还是相当不错的，否则闪电击中路基两个点的那一刻，爱车也不会恰好在这两点的正中。怪只怪天庭没人懂相对论！

其实所谓天上一日，地上一年，也不过是参考系不同造成的。只是当时，天上地下，没有谁知道这个原理，所以大家一直以为这是宇宙对神仙们的偏爱，是一件不可思议的事。

也不能说天庭缺少神才。很久很久以前，也有很多专心做学问的，后来啊，这个后来，一部分气死了，一部分饿死了，没死的呢？一部分发疯了，一部分觉醒了，改行的改行，跑路的跑路，识时务的识时务……

总之一言难尽。

先让玉帝和猪头各自郁闷去。这里有个问题需要好好研究下。

玉帝电劈路基时，我们正在做实验，作为目击者，见证了玉帝炫技史上唯一的一次失败。

当时，你在站台上观测，左右两道闪电的落脚点离你一样远，所以，两边的闪电光"同时"照耀到你。而闪电落地的那一瞬，爱车的中点正对着你。

借着电光，你发现，牛郎织女不是乖乖地坐在车厢两头，而是相拥在车厢中间，鼻观鼻，眼观眼，心连心来脸贴脸……

他们在干吗？这是八卦版要研究的技术细节。而我们技术版要八卦的是：两个参考系，对这两道闪电击中路基的"同时性"的研究有几条路？路不同，认识会有何不同？哪条路比较靠谱？

由于问题比较复杂，说起来绕口，所以为了探讨起来方便，我们需要制造两个新名词：

我们所观测的事件发生在哪个参考系，我们就管这个参考系叫"有事系"。本例里，闪电事件发生在静系，所以这里静系就是"有事系"。

与之相对，另一个系叫"无事系"，我们所观测的闪电事件不是发生在该系。本例里，动系就是"无事系"。

记住没？没记住回头看 10 遍。

第一条路：两系都观测这个事件对本系来说，是不是"同时"发生的，然后进

行对比，用来证明两个不同参考系的“同时”其实“不同时”。

这两道闪电对处于有事系的你来说，是“同时”劈到路基两点的。因为这件事发生在你的参考系——静系，而你正处于两个电击点的中间位置，两道光同时到达你，你就可以判断这双击是“同时”的。

那么，闪电的双击，对无事系的牛郎织女来说，也是“同时”的吗？

如果你是第一次面对这个问题，并且很快地回答“是”，或者“不是”，那么，只能说你的回答太轻率。

其实这个问题很值得研究。

虽然闪电击中路基时，他俩也在两个电击点的中间位置，但是爱车在运动，迎向一个电击点，背离另一个电击点，所以光必然一先一后到达他俩的眼睛。他俩凭视觉判断，当然“感到”闪电是一先一后发生的。

但是，他们“感到”“不同时”，就真的“不同时”吗？我们完全可以说，这是因为爱车在事件发生后，跑到偏离中点的位置，才导致光先后到达，因而判断失误！

总不能因为自己站偏了，或者跑偏了，就说玉帝“同时”落地的两道闪电“不同时”吧？大家讲点道理嘛。

另外，我们先把闪电的光放在一边，换作探测路基上两个电击点发出的声音，也会得到相同的结果：这两点的声音同时到达你，而先后到达运动中的牛郎织女。

可见，无论从哪方面说，第一条路，都不能当作判断两个不同参考系的“同时”其实“不同时”的证据。所以，第一条路，废了。好像多数科普作品走的都是第一条路。

第二条路：两系都观测无事系，然后把观测结果对比一下，用来证明两个不同参考系的“同时”其实“不同时”。

OK，先说无事系对自己的观测结果，也就是牛郎织女的观测结果，我们在第一条路已经分析过了，爱车朝哪个方向运动，哪个方向的光就先到，另一个方向的光就后到。没问题吧？

再说有事系对无事系的观测结果。站在两个电击点中间的你，在闪电落地的一瞬间，观测到两边的闪光以同样的速度，“同时”向也处于中点的爱车传播，而爱车奔向其中一个电击点。那么，当然是爱车朝哪个方向奔，哪个方向的光就先到，另一个方向的光就后到。没问题吧？

咦？两个系的观测结果居然是一致的。这怎么能当作判断两个不同参考系的“同时”其实“不同时”的证据呢？所以，第二条路也废了。

铺了两条路，都废了，是不是有点太费了？

你这个同志，看问题片面化了不是？虽然我们反复铺路白折腾了，但也促进就业，拉动 GDP 了啊！

废话少说，我们接着折腾。

第三条路：两系都观测“有事系”，然后把观测结果对比一下，用来证明两个不同参考系的“同时”其实“不同时”。

有事系，也就是你的观测结果，我们在第一条路也分析过了，两道闪电“同时”发生在你的静系，你站在两个电击点的中点位置，电击点的闪光“同时”到达你。

那么，无事系，也就是牛郎织女看这两道电击光，是不是也“同时”发生、“同时”到达你呢？

这就要用到“运动是相对的”这个概念了。用它干吗？动、静参考系转换。

牛郎织女随着爱车做匀速直线运动，他们完全可以把自己当作静止的，而把站台看作运动的——这是等价的。现在，爱车上的牛郎织女看到你随着站台向车尾方向飞驰。这就是动、静系转换，说白了就是观测立场的转换。不过，为了方便讨论，站台上的你还叫静系，爱车还叫动系。

由“测量爱车”实验得知，动系看起来在两个地点“同时”发生的两个事件，对静系而言，是“不同时”的。反之亦然。

那么，在静系看来两道闪电“同时”击中路基时，动系的牛郎织女观测到这两道闪电是“不同时”发生的：车行方向（车头）的电击是先发生的，而车尾方向的电击后发生，这两道电击光先后射向站台中间的你，以同样的速度 c。与此同时，你随着站台，避离车头先来的闪电，同时趋向车尾后来的闪电。结果，奇妙的事情发生了：两道闪电“同时”到达你的位置。

怎么会这么巧？

这一点也不巧，因为两道闪电的时间差是由相对运动造成的，而你趋避两道闪电的速度，就是两个参考系的相对速度，所以，闪电“同时”到达你。

我们可以把站台上的“你”看成一个质点，在静系看来，两道闪电“同时”发生在这个质点上，这属于同一地点、同一时间发生的两件事，这两件“同时同地”的事件，距离为零。而“同时同地”的事件，在任何参考系观测，都是“同时”的。只有事件相隔一段距离时，才可能由于运动导致观测到“不同时”。

总之，相同的两道光，你观测到，它们是“同时”发生的，而牛郎织女却真真切切地观测到，它们是一先一后发生的。

耶！终于成功了，终于可以用这个例子证明不同参考系的“同时”其实“不同时”了！

第三条路靠谱，行得通。

这条路是不是有些眼熟啊？是的，它其实就是我们学习《论动》时的第一个实验——“同光异时”的升级版。区别是，第一个实验是让光从中间射向两边，而这个实验，是让光从两端射向中间。

这个实验和第三个实验也有些相似。在第三个实验里，光是在牛郎、织女两端一来一回，而这个实验是从电击点两端射向中间。但在这两个实验的计算中，光速、车速的关系是一样的。这里不再赘述。

实际上，只要两个参考系在相对运动，它们的时间就是相对的。如果精确计算，我们从第一、二条路的观测中，也能得出时间相对性的计算结果。但是，用这两种观测方法拿来做科普，不具备“直观的说服力”。

我们来总结一下，有事系、无事系，两系都观测自己（第一条路），或者两系都观测无事系（第二条路），都难以得到时间相对性的给力证据。而两系都观测“有事系”，得到的证据就非常直观，用不着计算，就非常有说服力。

下面是闪电双击事件的后记。

话说玉帝第一次用精确打击来泄愤，就掉了链子，并且，不仅被围观，居然还有叫好的，郁闷之情无以言表。

想再来一次呢，又没有什么把握，因为上次发挥的已经是最好的了。

于是更加纠结。

苦思冥想之下，不得其解，就问如来。

如来说：“你周围的大神，不管是有意，还是无意的，给你的信息都是不准确的。比方说，无论你打得准不准，他们都只会向你提供一个信息：准。他们只会说你喜欢听的，因为你只提拔这类人。高速运动中的爱车长度，他们提供的数据只能是不准的，因为他们没有能力提供准确的数据。”

玉帝十分失落，位高至此，原以为无所不能，没想到居然被大家当猴耍，而这些耍自己的大神，都是自己的心腹……天地间最痛苦的事，莫过于此！悲哀啊！

玉帝哀叹：“难道我堂堂天庭，连一个有能力提供准确信息的神仙都没有？！”

如来说：“本来是有的，但真话不好听，真事不好做……在君治下，无法生存啊。”

玉帝下定决心，不管怎么着，就算是装饰，天庭也得配备一名真正有学问的人。不然，关键时刻真坑爹啊！

于是，1955 年 4 月 18 日，爱因斯坦被召上天庭。

玉帝问及闪电双击爱车落空之事。小爱曰：“盖因您与爱车参考系不同，爱车相对于您做高速运动，长度收缩，所以，您按照测量长度，精确电击，一定落空。也就是说，如果打中了，反而说明打得不准！闪电落地时，爱车恰好处于两个电击点之间，说明您在发招时，充分考虑了爱车运动速度、闪电传递速度和距离，并且拿捏得相当精准！倘若当时您是跟着爱车一起同速同向运动，那么，您与爱车就处于同一个参考系，爱车对您不会产生尺缩效应，以这个精度呢，就恰好能打中。”

玉帝擦了一把汗，心中暗自庆幸，疑道：“竟有此事？爱先生，您这不是拍马屁吧？”

小爱道：“我用得着拍马屁吗？”

周围掌声响起，纷纷表示天庭第一神电手的名头，非玉帝莫属。

玉帝大喜，遂放过牛郎织女，允其继续配合咱俩做实验，从此大家过上了幸福快乐的新生活。

第十一章

狭义相对论（下）

新世界

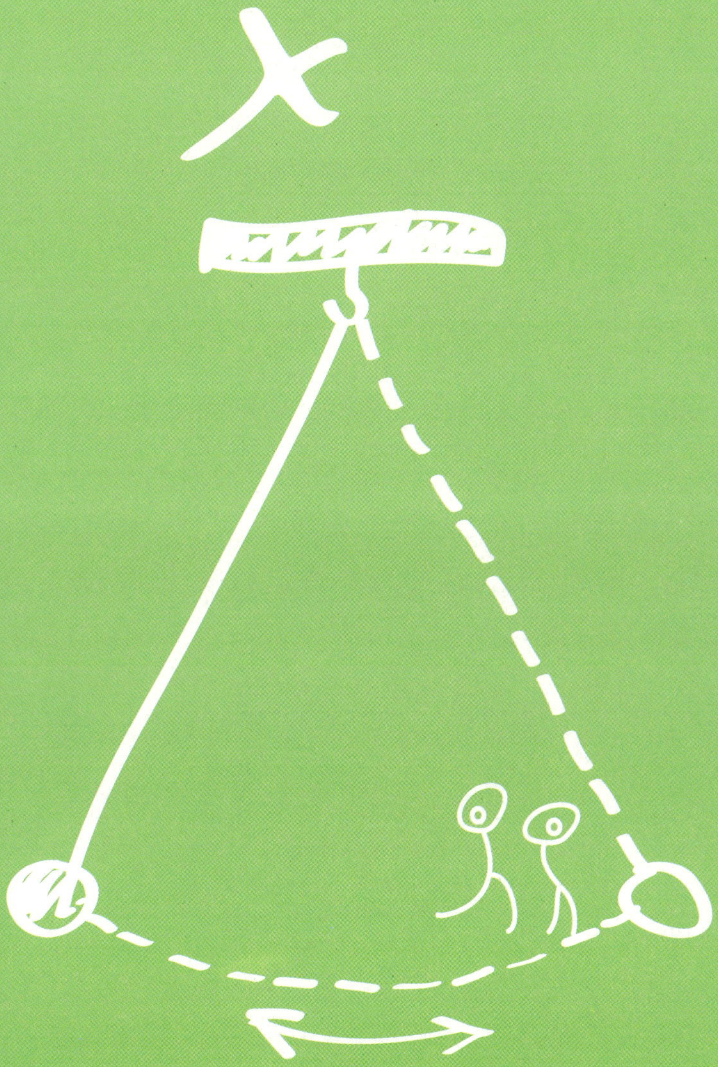

我们脑中充满对各种事物的认识，对并不认识的事物，我们也会凭直觉去“认识”一下，这很正常。面对任何事物，我们总要有一个初步的判断嘛。以后，我们可以慢慢“再认识”嘛。

然而可怕的是，一旦“认识”，就习惯性地肯定再肯定，使之根深蒂固，我们管它叫“加深认识”。这种对事物一成不变的固有看法，有一个专有名词，叫作“成见”。

我们不少人，都是靠成见判断事物，不断寻找和接受与成见相符的证据，找不到更多证据，就搜集更多相同意见的不同说法，把自己蹲的那个坑挖得更深，还以为这就是在“扩大视野”，对于异见，一律妖魔化，加以打击和排斥，无比自信地度过稀里糊涂的一生。会当掉井底，一览青天小。

永不换水的杯具，那是真的悲剧。倒掉杯子里的水，抛除成见，其实是给自己一个成长的机会。

准备好了吗？

OK，打开心窗，你就拥有一个新世界！

爱因斯坦在《论动》的第 3 节，根据他的两条基本原理，独立推导出被称为“洛伦兹变换式”的方程的正确形式，并把它作为狭义相对论的基础方程，由此推导出很多重要结论。实际上，小爱推导出的这组方程，不仅出发点、推导过程与洛老师不同，最终得出的形式也不同，现在通用的，是爱因斯坦给出的方程。

整篇《论动》语言平缓、淡定，逻辑丝丝入扣，从两条基本原理出发，由浅入深，由表及里，环环相扣，看似波澜不惊，却如地火游移，暗流汹涌，推导出诸多石破天惊的结论，硬把我们从熟悉、舒服的井底拽出来。一个陌生的、神秘的、更加绚丽广阔的新世界梦幻般地展现在我们眼前，令我们震撼、惊奇、纠结、痴迷、不知所措，人类千万年来对世界的“成见”被无情颠覆。

现在，就让我们跟随帅帅的小爱导游，去更大的地方旅旅游，看看相对论的新世界有何不同。

1 时间膨胀

在狭义相对论效应中，时间膨胀是一个特别拉风的结论，也是争议最大的一个结论，反对狭义相对论的人也大都从这个效应入手。所以，这个效应呢，我们多说点。

这是《论动》第 4 节推导出的结论，其后，经过理论上的补充完善和实验、观测上的证实，这一基本思想得到了巩固。

在前面，经过《论动》的各种实验，以及洛伦兹因子，也就是相对论因子的推导，我们对时间膨胀的大意，已经有所了解：

时间流逝与运动速度密切相关。所谓时间膨胀，就是运动能把时间拉长。运动速度不同的物体，其时间流逝也不相同。运动速度快的，时间流逝就慢……

“喂，还没说完呢，你跳那么高干吗？”

“哈哈，我想到一个延年益寿的方法：只要不停运动，时间就比别人过得慢，这不就是长寿了？”

“唉，你总是在别人话没说完时就猴急着下结论。好吧，那你打算怎么运动呢？不是就这样一直跳下去吧？”

“你想累死我啊。可以坐火车坐飞机嘛！”

“嗯，想法不错。不过，你有没有想过，古往今来，人们经历过各种运动，骑马、跳崖、骑车、坐火车、乘飞机……为何从来没人感觉到时间会变慢哪怕一丁点儿呢？”

看在咱俩都是地球人的份儿上，我告诉你吧，那是因为，在我们生活的世界里，大家之间的速度差太小。即使我坐这儿不动，你以猎豹的速度跑到吐血，咱俩的速度也就差约 31 m/s；换你坐那儿不动，我开布加迪威龙，一脚油门踩到底，咱俩的速度差也只有约 113 m/s。就算是飞机的速度，放在洛伦兹因子里，

替换那个 v,把它平方后,再除以 c 的平方,你也会得到一个让你绝望的数字,小数点后 8 位数都是 0,第 9、10、11 位才可能有非零数字。是不是可以忽略不计?

小爱在《论动》第 4 节中指出,放在赤道上的表就比放在两极的表走得慢些,只不过差别十分微小。而要测出我们能够感知的时间差,或者有接近光速的运动,或者有长时间的积累才行。这个长时间不是我们平时以为的几天、几年或几十年,而我们的寿命一共也不过 100 年以内,所以,“长时间的积累”这个我们等不起,我们只能在速度上做文章。

关于你利用运动来延年益寿的方案,我们在后面的实验里再详细讨论。

刚才说过,批驳狭义相对论的人,很多是从时间膨胀效应入手,概括起来,有这样两类:有人认为,时间膨胀只是观测上的效应,或者校时信号时差的效应,或者数学计算上的效应,而不是物理上的实际效应;还有人认为,运动带来的时间膨胀会产生逻辑上的悖论,静系和动系,你看我的时间膨胀了,我看你的时间也膨胀了,因为运动是相对的,任何一方都可以把对方看作运动系,都膨胀,就不存在膨胀了。

这种逻辑告诉我们:如果实验证明不了时间膨胀,那么狭义相对论就是错的,因为你拿不出证据;如果实验证明了运动会使时间膨胀,那么狭义相对论也是错的,因为你能测量出某物膨胀,就证明这个膨胀不是相对的。

咦?这种逻辑的玩法怎么这么眼熟?

嘿嘿,这个这个……作为一个菜鸟,俺不想加入争论,但俺想说的是,破旧立新,应该像当年的牛顿和麦克斯韦那样,用无可辩驳的实验、预言、观测及应用成果来说话。你的理论不论多么华美诱人,你的反驳无论多么雄辩巧妙,它与观测事实不符,它拿不出实际成果,我也只能说,那不是科学理论,也不是科学态度。从相对论和量子论不相容这点来看,二者都不是最终的真理,它们只是较经典物理而言,更接近真理,最终也将被大统一理论推翻,但它们绝不会被文字游戏证伪。

当然,在对狭义相对论提出的质疑中,不乏理性的声音。为了方便叙述,我们采用辩论赛的形式,在这里,把论题的肯定方称为“正方”,否定方称为“反方”。正反两方的称谓只是代号,无对错、正邪、高低之分。

反方论证最有名的要算“双生子佯谬”了。这是一个真正清晰且有力的反方逻辑论证。故事是这样的:

双生子佯谬

大双和小双是孪生兄弟。大双坐飞船去半人马座考察那儿能不能供人跳马，小双留在地球上等消息。

我们前面提到过，利用时间膨胀效应来延年益寿这事，只有速度趋近光速，才有实际意义。那么，大双的飞船很快加速到速度 v，接近光速了，从此匀速直线飞行，半年后，发现半人马座不适合跳马，于是迅速调头以速度 v 匀速返回，最后经紧急减速，降落在小双面前，会发生什么呢？

正方说，飞船速度非常接近光速时，时间膨胀效应会非常明显，若 $v = 0.999\,9c$，则 $T = 70.71\tau$。也就是说，大双感觉这次考察途中自己飞了 1 年，而小双却在地球上望眼欲穿地度过了 70 年，他俩重逢时，大双 38 岁，小双却已 108 岁了。悲剧啊！

反方说，运动是相对的。在小双看来，确实是上面说的这样。但对大双来说，他在飞船上静止不动，地球朝反方向加速到速度 v，然后匀速直线飞行……过程一样，所以，在大双看来，哥俩重逢时，应该是小双 38 岁，大双 108 岁。因此反方说，从不同的角度看，结论不同，双方都认为对方年轻。大悲剧啊！双方结论相互矛盾，所以时间膨胀效应不是真实的物理效应。

正方说，反方把飞船启动、调头、减速这三个过程的时间给忽略了。实际上，大双把飞船看作静系，地球在飞离自己时，其加速、减速，是相对于飞船这个非惯性系而言的。按照广义相对论的等效原理，相当于考察地球运动的参考系中有一个引力场，飞船和地球在这个引力场中所处的位置不同，所以引力场对它们的影响也就不同。飞船启动和减速降落时，它们距离近，引力场势相差不大，对时间流逝的影响也不大。但在地球调头时，飞船和地球距离非常遥远，这时地球方面的引力场势远高于飞船，它使地球的时间比飞船的时间流逝得快得多。这样，哥俩重逢时，还是大双 38 岁，小双 108 岁。

反方不接受这样的解释，并要求给出一个符合常识的解释，他们诘问：难道狭义相对论必须推翻一切常识吗？

又有正方用时空图和世界线的概念讨论了此问题，这是广义相对论的范畴，这里就不多说了。

争论还在继续，但多数都是像我一样的外行，根据自己的理解相互论战，谁也不服谁。作为一个超级外行，我给我的“同行”们一个建议，论战时可否考虑下面三点：

① 飞船飞离地球，加速度对双方等效。那么，我们是否可以把这个“等效”看作大小相等、方向相反的效应值（比如一定的力啊什么的），一边作用在飞船这个参考系上，一边作用在飞船以外的、未改变运动形式的其他参考系上。这样，等值的效应作用在不同量级的参考系上，说白了，相同力度的两锤，一锤打在鸡蛋上，一锤打在泰山上，它们产生的效应自然不同。

② 运动是相对的不假，但处于同一参考系、相对静止的不同物体，在发生相对运动时，一般会有“主动运动”，比如飞船飞离地球，看起来是二者在做相对运动，但前提是，需要有相应的能量作用在飞船上，才能实现飞船与地球的相对运动，这个能量的获得是单方面的。我们稍后会知道，时间、空间是运动的产物，而运动是能量的一种存在形式。那么，单方面获得能量，得到加速度，改变运动状态的物体，在时间上产生单方面的效应，是否符合逻辑？当然，被炸弹均力炸飞的两个相同的钢球之间，不存在主动运动的一方，而是双方都主动，所以它们的时间效应相同。

③ 所谓“相对”，看你怎么理解。如果宇宙只有一个物体，它膨胀千倍万倍也没意义，需要有参照物才能分辨，这就是“相对”，所以动系物体相对于静系物体时间膨胀，毫无问题，倒是“你胀我就必须胀”显得不“相对”了。当然这一点亦属文字游戏范畴，不足为凭。

这只是我给“同行”的建议，对于给内行提建议，实非我力所及也。呵呵，实在没忍住也加入外行论战团了。讨论讨论虽没什么不好，但俺作为一个外行，看到的是皮毛，理解得也不深，说不到点子上，所以暂停讨论。咱看看物理学家怎么说。

关于“双生子佯谬”，霍金说，只有对于头脑中仍有绝对时间观念的人而言，这才是佯谬。

狭义相对论告诉我们，宇宙中没有一个唯一的绝对时间。万事万物都有自己的时间测度，关键是，要看它在哪儿，以及怎么运动。也就是说，一个物体所处的位置和运动状态不同，其时间测度也就不同。这样，每个事物相对于其他的不同参考系，时间测度都各不相同。

明白了这个道理，理解“双生子佯谬”等问题就没那么纠结了。

我们还是看看，在实际观测和实验上，时间膨胀效应是否存在吧。

1952 年，爱因斯坦提出一个验证时间膨胀的方法：把发出光谱线的两个原子作为钟。利用温度差，令铯原子的喷射速度不同，通过横向多普勒频移（频率增大则向光谱的蓝端移动），可以验证时间膨胀。

后来，人们找到了其他方法，那就是利用基本粒子的寿命与速度的关系，来检验时间膨胀效应。

说到粒子的寿命就比较夸张了，长的长得惊人，短的短得瘆人。比如质子的寿命在 10 万亿亿年以上，如果用它来检验时间膨胀，还不如坐等花谢，太阳系寿命约 110 亿年，如果质子和太阳系一起出生，那么太阳系老死那天，质子才在婴儿期。

我们要找的是粒子中的短命鬼，它们的特点是命短得吓人以及速度快得吓人，这样吓两跳，我们的验证就能立竿见影。

还好，在迄今为止发现的 300 多种基本粒子中，多数是短命鬼，诞生的瞬间就已夭折，真是没有最短，只有更短。比如 π^+ 和 π^- 介子的寿命大致为一亿分之一秒，这还算长寿的。π^0 介子、η 介子的寿命分别是 8.4×10^{-17} 秒和 3×10^{-19} 秒，比 π^+ 和 π^- 介子短 8～11 个数量级！寿命更短的，是通过强相互作用衰变的共振态粒子，只能活 10^{-28} 秒，简直无法形容！它们的寿命短得任何仪器也检测不出来，只能靠计算。

当然，寿命太短也不能用来检测时间膨胀效应，像刚才那种，即使寿命膨胀 1 000 倍，也检测不出来！

于是人们找到 μ 子（一种轻子），它是 π 介子衰变时产生的，一般产生在大气层 10 km 以上，μ 子半衰期（放射性元素的原子核有半数发生衰变所用的时间叫半衰期，大小由放射性元素的原子核内部的本身因素决定，跟原子所处的物理状态和化学状态无关）为 2.2 微秒，这么短的时间，即使以 0.999c 的速度从 10 km 的高空冲向地面，按牛顿理论计算，也只能跑 660 m，根本到不了地面；按狭义相对论计算，洛伦兹因子大约为 22，也就是说其寿命延长（时间膨胀）了 22 倍，22×660 m，可以跑 14.5 km，因此，我们才可以在地面观察到 μ 子——这是观测证据。1966 年，人们在实验中测得 μ 子绕圆形轨道高速运动时，其平均寿命比在地面上静止的 μ 子的平均寿命长——这是实验证据。

由观测和实验证明，μ 子的时间的确在高速中被拉长，并且与狭义相对论相符合。如果像反方所说，在 μ 子看来，地球时间也必须膨胀的话，那么，就根本无法观测到这些结果。可见“双生子佯谬”真的只是“佯谬”而已。所谓“佯谬”，是指看上去是一个错误，但实际上是正确的。

1971 年，喜欢较真的海弗尔和凯汀用铯原子钟完成了环球飞行实验。他们把铯原子钟放在飞机上，向东和向西绕地球各一圈后返回，与一直静止在地面上的铯原子钟比较读数，发现向东飞行的铯原子钟慢了约 59 毫微秒，向西飞行的铯原子钟快了约 273 毫微秒。在这个实验中，他们还考虑了广义相对论的因素：飞机航行过程中离地心的高度不同，即处于不同的引力势，把这种引力效应扣除之后，实验的结果与狭义相对论的时间膨胀预言符合得很好。实验数据见下表：

环球飞行铯原子钟实验结果与理论预言对照表

			$\Delta\tau$（飞行铯原子钟读数减去地面钟读数，以10^{-9}秒为单位）	
			向东航行	向西航行
实验结果	四只铯原子钟编号	120	−57	+277
		361	−74	+284
		408	−55	+266
		447	−51	+266
	平均值		−59 ± 10	+273 ± 7
方程给出的预言值	引力效应		144 ± 14	179 ± 18
	运动学效应		−184 ± 18	96 ± 10
	总的净效应		−40 ± 23	275 ± 21

数据表明，加上广义相对论的因素，在实验误差之内，得到的结果与狭义相对论方程预言值相符得很好。

1996 年，为庆祝海弗尔－凯汀实验 25 周年，英国国家物理实验室用精确度更高的铯原子钟重复了这个实验。这次，铯原子钟从伦敦到华盛顿飞了一个来回，与留在实验室的铯原子钟比较，相差（39.0 ± 2）纳秒，理论预言是 39.8 纳秒。

嗯，说了半天，也没见你有什么反应，好像很迷惘的样子。

哦，这都怪我，因为我们平时用不着什么纳秒啊、毫微秒的，冷不丁说出来，

珍惜时间哦！购买1秒钟就要支付天价费用。

我们心里也没什么具体的概念。

其实，毫微秒就是纳秒，1 秒 = 1 000 毫秒，1 毫秒 = 1 000 微秒，1 微秒 = 1 000 毫微秒。那么：1 秒 = 1 000 000 000 毫微秒。

对，你没看错，9 个 0，1 秒 = 10 亿毫微秒，1 毫微秒 = 0.000 000 001 秒。

还是没有概念？就是说，你坐波音 787 在伦敦和华盛顿之间飞一个来回，能年轻 39 × 0.000 000 001 = 0.000 000 039 秒，如果你想年轻 1 秒，就要飞 1 ÷ 0.000 000 039 ≈ 25 641 025.64 个来回。

一个来回的机票钱，便宜算，约为 10 000 元人民币，为了年轻这 1 秒，需要花费 256 410 260 000 元。是的，2 564 亿元人民币，还不算零头。

如果你说，你不差钱，虽然贵了点，但这充分说明了时间也不是无价的！

好吧，款爷。一个来回按 14 个小时算，你要飞约 358 974 359 个小时。一年有 8 760 小时。为了年轻这 1 秒钟，你需要连续不断地飞行大约 40 979 年！试问世人，有几个能坚持活 100 年不动摇的？40 979 年？连龟丞相都不敢做这个梦！

是不是相当绝望啊？所以，在人类的速度有能力接近光速以前，利用运动速度延年益寿这个伟大构想，我们只好暂且先放一放。

况且，高速运动带来的时间膨胀效应，那也只是相对于其他参考系而言的。高速运动中的人，他自己所感受的时间流逝，其实与原来没什么分别。

如果你真的坐上了接近光速的航天飞机，比方说速度是 0.999 99c。那么，对于你的运动系来说，一切与静止时没什么分别，一分钟还是一分钟，一年还是一年，花开花落人如旧。

对于我们地球这个参考系来说，你的参考系的确变慢了。你的一天大约是我们的 250 天。如果可以实时监控你，那么，在我们看来，你就悲催了。你和你的参考系发生的一切都是慢吞吞的，我们吃饱了打个嗝，一秒钟算长的了，很快过去，但我们看你打这个嗝就用了 250 秒，4 分多钟啊大神，你一直在打这个嗝，还有比这更恶心的事吗？有的，只要我们还有兴趣实时监控你。可你对这一切却浑然不觉，还以为这个嗝打得很正常。是不是很糗？

假设你用这个速度在广袤的宇宙里旅游观光了 50 年，再回到家乡地球，那时，地球距你起飞时，已经过了 12 500 年，与你同年代的人，已经幸福地变成了化石，他们当时拼命攒下的豪宅、名车、土地、各种耀眼名牌早就烟消云散、了无痕迹了，甚至“恒久远”的钻石珠宝，也早就尘归尘、土归土了。

过眼荣枯，草色有无烟聚散。

随风冷暖，梅香来去雨西东。

天上人间，转眼万变啊！

一万年多久？五十载短长。爱与恨、苦与乐，那曾经的笑颜和泪水，是真实，还是虚无？是记忆，还是梦幻？是几十年前，还是几万年前？有分别吗？天地间，只剩下孤寂无助的你，独自望着陌生的地球，验证着“沧海桑田”这个成语的科学内涵。白发在风中飞扬。

最悲催的不是这个，而是你付出了如此代价，却一点也没感觉到自己多活了 12 450 年。在宇宙中流浪的这 50 年，你的心理感觉、生理活动、环境变化等一切，都实实在在地只过了 50 年。

也就是说，你用 50 年的时间，来到了地球的 12 500 年之后。这，或许可以称为“穿越”吧。

2010 年初，美籍华裔科学家詹姆斯·周钦文率他的团队完成了在地面上验证狭义相对论的实验，他们研制出一种超精准原子钟。这种原子钟以单粒铝原子为基准，精确到每 37 亿年误差不超过 1 秒，这是人类目前最精准的计时器。有了这个精度，就不必高速飞行或日积月累，也能测出极其微小的变化了。

第一项实验：两台铝原子钟，把其中一台平稳升高 33 cm，升高后的钟比另一台快，每 79 年快 900 亿分之一秒。这验证了广义相对论有关引力越大，时间越慢的理论。这表明，一个人住得越高，“老”得也就越快。周钦文说，在美国纽约 102 层高的帝国大厦，一个生活在楼顶上的人，比生活在楼底层的人每秒衰老速度快 1.04 亿分之一秒。当然，住高层的人不必担心，这个值太小了，以至于你在帝国大厦顶层住 50 年(约 16 亿秒)，打死也不下楼，与住在 1 楼、打死也不上楼的老兄比起来，也只多老了 15 秒。

第二项实验：对铝原子钟内的铝原子施加不断变化的电磁场，使铝原子快速往复运动，结果显示运动中的铝原子钟所示的时间慢于静止铝原子钟。这验证了狭义相对论有关速度越快，时间越慢的理论。

我们在第五章“晕死人的时间”一节中说过，GPS 技术应用了狭义相对论的时间效应方程，不然无法精确定位。我们先看看狭义相对论对卫星钟的影响（下面有公式，我们可以不看，只要了解狭义相对论在高科技领域的实际应用就可以了）：

其原理是时间膨胀，钟的频率与其运动速度有关。若卫星在地心惯性坐标系中的运动速度为 v_1，在地面频率为 f 的钟，安放到卫星上之后，频率 f_1 为：

$$f_1 = f\left[1-\left(\frac{v_1}{c}\right)^2\right]^{1/2} \approx f\left(1-\frac{v_1^2}{2c^2}\right)$$

二者频率差 Δf 为：

$$\Delta f = f_1 - f = -\frac{v_1^2}{2c^2}\cdot f$$

GPS 卫星的平均速度为 $v_1 = 3\ 874\ \text{m/s}$，真空中的光速 $c = 299\ 792\ 458\ \text{m/s}$，则：

$$\Delta f \approx -0.835\times 10^{-10}\cdot f$$

这是狭义相对论关于速度增加而时间膨胀的效应，GPS 还要考虑广义相对论关于引力越大（离地球越近）而时间越慢的效应，这两个值本来就很微小，二者相抵后的净效应值更小。那么对如此细微的差值进行校正的意义何在呢？

美国华盛顿大学圣路易斯分校的克利福德·威尔为我们算了一笔账：

每个 GPS 卫星每小时的行程为 1.4 万千米，根据狭义相对论推测，星载钟每天要比地球上的钟慢 7 微秒。

GPS 卫星离地面 2 万千米左右，它受到的引力约为地面引力的 1/4，根据广义相对论推测，星载钟每天要比地球上的钟快 45 微秒。

二者冲减后的值是：星载钟每天比地球上的钟快 38 微秒。

100 万微秒 = 1 秒。38 微秒很小，但它会让卫星定位每天增大 11 km 的误差，所以卫星上的钟必须补偿这个差，与地面上的钟“同步”。当然，这种效应事实上更为复杂，因为卫星沿着一个偏心轨道绕转，有时离地球较近，有时又离得较远。计算时，要把这些因素都考虑进去才够准确。

要使导弹、飞机等飞行器定位误差控制在 3 m 之内，GPS 的计时精度必须达到十亿分之一秒才行；对核潜艇进行导航，时间测量精度如果没达到百万分之一秒，误差就会在 300 m 以上。时间上差一点点，反映到测距结果上，其误差可能就是致命的，这跟狙击手远程射击是一个道理，你趴在月球上朝希特勒开枪，偏一点就可能射中罗斯福。

2 质能关系

$E = mc^2$。在地球上，不知道阿根廷、大米饭、美国总统的人可能不少，但没见过这个公式的人不多。当然，真正理解这个公式的人要少得多。

这就是著名的爱因斯坦公式，也叫质能关系公式，它表达了质量与能量之间的当量关系。

爱因斯坦的质能关系公式

看你迷惘的眼神和欲言又止的嘴唇，你好像不太明白这个公式意味着什么，是吧？

好吧，这个公式是说，质量和能量之间，可以相互转换，也就是说，质量可以是能量，能量也可以是质量。不仅如此，公式还简单明确地告诉了我们，质量和能量相互兑换的“汇率”是多少。所以，它的名字叫“质能关系”公式！

啊？！瞧瞧，自从开始学习相对论，你总是一副惊诧的表情。

这也难怪，这个公式是如此惊世骇俗，又是这样简洁美丽。如果初见时，没被它秒杀，那只能说明你没读懂它。所以，任何刚刚理解这个公式的人，包括那些物理大牛们，都是你现在这样的表情。

质量这家伙看起来老成持重，没想到是能量这个暴烈无常的家伙变的。这么说，我们前面八卦的质量和速度的花边新闻，八成是真的了？

哈，你真是越来越厉害了，居然从“质能关系”联想到“质速关系”。质量和速度之间，纠缠不清，关系远不是暧昧那样简单，爱因斯坦深度八卦之后，发现它们比夫妻还亲密，比情人还腻歪。

说到这儿，我们先了解一下，什么是能量。

可能一提起能量，我们首先就会想到火、电、炮弹等很烈、很暴力的东西。这也没错，因为这些东西很直观地告诉我们：瞧，我就是能量！

其实，能量无处不在，它是物质运动的一种度量。也就是说，能量就是物质的运动。

由于物质的运动形式有很多种，所以，与之相对应，能量也以各种不同的形态存在，比如光、电、磁、热、振动、爆炸、各种力等等。

运动的物体有“动能”，高处的物体有“重力势能”。说到这里，我们还得回到19世纪40年代。那时，6个国家不同领域的10余位科学家从不同侧面各自独立地发现了同一个定律——能量守恒。这些科学家包括：法国人卡诺、伊伦、塞甘，德国人迈尔、莫尔、霍耳兹曼、赫尔姆霍茨，英国人焦耳（焦耳定律熟悉不？$Q = I^2Rt$）、格罗夫，瑞士人赫斯，丹麦人柯耳丁，俄国人盖斯……其中，医生迈尔、物理学家焦耳、物理学和生理学家赫尔姆霍茨是主要贡献者。他们一致认为：能量既不会消失，也不会创生，它只会从一种形式转换为其他形式，或者从一个物体转移到另一个物体，而在转换和转移的过程中，能量的总量保持不变。

那么，能量转换和转移常见吗？

太常见了，不想见都难。可以说，这个世界，包括我们，都是能量转换的结果。

阳光普照大地，植物通过光合作用生长（其实就是把光和热储存起来），动物（包括你我）吃了植物，它们就转换成我们生存所需的能量，除了生存，我们还能用这些能量做一些力所能及的事情。

比如，我把你的杯子举起来，用来举杯子的力就转化成杯子的重力势能，我一松手，你的杯子下落，重力势能转化为动能，如果杯子落地摔碎，很遗憾你需要买一个新的杯子了，如果杯子没摔碎，恭喜你，说明我举得不够高，杯子获得的重力势能不足以破坏它自己的结构。

你说我用你的杯子做实验不够厚道？那好，说点别的吧。

阳光普照大地，水受热蒸发上天（光转化为热能、动能、势能），遇冷空气凝成水珠下落（热传递给冷空气，势能转化为动能），汇成河流（势能转化为动能），我们拦河修坝，水位升高（蓄成势能），用水的落差发电（势能转化为动能，动能转化为电能，磁生电等），电被我们用来转化为很方便控制的光、热、机械力等，然后我们用一只机械手举起你的杯子，你的杯子获得势能……咦，怎么又弄碎了你一只杯子？“杯具”啊！我也很难过。好吧，这个话题很沉重，我们换个话题。总之，世上没有无缘无故的爱，也没有凭空而来的能量。

小链接

以上所说的阳光、水流，还有化石等等，只要是我们人类可以利用的能量，我们都叫它们能源。能源的种类很多，从不同角度可以分为：一次能源和二次能源；可再生能源和不可再生能源；常规能源（传统能源）和新能源；清洁能源和非清洁能源；等等。

在经典物理学中，正如空间和时间一样，质量和能量也是两个完全不同的概念，质量与能量关系不太大。如果有人问，1 kg 炸药和 1 kg 膏药哪个能量更大，我们多数正常人会毫不犹豫地选择前者，是吧？

与质量有关的能量概念也比较局限——现在我们只知道动能、势能与质量有关。但是，这个有局限的表面关系，却为我们找到它们之间的隐秘关系，提供了一把钥匙。

这把钥匙被爱因斯坦拿到了。他打开那个隐秘的匣子，说："质量和能量也是一回事！它们之间居然可以相互转换，并且它们之间，有着确定的当量关系！"

太疯狂了！这是为什么呢？

在搞清楚小爱是怎么利用这把钥匙之前，我们先温习一下，质量、速度、能量三者之间，到底有着怎样纠缠不清的故事。

我们知道，一颗稍大一点的陨石以 10 km/s 的速度撞在地球上，会造成灾难。具体会造成多大灾难，要看这块陨石有多重，准确地说，要看它质量多少。如果只是把这颗陨石平稳地放在地球上，它顶多在地上压一个大坑，然后幸福安分地矗立在那里，成为另一座飞来峰，供我们看风景编故事，而不会造成任何灾难。

这说明什么？说明速度也是能量的一种。陨石撞地球不仅需要质量，也需要速度。

如果只有速度而没有质量会怎么样呢？960 万平方千米那样大片的阳光以每秒 30 万千米的极速撞到咱家，所到之处除了更明媚、更温暖些之外，没有发生什么变化，至少没发生什么显而易见的变化。可见没有质量的速度，也不会蕴含能量，想想如果同样大片的陨石以光速拍在地球上会怎样。光没有惯性质量，阳光本身具有的能量与频率有关，与速度无关（不同频率的电磁波能量差别很大，但速度一样）。

看来，能量这家伙，它与速度和质量都是正比的关系，速度越快，质量越大，则能量越大。可见质量、能量并不是独立的，而是与运动状态相关的。

这位同学说了，上面的例子是动能吧？咱们要讨论的是质量，不要偷换概念哦。

说得太对了。我们来看看动能的定义：

物体由于运动而具有的能叫动能。物体的速度越大，质量越大，具有的动能就越大。速度相同的物体，质量越大，它的动能也越大。动能公式是：

$$E = \frac{1}{2}mv^2$$

物体的动能，是它的质量和速度平方的乘积的二分之一。

这些是动能的基本概念，它离不开质量，而质量也和速度密切相关，陨石和光的例子恰好说明了这些。瞧，我们其实很早就发现了质量和能量有关系。所以，我们可以先从这个角度来理解一下质能关系。

前面说过，爱因斯坦深度八卦了质量和速度的关系，得出的结论是：它们比夫妻还亲密，比情人还腻歪。这么隐秘的关系，爱因斯坦是靠什么挖出来的呢？——相对论因子。小爱用它推导出一个公式：

$$m = \frac{m_0}{\sqrt{1 - \frac{v^2}{c^2}}}$$

根号那一套我们很熟，好像没什么特别，是吧？

这就是大名鼎鼎的“质速公式”。它是在告诉我们，速度越快，质量越大。在第九章“群雄逐鹿”一节中，有的大牛也得出了这个结论，亥维赛甚至也给出了一个“速度越快，质量越大”的公式，只是长得不太一样。所以，我们对这个结论不是太意外。

现在，我们用这个公式算一下，画个图看看，当质量遭遇速度，会发生什么故事吧。

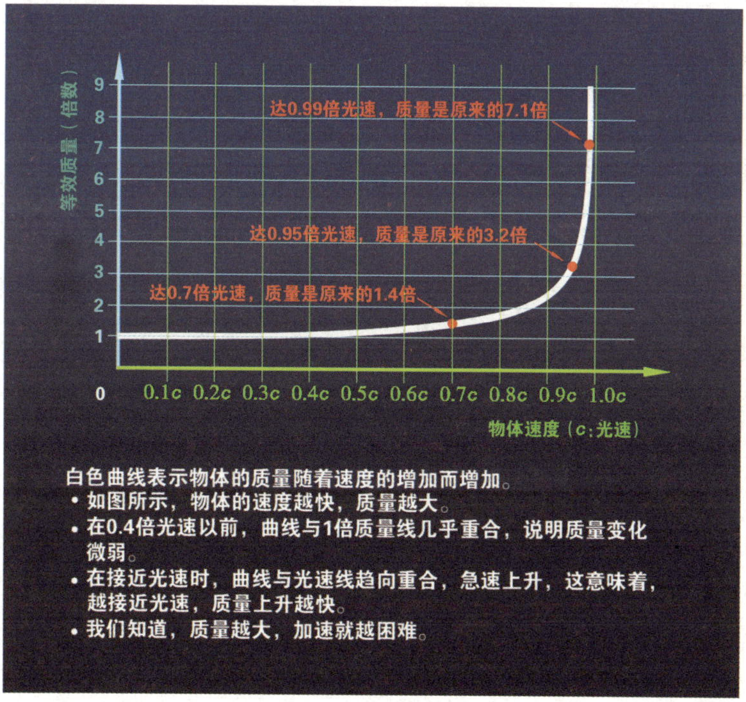

质量与速度的关系

我们看到，物体的质量的确随着速度的增加而增加，不过，好像增加得不怎么均匀。

在 0.4 倍光速（1.2×10^5 km/s）以前，质量曲线几乎就是沿着 1 倍质量的水平线在走，有微弱的增加。

到 0.5 倍光速（1.5×10^5 km/s）时，我们看见曲线开始抬头了，但变化仍然不是很大。

到 0.7 倍光速（2.1×10^5 km/s）时，质量达到原来的 1.4 倍，有点明显了。

到 0.95 倍光速（2.85×10^5 km/s）时，质量达到原来的 3.2 倍，很明显了。

到 0.99 倍光速（2.97×10^5 km/s）时，质量达到原来的 7.1 倍，太明显了！

比较一下：0.5 倍光速以前，速度成倍增加，质量只增加一点点；到了 0.95 倍光速以后，速度增加一点点，质量就成倍增加！

接近光速时，我们发现这条曲线与光速线趋向重合，急剧上升，越接近光速，质量上升越快！

这些值已经在粒子加速器中得到很好的验证。理论值与测量值相当吻合。

小链接

回旋加速器

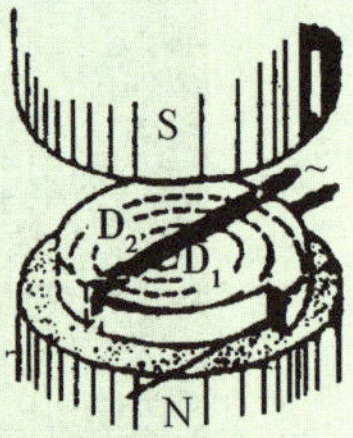

组成：两个D形盒，两缝间可形成高频振荡交变电压；大型电磁铁。

作用：电场用来对粒子（质子、氦核等）加速，磁场用来使粒子回旋，从而能使粒子反复加速。

要求：粒子在磁场中做圆周运动的周期等于交变电压的变化周期。

其实，随着速度增加，时间膨胀、长度收缩的曲线图，也大致是这样的。在说“时间膨胀”“长度收缩”时没画出来，是为了避免重复。

难怪人类以前没发现速度和质量的关系，原来是因为速度不够！

看着这个神奇的公式，爱因斯坦想：速度和能量关系密切，于是有了动能公式；速度和质量关系也很密切，于是有了质速公式。那么，有了速度这个中间人，质量和能量又是个啥关系？

小爱看着这两个公式，笑了。

他把这俩公式在草纸上推来导去（此处略去n个公式）。山重水复疑无路，柳暗花明又一村。突然，亮了，那个壮丽得令人颤抖、美丽得令人心醉的公式跃然纸上：

$$E = mc^2$$

那么，质量和能量的关系就是：它俩互为彼此。天啊！

后来，有人利用俄国物理学家列别捷夫的光压公式，更简洁地推导出了质能关系公式，还有人利用狭义相对论原理和洛伦兹变换式简洁地推导出质能关系公式。可见，条条大路通罗马。

之所以条条大路通罗马，是因为，罗马真实存在。只要脚踏实地去走，无论是坎坷还是坦途，无论是弯路还是捷径，我们总能找到同一个目标，它坚实可靠，真实可信。如果固步自封，投机取巧，我们会得到许多不同的结果，虽目不暇接，却浅薄虚妄，不值一提。

1905年9月，小爱发表了他这一年的第6篇论文——《物体的惯性同它所含的能量有关吗?》,题目让人昏昏欲睡。这篇论文只有3页纸,发表后也没有引起谁的注意,但它完美诠释了质能关系,给出了永垂不朽的质能关系公式。后来,当狭义相对论得到广泛认同和验证时,这个公式顿时名满天下,成为爱因斯坦的象征,成为物理的象征,甚至成为科学、智慧的象征!这是后话不提。

根据狭义相对论,我们可以这样认为,质量(所谓物质实体的量)是能量储存的一种形式。质量可以全部转换为能量。至于为什么,我们在后面会说到,此处不赘述。

那么,现在,我们可以和爱因斯坦同学达成一致意见:速度、质量都是一回事,是能量的不同存在形式和表现形式。

在上面那个无比著名的公式中,E 是能量,m 是质量,c 咱们在前面认识 n 次了,是光速(瞧瞧,又和速度联系上了,谁能把静能和动能完全分开?)。能量等于质量乘以光速的平方。这样看来,炸药也好,膏药也罢,其能量大小不能看它的功用和形状,更不能看它的名字和质感,而要看它的质量,都是 1 kg,那 OK,它们能量相当。神奇吧?

质量、能量可以相互转换,这件事固然神奇,但更神奇的,是它们的数学关系,不是吗?咱略略分析一小下:

能量 = 质量 × 光速的平方。也就是:能量 = 质量 × 光速 × 光速。

物质的静能量,竟然等于它的静质量与某个速度值的乘积!

这个速度值不是太阳引力加速度,不是地球公转的速度,也不是猎豹奔跑或刘翔跨栏的速度,偏偏是恒定不变的光速,为什么?

并且,还非得是光速的平方,也就是“光速 × 光速”,为什么不是光速的立方,或者“光速 ×3. 141 592 6”?这是谁安排的?这些都是为什么?

没有答案。

发现大自然规律之前,我们感叹大自然太神奇了。

发现大自然规律之后,我们更感叹大自然神奇了!

质量守恒定律、能量守恒定律,这两条伟大的定律被狭义相对论统一在这个简洁的公式中。在此之前,人们只知道它们各自解释了不同的自然规律,甚至有人以为,物质不灭定律是一条化学定律,能量守恒定律是一条物理定律,它们就像奥巴马和巴拿马、维多利亚和澳大利亚,风马牛不相及。

爱因斯坦告诉我们,质量是惯性的量度,能量是运动的量度。

这个公式以及相关的理论,最初受到多数人的反对。然而,随着科学的发展，大量的科学实验却伤了多数人的心，它们纷纷站出来证明爱因斯坦的理论是正确的。我们来看个证据：

质能关系公式正确地解释了各种原子核反应，比如氘聚合成氦4的奇异现象。

一个氘原子核是由1个质子和1个中子构成的，而一个氦4原子核是由2个质子和2个中子构成的。

小学算术告诉我们，两个氘原子核正好聚合成一个氦4原子核。

哈，原来小学算术也能解决原子聚变问题！以此类推，氦4原子核的质量就应该等于2个质子和2个中子质量之和，也就是等于2个氘原子核的质量之和。

但事实告诉我们，这道题算错了。氦4原子核的质量比2个氘原子核的质量之和少了0.030 2个原子质量单位！

这些质量哪儿去了？

根据质能关系理论，核聚变将释放出巨大能量。在2个氘原子核聚合成1个氦4原子核时，必须释放出大量的原子能。大量，有多大量呢？

生成1 g氦4原子，要放出约2.7×10^{12} J的原子能。

1 g有多少呢？买1 kg盐分成1 000份，看其中1份，就知道1 g是多少了。或者，把1张A4纸裁成4份，用手拿起其中一份，掂一下它的重量体验一下，差不多就是这么多。就是生成这一点点氦4原子，所损失的微不足道的质量，便能转换成2.7×10^{12} J的能量！

2.7×10^{12} J的能量有多大呢？1 W的机械工作1秒释放的能量为1 J，我草草算了下，这些原子能，能供100 W的灯泡亮856年（如果灯泡不坏的话），可以从辛弃疾时代亮到现在，如果你是个环保人士，换成同样亮度的20 W节能灯，可以从公元前2269年照到公元2011年，开灯那年，尧帝大概正在带领全国人民抗洪救灾。这些能量可以把45万吨的重物举高600 m。45万吨相当于各承载4人的30万辆捷达车的质量。

质量转化为能量释放了，所以氦4原子核的质量减少了。

这个例子似乎在说明：核聚变时，质量好像并不守恒。然而，用质能关系公式一算，怎么会这么巧——把原子核聚变释放的能量换算成质量，刚好等于其聚变后失去的质量！

1 kg物质完全等价于：

——89 875 517 873 681 764 J（是上述2.7×10^{12} J的33 287倍）；

——21 470 501 164 281 卡路里;

——24 965 421 632 kW · h;

——21480. 764 31 千吨 TNT 当量。

爱因斯坦从新的高度,阐明了质能守恒的实质,指出了它们之间的密切关系——质能同源,它们可以相互转换,此消彼长。质能关系是狭义相对论最重要的结论,它将原来的质量、能量守恒定律,统一成质能守恒定律,让我们更接近物质的本质,至少我们知道,因具有质量而“实实在在”的物质,可以转换为因不具质量而相对“虚无”的能量,比如热、可见光、各种射线、使其他物质产生运动的力等。借此,咱人类对大自然的认识又加深了一步。

本人有联“只有一个永远”云:

群生暂过,凭哪去哪来,无所谓长,无所谓短,无须论也。

一宇亘恒,任谁生谁灭,不可能溢,不可能缺,何必忧之。

3 四维时空

狭义相对论横空出世以前,时间和空间有着很明确的关系,那就是没关系。

现在,人们都喜欢用一个词:时空。人类时间概念大颠覆就是从这个词开始的。那么,时间和空间是什么时候开始纠缠不清的?一般说来,是从深刻认识洛伦兹变换式的数学性质开始的,把时间和空间紧密联系起来处理问题,使狭义相对论在数学上变得简明优美。也就是说,从狭义相对论开始,时间和空间在物理性质上紧密联系起来了。

在建立起狭义相对论之初,爱因斯坦就意识到,时间、空间概念的变革,是他理论的核心。1905 年 5 月,他在给朋友的信中说,自己正热衷于研究“利用空间、时间概念变革的电动力学”。

爱因斯坦的老师闵可夫斯基(德国著名数学家)在时空统一上做出了关键贡献。1905 年以后,闵可夫斯基把几乎所有精力都放在电动力学上,他在研究狭义相对论时,发现其中的时间、空间关系很神奇,它们不再是绝对的、不变的,而是与物质运动密切相关的。在这一思想的启发下,他灵机一动,发现把时间

爱因斯坦的老师——闵可夫斯基

作为另一维空间来处理，可以使数学和物理变得简洁优美，更符合自然法则，他由此认识到，可以将独立的时间、空间统一到四维时空结构中。1907 年，他建立了闵可夫斯基时空。

1907 年 11 月，闵可夫斯基指出，我们的时空观将发生彻底的变革。

1908 年 9 月，闵可夫斯基在“空间与时间”讲演中，预言了爱因斯坦的思想将要产生的深远影响：“从现在起，孤立的空间和时间，注定要销声匿迹，只有二者的融合体才能继续存在下去。”

其实，多维空间的概念并不是出现在狭义相对论以后，早在 19 世纪，一位神人就有了这个意识——卡尔·弗里德里希·高斯。

本来，可以不用介绍他的，因为本书是写物理的。但是，这个人粉丝太多，不介绍一定会被围攻，所以还是简单说说吧。

高斯，男，1777 年出生，德国人。虽然他在电磁学上颇有研究，还与韦伯一起发明了电报，并且是哥廷根天文台台长，在大地测量学上也贡献卓著，但是，物理学、天文学、大地测量学仍然只是他的副业。他的主业是数学——他是史上最重要的数学家之一。能与他比肩的，有阿基米德、牛顿、欧拉，没了。

最重要的数学家之一——高斯

谁要是不承认世界上有天才，我就……生气，并且让他解释一下，这是怎么回事：

高斯的母亲是一个穷石匠的女儿，父亲是一个泥瓦匠，双方都没有接受过什么教育。父亲一直希望高斯从事泥瓦匠这份很有前途的职业。总之,他的家庭环境一点学术氛围也没有。

但是,高斯 3 岁就能指出父亲账册里的错误。

有个大家都知道的故事。老师给同学们出了道很费时间的数学题:计算从 1 加到 100 所有数字的总和。题刚出完没一会儿,一个孩子给出了答案:5 050。现在我们都知道,他用的方法叫等差数列求和,这孩子就是高斯,那一年,他 10 岁。

聪明好学的高斯受到舅舅的喜爱和支持,也受到老师的喜爱和支持,他们给高斯买的书,总是很快就被高斯吃透。

11 岁那年,他不顾父亲反对进了中学,数学老师看了他的作业说:“你用不着上数学课了。”不仅如此,他的拉丁文成绩也让全班同学压力山大。这一年,他还证明了欧拉的二项式定理。

12 岁时,高斯开始怀疑欧氏几何学中的基础证明。

不到 15 岁,高斯已经在研究数论了。喜欢数学的人都知道,数论是数学中的皇冠。

15 岁时,高斯就意识到,欧氏几何中的平行公理不成立,在欧氏几何外,还存在着一个无逻辑矛盾的几何。欧老爷子表示压力很大。

18 岁时,他对数论中的二次互反定律首次给出严格证明。此定律是一个了不起的成就,由欧拉首次发现,但欧拉没给出证明。这个证明被高斯运用数学归纳法搞定,见过这个证明的数学家无不为之倾倒。

19 岁时,高斯找到了用尺规画正 17 边形等正 n 边形的方法,破解了困扰数学界 2 000 多年的难题。

1801 年,人们观察到一颗新星,它在天空出现 41 天,扫过 8°角之后,便消失在灿烂的阳光中。这是颗小行星,后来人们管它叫谷神星。由于它形迹可疑,当时,谁也搞不清楚它是彗星还是行星,所以它很快成为学术界的焦点,甚至成了哲学问题。辩证法大师黑格尔嘲讽天文学家说,煞费苦心去找第八颗行星是白费劲,他宣称用哲学就能证明太阳系的行星只能是七颗。但高斯只相信科学和事实,在大家茫然无助之际,高斯根据观测资料,只用了一个小时便算出了谷神星的轨道形状,并预言了谷神星下一次出现的位置,几个月后,谷神星无视黑格尔的哲学和情绪,在高斯预测的位置如约而至。那年,高斯 24 岁。他使用的计算方法,就是他独创的秘籍“最小二乘法”。此后,大小行星(包括海王星和冥王星)陆续被发现。

也是在这一年，高斯著成《算术研究》，一部划时代的作品横空出世，它终结了数论的无系统状态。

……

高斯一生为数学王国开疆拓土，攻无不克，所向披靡，成果太多，不一一列举了。牛顿、爱因斯坦等许多大牛的创造力集中在青年时代，而高斯则是生命不息，创造不止，可喜可贺的是，高斯活到78岁，这位天才的高寿，实在是人类之福啊！

由于高斯十分严谨，学术成果不论证成熟绝不发表，所以他的许多研究成果都在日记或手稿里，不为人知，直到他去世很久才陆续被发现。如果高斯及时发表了这些世界一流的数学成果，那么在一些重要领域，完全可以省去一大批天才数学家的苦苦摸索——他们的大量精力可以用在别的领域——数学的发展可能要比现在先进半个世纪之多！

高斯被称为“数学王子”“数学家之王”。人类史上最伟大的数学家，不论怎么排，都必须有高斯。实际上，任何赞扬人类智力的词句，用在高斯身上都不为过。他是人类的骄傲。

我发现一个秘密：难怪德国那么牛，后来一度成为世界数学、科学的中心，原来他们有高斯！

切！如果这也叫秘密，那天上的太阳就是绝对隐私。

高斯的贡献中与本书密切相关的有两点，一是非欧几何，二是四维空间。

1817年，高斯在一封信中指出，“我们不能证明欧氏几何具有物理的必然性，或许在另一个世界中，我们可能洞察空间的性质”。他已经开始怀疑空间的平直性。

1827年，高斯的《曲面论上的一般研究》出版。它是微分几何发展史上一块重要的里程碑，标志着以曲面为基本对象的微分几何的创立。将来在广义相对论中，我们将体会到微分几何的重要性。该书发表一个世纪后，爱因斯坦评论说：“高斯对于近代物理学的发展，尤其是对于相对论的数学基础所做的贡献（指曲面论），其重要性是超越一切、无与伦比的。”

1823年，雅诺斯证明了非欧几何的存在，并于1931年在其父亲鲍耶的著作中公布了这一成果。高斯盛赞这位青年“具有第一流的数学天才”。

1829年，俄国数学家罗巴切夫斯基出版了著作《论几何学的原始基础》，论述了非欧几何，但没有引起注意。1840年，老罗又用德文写了《平行线理论的几何研究》，高斯看了十分重视。为了能直接阅读老罗的著作，63岁的高斯开始学习俄语——不是学点日常用语就算了，而是要看得懂艰深晦涩的数学论著！背几个英语单词都抓狂的我如果做这件事，会有种用头撞墙的冲动。高斯积极推荐老罗的论著，为世人逐渐接受非欧几何发挥了重要作用。

罗巴切夫斯基

高斯、雅诺斯、罗巴切夫斯基三人并称为非欧几何的开创者。

后来，高斯开始从数学上考虑多维空间。在主导汉诺威大地测量工作时，他曾试图通过测量三个山头构成的三角形的内角和，探测三维空间是否存在曲度。

如果三维空间存在曲度，就意味着四维空间存在的可能。

这很好理解，想想是不是这样：一条直线是一维的，它想要弯曲，至少要借助二维空间才能实现；平面是二维的，它想要弯曲，至少要在三维空间里才能实现。所以，要证明四维空间的存在，只需找到弯曲的三维空间即可。

这次，高斯没有取得成功。以后我们会知道，以这种探测方法，以那时的探测技术，成功，绝无可能。

不过，纯粹的数学家是不需要考虑物理世界的。高斯起了个头，一时间数学家们一发不可收拾，奏响了任意维度和曲率的空间狂想曲。

但是，这恣意飞扬的数学乐章，只是数学家中一个小圈子的学术兴趣，没有与真实的物理世界产生关系。直到狭义相对论打开了那扇窗，人们才认识到，这些神奇的表达式、方程、坐标，居然具有深刻的物理意义！

这次，才华横溢、坦诚率真的闵可夫斯基走在了前列。

爱因斯坦在苏黎世联邦理工学院上学时，闵可夫斯基是他的数学老师。在那些阳光灿烂、挥斥方遒的日子里，爱因斯坦经常逃课，闵老师骂他“懒胚”。当然，小爱仍然很敬重闵老师。后来，小爱也为他逃数学课付出了代价——为了解决广义相对论的数学问题，他狂补了一年的数学课。那句话怎么说来着？出来混,迟早要还的。可惜了那一年的时间啊！要知道,那时节是这个伟大天才创造力最强的阶段,分秒无价啊！后话不提,我们接着说闵老师。

有一天,风度翩翩、绅士味十足的闵老师路过实验室,恰逢一个蓬头垢面的学生从实验室飘出,我们知道,那就是我们亲爱的爱因斯坦。看着这款非主流的欠扁造型,恨铁不成钢之情在耿直的闵老师心中油然而生,他果断拦住小爱说:“爱因斯坦,你也许是个聪明人,但你绝不适合搞物理,为什么你不尝试一下其他职业,比如医学或者法律呢?”难以想象,如果接受了老师的建议,爱因斯坦大夫或许就是史上最渴望成为物理学家的律师了。

这个原本对爱因斯坦同学印象很糟的老师,在领悟了狭义相对论之后,凭着敏锐的科学洞察力,认识到了爱因斯坦思想的深远意义,便立即开始为爱因斯坦的相对论摇旗呐喊。

闵老师讨厌小爱不羁的做派,但他没有因此对小爱的学说抱有任何偏见,还建立了四维时空,从数学上给予有力支撑,夯实了相对论的基础。当然,他自己也因此声名大振。可见,理解和支持一下与自己不太一样的年轻人,也没什么不好。诺贝尔物理学奖得主玻恩曾说,他从闵可夫斯基的数学工作中找到了“相对论的一座完整的武器库”。1909 年,年仅 45 岁的闵可夫斯基身患重病(其实只是急性阑尾炎,可见病的轻重是相对医疗手段高低而言的),临终前,他无限遗憾地说:“在发展相对论的年代里死掉,真是太可惜了。”

是啊,的确是太可惜了。假设闵可夫斯基不是英年早逝,说不定可以参与广义相对论的创立。

我们接着说四维空间。数学强人都知道,数学中有各种多维空间,不胜枚举。但到目前为止,我们认识的物理世界只是四维,即三维空间加一维时间。后面将要提到的高维空间,目前只有数学意义。

四维时空观是相对论的重要理论基础,是了解相对论的前提。

那么,四维时空是个什么样?我们能想象出来吗?用语言能表达出来吗?

没有谁敢说“能”,但几乎所有人都有兴趣去尝试——好奇是人类最可爱的品格。至于是不是成功了,没人能做评判。毕竟,我们的感官都是配合三维空间而生的,四维,谁也没“亲眼见过”。

虽然我们要做的是一件没有“正确”答案的事,但一旦认真去做了,这绝对是一场奇妙的思维盛宴,所以,我们入席吧!

正式进入四维时空之前,我们先做做热身运动:类比。

我们日常活动和直观感知的空间是三维空间:长、宽、高(所谓立体)。人在具象意识中,对时空其实没什么感觉,因此,理解起来不是很容易。但是,正如高中生做大学题困难,而做小学题就容易一样,我们向高维度感知不易,但向低维度感知就容易了。所以先感知一下低维度,类比一下,就明白了。

蚂蚁本身虽然是三维构造,但只能感知到二维空间:长、宽(所谓平面),也就是说,它能感知的只有前后左右,没有上下。人将蚂蚁面前的一块食物拿起来,这个勤劳勇敢的小家伙只当它凭空消失,它不会抬头或低头找找看,因为它的意识里没有第三维——高。人也一样,如果四维空间的生物取走我们的东西,我们也只知道前后(长)左右(宽)上下(高)找找,报了案警察也是这样找,而无法在第四维——时间的将来、过去之间穿越寻找。

时间只对应于事物发展顺序,而空间只对应事物存在位置——我们一直是这样认为的。但是错了。错了很正常,因为人可以在三维空间随心所欲,而不能在时间中穿越自如,所以很自然地把空间和时间割裂成两种概念。就像很久很久以前,人们把雷电割裂成雷公电母一样。

实际上,发展顺序也好,存在位置也罢,都是事物运动的产物。这些,我们在前面分析“绝对空间”“绝对位置”时已经有所了解。这就是为什么爱因斯坦说,时间和空间是人类的一种错觉。现在,相对论告诉我们,时空是统一的,它们是一回事。

这该怎么理解呢?

别急,我们先把时间放到一边,让它歇会儿。

现在,我们先体会一下四维空间(对,不是四维时空,是四维空间)的魅力,再去拜会四维时空。

讨论四维空间之前,咱们再强调一遍:高维空间,目前只有数学意义。目前,它只是一种猜想,一种数学方法,没有观测和实验支持。

讨论四维空间,借此充分发挥一下我们的想象力,有两个目的:

① 为将来理解高维空间打基础,因为理解高维空间,是需要想象力来配合的。

② 讨论完四维空间,我们会发现,四维时空很好理解。

四维空间谁也没有经历过,这次讨论靠谱吗?

我只能说,没有经历,我们有想象力;缺乏想象力,我们还有逻辑;搞不定逻辑,我们还有大脑的基本能力——理解和记忆。总之,我们的口号是:宁可错想三千，不能死抱一个。

我们“假设”——看准这两个字——每个维度的空间都有智慧生物。再强调一遍，只是“假设”。

我们就从一维空间开始。

一维空间就是一条线，他叫阿细，是一维空间的智慧生命。因为一维空间只有长度，没有厚度，也没有宽度（怪不得他叫阿细），所以，在阿细的意识里，只有前面和后面，没有上下、左右。

于是，不论什么东西切入他所在的那个一维空间，他只能“看”见一个点，这个点的变化很有限：出现、消失、逼近、离开、变色。没了。

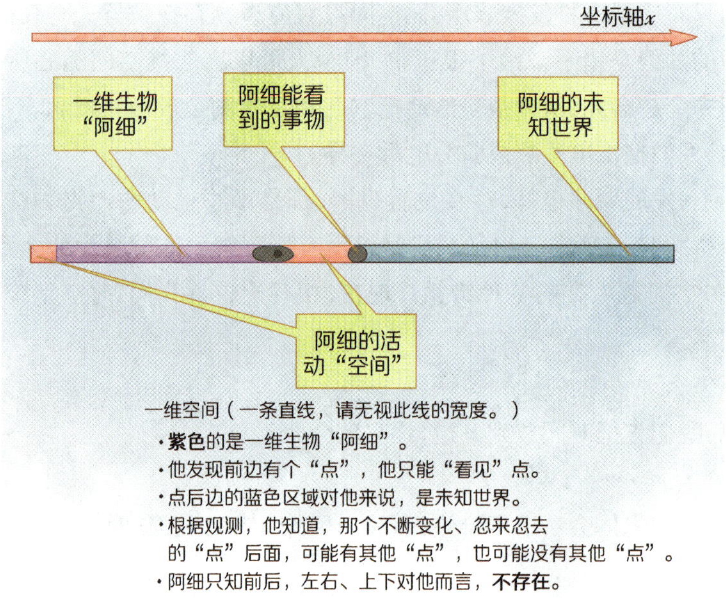

阿细的一维世界

“我朝前走啊走，何处是尽头？尽头外面是什么？难道尽头只是尽头？点出现很多次，也变过很多次，点的背后还有多少点呢？它们的速度是快是慢？为什么它们会突然消失又突然出现？世界真大、真奇妙啊！”阿细由衷地感叹道。

现在是二维的故事。故事的主角叫阿扁，是二维世界的智慧生命。他的世界有长度，有宽度，但是没有高度，其实就是一个平面。所以叫他阿扁名副

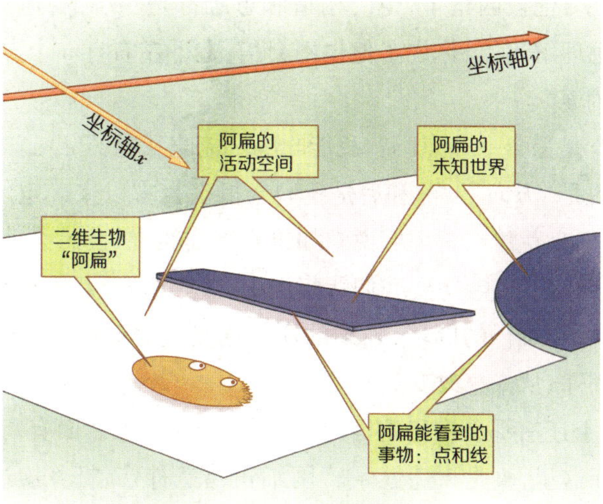

二维空间（一个平面）
- 虽然只多了一维，但阿扁的视野、活动空间是阿细的无数倍。
- 封闭的线是阿扁不可逾越的。被线封闭的蓝色区域，是阿扁希望探索的未知世界。
- 阿扁只知前后左右，上下对他而言，不存在。

阿扁的二维世界

其实。

我们可以这样认为：二维世界是由无数个一维世界组成的，一维世界只是二维世界的“切片”。

我们可以用两根坐标轴来表示二维世界。虽然只多出一维，但多出无限可能。阿扁的视野、活动空间比阿细大出无数倍。

无论什么物体切入阿扁的二维世界［如果不明白怎么切入，回头看看祖暅原理（第三章“爱的抛物线”一节）］，阿扁他看见的都是线和点。它们变化多端：长、短、远、近、平、斜、弯、直、断、连、交叉、出现、消失……

前后左右都没有尽头，点与线交相辉映，飘曳回旋，长短不一，曲直万变，更有许多封闭的线无法逾越。其中藏有多少秘密，茫茫大千世界，无限可能啊！阿扁豪情万丈。

突然有一天，他在其中的一条线里发现阿细。咦？居然还有一维生命！他的世界太小了！这怎么生活啊。

拯救他之前，跟他开个玩笑吧。淘气的阿扁在阿细的前后各拦了一个点——不能吃的点。这对阿细来说，就是坚不可摧、不可逾越的障碍。

阿细悲催了，他被囚禁了，他的构造和思维都是一维的，他只能前后移动，根本不知道、也理解不了、你说了他也不会信：上下左右有 n 个方位可供他逃出这个可笑的“囚笼”。

“左？右？是另外一些点吗？我能吃吗？能吃我吗？”

“啊？你说是‘方向’？前和后是我们老祖宗自古以来确定的方向，怎么会有左和右这种虚妄荒唐的歪理邪说？如果它真实存在，我怎么从未感觉到？即使有，也不适合我们细族，想要我们背叛历史、数典忘祖、万劫不复吗？！”

即使处于寸步难行的囧境，阿细的质问也是气势磅礴、一气呵成。这也难怪，他一直在固守，从未想改变。

“唉，世界上还有那么多秘密等待我去探索，那个点后面有几个点都没搞清楚，就被困死在这里，真是太遗憾了。”阿细正黯然神伤，打算挨过一时是一时，却被阿扁一把撕扯住衣领，质问道：“为什么你不适合出笼？点、线不属于空间吗？点、线可以出笼，那你怎么就不适合出笼呢？”

“线？世界上怎么会有如此怪异的东西？”阿细不肯相信。

“拜托，你自己就是一根线好不好？难道越搞不懂自己就越自信？”快被阿细搞崩溃的阿扁说完，一把将阿细拖进二维空间。

阿细一阵眩晕，不是阿扁用力过猛，而是阿细的眼前猛然开阔了无数倍，世界顿时不同了，一辈子也没见过这么多东西啊！大量的信息令阿细从肉体到精神上都应接不暇、措手不及、震惊不已。

他回头看了看奇特的阿扁，这是神仙？妖怪？眼前的景象，能看一眼，虽死无憾！“原来，我看到的点，只是线切进我的世界的一个小切片！”

“天哪！”阿细望着阿扁叫道。

看着阿细敬畏的目光，阿扁志得意满，他拉着阿细尽情游荡于广阔的二维空间，在阿细的惊呼和膜拜声中陶醉。

阿扁带着阿细穿过一片密集的点线阵群，来到一条封闭的线旁，阿扁得意地对阿细说：“这是我的私密空间。”

说着，阿扁扯住线头一拉，露出另一个线头，他拉着阿细从两个线头之间走进去，顺手一带，两个线头又合上了。

“现在，全世界谁也看不见咱俩在干吗。Look，我这里还有一只保险柜，是用两道线圈起来的，绝对保险，没见过吧？我们这个世界，还有很多打不开的线，每个封闭的空间，都是一个未解之谜。每一个谜团，都比你的世界要丰富得多！”

阿细真是大开眼界，他只顾贪婪地东张西望，似乎想把所有的东西都刻进记忆，忘了回应、忘了提问。

三维世界的咱俩正俯瞰这一切。

咱俩从小就养成了看蚂蚁搬家、破坏各种昆虫正常生活的“好习惯”，却被达尔文抢先出版了《物种起源》。还好，此刻咱俩有幸看到了阿扁和阿细。

阿细真可怜，比蚯蚓还可怜。我生了恻隐之心。

阿扁好幼稚，比蚂蚁还幼稚。你动了怜悯之情。

在咱俩看来，阿扁的所谓私密空间，只是一个可以把线头拉开的线圈，圈里的一切，包括围了两层线的“保险柜”，都毫无私密可言，更不要说“保险”了。

我们看他俩，就像阿扁当初看被两个点困住的阿细一样，一切是那样的一目了然。

那个所说的“保险柜”，就是再围上十圈百圈的线，我们也能直接看到最里圈的东西。

我们从他们的空间里取走或放置任何东西，都不需要拉开什么线头，只需从上、下任何方向信手操作即可。

对他们而言，咱俩就是无所不能的人。

“我决定做一件事，在阿扁最得意的时候。不知道这是慈悲，还是残忍。”你念叨着。

我知道你要做什么。把一个刚刚解决了温饱，望着猪圈踌躇满志，正对着乞丐神吹海侃的人突然请到七星级酒店，让他知道他把猪和猪圈都卖了也换不来那里的一盘菜，的确很残忍。但是，不管离知识和期待有多远，真相还是最珍贵的。

“给出真相，就是最大的慈悲！”我说道。

我话音未落，你伸手就把阿扁从他的“私密空间”拿出来，顺便一起带出了阿细。

“啊！呀！噢！哇！这是哪儿？广阔、广阔、广阔，真广阔啊！”阿扁叫道。

而阿细只看了一眼三维世界，便昏了过去。短短的时间里，谁能受得了这么大、这么多的刺激啊。

“天哪！我的天哪！”阿扁望着咱俩叫道。

“您客气，我们只是比您的世界多了一维。”你谦逊地说道。

“我是怎么到这里的?”阿扁到底比阿细见识多,看着纷繁神奇的三维世界,他还没忘记问来由。

“是我们从上方直接把您们拿起来的,欢迎来到三维空间。”你彬彬有礼地答道。

“上方？起来？什么概念?”阿扁一边迷惑地念叨,一边左顾右盼看个没够,搞得咱俩一度怀疑这个平凡的世界是不是又发生了什么神奇的事情。不过转念一想又释然了:如果哪一天,我们的世界没有什么神奇的事情发生,那倒真的是匪夷所思了。

咱俩绞尽脑汁,利用摆事实、举例子、讲道理、看现场、做实验、做类比、晒逻辑等各种办法,费了九牛二虎之力,才说服阿扁承认,他看见的线只是我们三维物体切片的边缘,他所谓的封闭空间,在三维世界是完全敞开的,我们看他们的“封闭”空间“内部”,是直视,不是透视——这是他从上面亲眼俯瞰了自己的私密空间,又回去体验,再被我们拿出来,如此 n 遍以后,他才相信的。

难以想象,如果不把他拿到三维空间,让他亲身经历一下三维体验,我们该用什么办法才能让他明白这些？如果阿扁没有见到过三维物体,我们该怎样向他描述,才能让他想象出三维物体的样子呢?

让低维生命理解高维空间,实在是太难了。所以阿扁替阿细着急,我们又替阿扁和阿细着急。但阿细、阿扁比我们幸运,因为有人帮他们突破生活的低维,穿越到更高维,体验到了不可思议的震撼。

谁替我们着急呢？只有我们自己。

好在我们从小就习惯了一件事:一切自己解决。

首先要解决的是,根据阿细、阿扁从低维跃向高维的感受经验,理清思路:

① 低维世界是高维世界的切片。反过来,高维世界由低维世界累积而成。从一维到四维,类似“纤维→纸张→图书→图书馆”的关系。那么,在低维空间“看到”的东西,就只是高维空间的一部分,反过来说,维度越高,看事物越“全面”。

② 高维世界再“小”,也比低维世界“开阔”。一根丝再长,它在我们眼里都很“细”,一张纸再大,它在我们眼里都很“薄”。再想想蛛丝上的水滴,一个细菌在长长的蛛丝上游动,与在小小的水滴里游动相比,哪个更开阔?

③ 低维世界封闭的事物,对高维世界是敞开的;而高维世界封闭的事物,对低维世界却是封闭的。这很好理解,跟人类社会一个样,底层的事情,高层清楚

无比，而高层的事情，对底层来说永远是个谜。

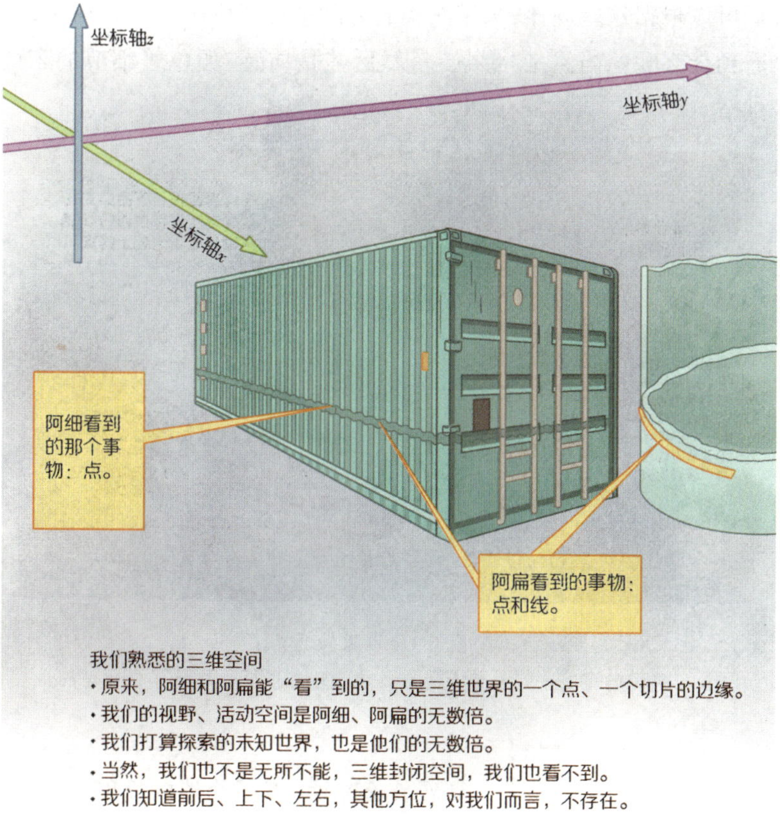

我们的三维世界(原来，阿细、阿扁刚才看到的是这里！)

④ 低维生物对高维多出来的"方位"完全没有意识。无论怎么描述，我们三维生物能想象的，只能是三维空间的任何方向，跳不出去。但这也不妨碍我们极尽想象之能事——存在一个我们感受不到的"方向"，你就让想象力尽情撒野吧！

⑤ 我们看高维物体，感觉是震撼的，就像以前只见过线和点的阿扁一下子看到三维立体物体一样震撼。这种震撼不是"尺度"问题，而是"角度"问题。举个例子：一根细鱼线，它的长度能绕地球一两圈或更多圈，我们不会震撼，再长它也只是鱼线而已；一间办公室，你推门进去，却发现面前一架直升机，你需要飞行 10 分钟才能到达主人的办公桌，这才会震撼——那是多辽阔的一间办公室啊！

借助阿细、阿扁高维穿越旅游的经验，我们总结了五条认识高、低维之间关系的规律。

我们可以根据这些规律，来推测我们去高维空间旅游时会看到什么。

会看到什么呢？当然是“形状”。然后才是质感、颜色等细节的东西，这里不讨论细节。

一、二、三维世界的关系

（图中，韩国雕塑艺术家朴赞女的金属切片雕塑很好地表达了二维与三维的关系。）

在三维世界中，我们人类不管看什么东西，都是物体的反射光跑到我们的眼睛里，刺激我们的视网膜、视神经和大脑，形成与物体相对应的“形状”概念。

我们通过复杂的“形状”罗列，来区分各种不同的事物，包括人的面孔。离开了形状，我们什么也分辨不清。

你要是觉得这是废话，就去找蝙蝠，问问它怎么看。

蝙蝠说：“我看东西不靠光源，靠自己。发射的超声波，遇到物体反射回来，刺激我的听觉神经和大脑，建立与物体相对应的‘形状’概念。”

声音刺激建立的形状，和光刺激建立的形状是不是一回事呢？有质感吗？如果不是一回事、没有质感，那怎么解释蝙蝠能准确地吃到树叶间的飞虫，而不误食大小差不多、随风飘舞的树叶呢？

研究表明，在复杂的噪声中，蝙蝠能精确分辨各种声波信息，就像我们在花花绿绿的世界里，能准确分辨物体的颜色信息一样。它不仅能“看”出空中飞的是昆虫还是石块，而且能“看”出哪只昆虫是可食的，哪只昆虫是不可食的！可见，它用声波“看”的事物不仅有形状，还有质感，“分辨率”还挺高呢！蝙蝠“看到”的声波叫超声波，它方向性好、穿透能力强、声能较集中。还有一种人类不能感受到的声波叫次声波，它可以传播很远，很容易绕过障碍物，而且无孔不入。

虽然我们和蝙蝠的“看法”不一样，也想象不出彼此“看”到的东西在大脑中建立的形状是不是一回事，但大家都是通过形状“看”世界，是吧？

那么，现在我们就来解决第二件事：形状问题。

根据刚才总结的维度穿越的五条规律推测，低维“形状”只是高维“形状”的一部分，或者叫切片、投影。

我们还是从低维看起。

任何物体在一维空间的投影都是点或线，这个很简单，不多说了。

三维物体在二维空间的投影，我们以一个透明的正方体为例，来观察一下。

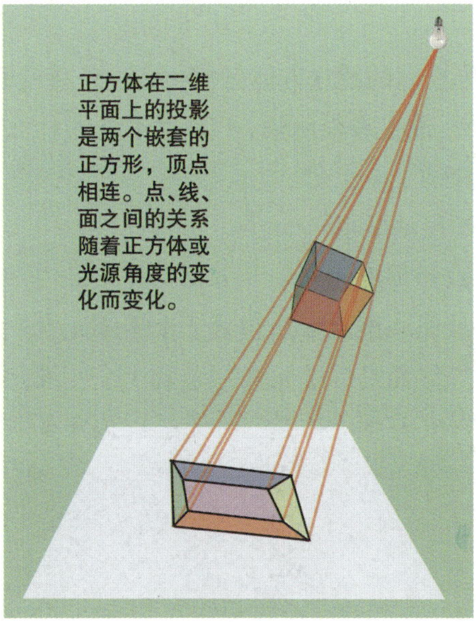

正方体的二维投影

正方体有 8 个顶点、12 条边和 6 个面。投影后会怎么样呢？

我们发现，虽然正方体被“压扁”了，但是它的 8 个顶点数、12 条边数没变。

等等，好像丢了一个面。数数看，应该是 6 个面，但是现在成了 5 个，是不？

我们仔细想想就会发现，最上面那个面的投影，重叠在其他 5 个面的投影上了，所以看起来像是 5 个面。让正方体转动一个角度，投影的点、线、面之间的位置啊、大小啊、长短啊这些关系，也随之发生变化，总有一个以上的面与其他面重叠。

因为我们既能看见立方体,同时也能看见它的投影,所以我们很容易知道,投影的某个变化,对应于立方体角度的某个变化。当我们熟悉了这些变化规律时,即使不看立方体本身,也能通过投影的变化,推测立方体的角度变化,乃至立方体的形状。换个圆锥体,让你只看投影,我就不信你还能以为是个正方体。

以此推论,我们也可以利用四维物体在三维空间的投影,推测四维物体的“形状”。

这些很好理解,是吧?

那么,重点来了。我们要完成一个光荣而艰巨的任务:试着推测四维空间的立方体——超立方体是个什么样子。

由于我们无法想象三维以外的“方向”,所以,只能通过它在三维空间的投影来了解它。

根据推算,四维空间的超立方体有 16 个顶点、24 个面、32 条边。

怎么推算的呢?说起来很麻烦,不看也不耽误什么。有兴趣的就看看,没兴趣的直接跳过就好了。

简单列举一下(很枯燥哦)。

零维:1 个点(点是零维元素)。

一维:1 条线(线是一维元素),包含 2 个零维元素。

二维:1 个正方形(面是二维元素),包含 4 个一维元素、4 个零维元素。

三维:1 个正方体(三维立体是三维元素),包含 6 个二维元素、12 个一维元素、8 个零维元素。

据上列下:

$(x+2)^0=1$

$(x+2)^1=x+2$

$(x+2)^2=x^2+4x+4$

$(x+2)^3=x^3+6x^2+12x+8$

归纳出:

一个 n 维立方体,它所包含的 k 维元素的个数,等于 $(x+2)^n$ 展开式的 k 次项系数。那么,四维立方体就这样算:

$$(x+2)^4=x^4+8x^3+24x^2+32x+16$$

看系数就可以知道超立方体有 8 个立方体胞(组成超立方体的立方体叫立

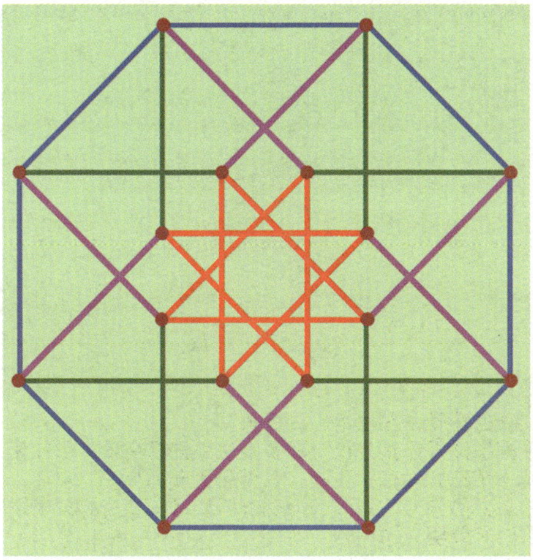

超立方体的二维投影

方体胞）、24 个面、32 条线段、16 个点。

投影的话，面有重叠交错，不好数，但这些点和边，数起来还是很清晰的。

我们先看它的二维投影。这是一个不太复杂的图案，还不如某种古代纹饰复杂。

但是，我们现在的工作不是欣赏花纹，而是把它作为一个投影，去推测一个未知物体的实体。

先想想刚才正方体的投影，是多么简洁。

然后我们再用这个 32 条线段的投影去推测，它的实体是个啥样子。提示一下，图中每一个平行四边形都是一个面，一共 24 个，不服就数数。别忘了正方形、长方形是平行四边形的特殊形式哟。

你会发现，有些面是相互交叉的，有的是在“内部”交叉！

一个实体，它的“表面”会相互交叉?！怎么交叉啊？是不是越想越诡异？

别急，还有更诡异的，当你把这些面在大脑中组装成功后，会发现这其实像两个边角相交的箱子，它的左、右、俯、仰各个视角同时展现在你面前——这在我们三维世界根本就是不可能的。

这种构造难以想象，我们试着作个图，把它拆开来看，还得结合想象力，才能体会一二。

如超立方体的拆分图所示，我们把超立方体拆成左视角、右视角两部分，其实这两部分还各包括仰视和俯视两部分，所以应该是四部分。左、右视角我们

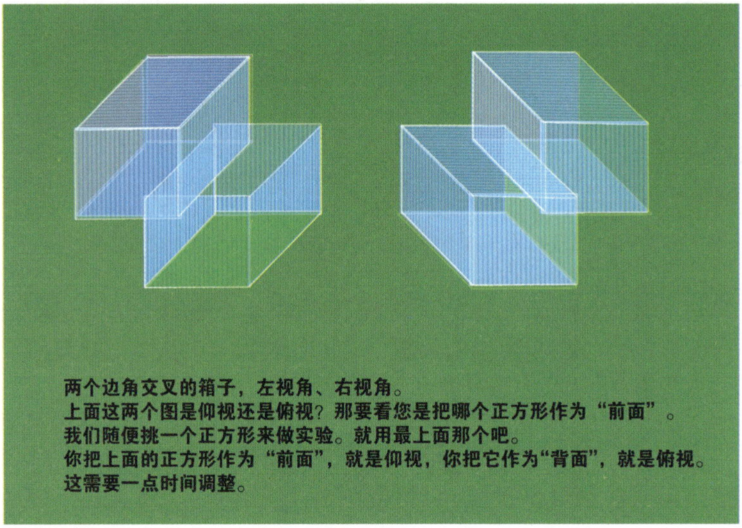

超立方体的拆分图

很容易看出来，就不讨论了。重点是俯、仰视角。

为什么不直接把仰视角和俯视角也分别画出来呢？因为把它们表现在二维平面上，仰视和俯视的图像基本是一样的，没必要。更重要的是，我们如果能在同一个图上既看出仰视，又看出俯视，对于我们在后面想象神奇的四维空间，是有一定帮助的。

如果我们有耐心，并且不怕眼花，那现在就试一试，左和右随便选一个，实验一下。

是俯是仰，关键在于，你把哪个面看成“前面”（然后把相对的那个面看成“背面”）。

预备——开始。

我们就选最上面那个正方形（你非要选其他的我也不拦着），如果你把它看成是“背面”，那么这个图就是俯视，如果你把它看成是“前面”，那么这个图就是仰视。

仰视、俯视都看出来了？那恭喜你，你取得了想象四维空间的基本资质。实际上，在四维空间，你能同时看见“前面”和“背面”。

也就是说，没有“背面”。是不是有点抓狂了？

其实这很好理解，一张纸，我们忽略它的厚度，把它当成二维的，那么在二维空间无论怎么看它，都只是一条线，绕过去才能看到“背面”那条线。但是在三维空间看这张纸，它的四条线都不存在“背面”，我们就能同时看见。以此类推，我们在三维空间看到的物体，在四维生物看来，也不存在背面，全能同时看见。对了，忘了介绍，四维生物叫“阿全”。（祥林嫂：“阿细、阿扁、阿全都是假设出来的，假设！”）

于是，一个完整的超立方体大概就是下面这个样子：

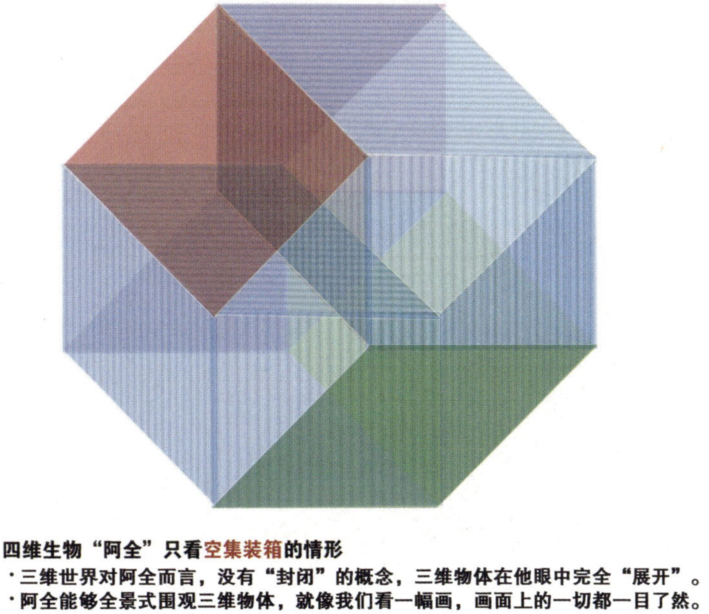

超立方体

为什么要说“大概”呢？因为在二维的平面上，实在是不能表现出同时看到所有面的样子，只能是尽量往“近似”靠拢。

我们看到图中的面相互交错穿插，那是由于二维图像的表现力和我们三维思维的限制。实际上，它在四维空间里，表面是不会交错穿插的。

具体的形象，还得靠想象力。下面我们就来假装想象一下。

还记得前面那只集装箱吗？它在阿全眼里完全展开，阿全能同时看到它每个面的样子，对里里外外的一切细节一目了然。

这倒不是阿全有什么特异功能，是因为在四维空间，三维物体就是“全景式”展开的，没有背面，也没有里面，全是“正面”和“外面”。晕了吧？那就缓缓神，转过这道弯。（其实就算转过这道弯，也难以想象四维空间，但这道弯都转不过来，你会对后面的东西越来越不服气。）

如果还转不过弯，就回去参考阿扁的保险箱100遍。

啊？只参考88遍你就转过这道弯了？天才啊！坐好，让我好好膜拜一下。

OK，我们搞定了一个比较复杂的想象力测试，有点疲惫了，现在，我们做点轻松的事，看一些简单的图形，再加以想象。

先看一看，四维空间的超立方体在三维空间中的投影。强调一下，这个投影是三维的，别忘了，三维空间本身就是四维空间的投影（或切片）。

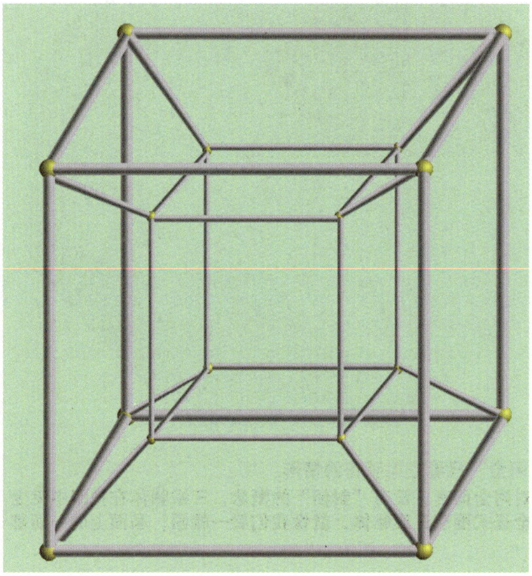

超立方体在三维空间的投影

为了使它看起来有“通透”感，我们把面去掉，只留线和顶点，形成一个框架，共32条线段、16个点。

我们可以在想象中把面“贴”上，一共24个面，什么颜色随你，就像糊灯笼，糊好就形成8个立方体胞。

也许你会失望地说，这也没什么了不起嘛，不就是一个正方体套着另一个正方体吗？我们眼里的超立方体投影，好像和阿全眼里的三维立方体展开图差不多嘛，甚至就是一回事！

是啊，作为一个投影，它这样已经很了不起了。难道我们忘了三维物体的二维投影吗？可不就是差不多嘛（一个方形套着另一个方形）。

其实，我们用简单的方形做例证，这些图无论怎么画，都是表现在平面上的，在平面上看，无非就是方形的各种不同组合，不是太难。就是真拿到四维空间，实际情况也不会比这复杂多少。

只是上面那个所谓“嵌套”正方体，在四维空间，它们不仅是一体的，还是并列关系，不是嵌套关系，这就需要另一个“空间维度”才能实现。

所以，最关键的是它们的“空间”构造，那才是难以理解的。不信？我们看一个更简单的图，这个图大家或许都看过，就是那个著名的三角构造。

对，就是这个纠结的三角形。

纠结的三角构造

如果你只是好奇地看一眼就算了，倒也没什么。但是，如果你打算和它较真，那就越看越纠结。任你在脑子里怎么摆布，也想不出在三维空间，如何才能把它构建出来。因为你按照图纸在一条边上安好另外两条边后，就会发现，这三条边在三维坐标中，分别伸向三个坐标轴的方向，那两条边永远也无法相接。

所以，这个简单的图形很拉风。

但它只是在三维空间拉风。因为在四维空间，我们能在另一个“方向”把另外两条边接上，轻易构建出这样一个三角形，不用费什么力。所以，在四维空间，它就像数学老师的三角板一样低调。

想象出“另一个方向”了吗？

记住关键是“空间构造”了吗？

OK，那我们就来看看，把刚才那个八胞的超立方体展开，变成三维的，是个什么样子。

展开四维的超立方体之前，我们先把三维的立方体展开成二维的，类比一下。

我们都知道，三维立方体有 6 个面，怎么展开呢？拆过纸盒子吧？喂，住手，咱们说好是拆开盒子，不是撕烂盒子！拆好后的样子看图。

我们把立方体的盒子拆开，6 个面就铺成了 1 个平面，它有 12 个点、12 条线（面上的折线不算），对，跟图里画的一样。

现在，不必动手，我们只需用脑子虚拟，沿着折线折叠，就能把它恢复成 6 个面的立方体，没问题吧？

那么，把这个平面恢复成立方体最重要的条件是什么呢？

“最重要的是有人去折它！”你抢答完欠扁地看着我。

拜托，这不是脑筋急转弯。我们在说“空间”的事，最重要的，当然是“有空间”允许平面弯折了！平面至少在三维空间才能折，是不？

嗯，知道了这个道理，我们就可以去拆四维空间的超立方体了。

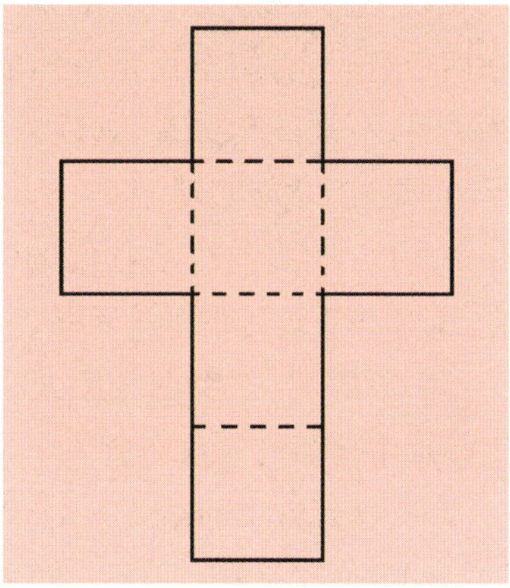

立方体的6个面展开图

瞧，超立方体有8个立方体胞，展开后就是排列成类十字的8个立方体（其中1个立方体被包住了），我们数了数，它有32个点、30个面和60条线（平面上的接缝线不算）。看图。

超立方体的8个立方体胞展开图

那么，我们是不是可以像刚才恢复三维立方体那样，把这个超立方体也恢复起来？

哈，你发现三维的物体，在三维空间是可以折的，用不着第四维嘛！于是我们兴致勃勃地搭起积木来。

慢慢地，我们发现，这个积木你可以随意搭，但永远也搭不出32条线、16个点、24 个面的超立方体。超立方体的特征是:8 个立方体胞都在“外面”,并且没有嵌套和包容关系,它们是并列关系。强调一下,并列不是“毁成一排”的意思,而是在空间上“平等”,就像三维正方体的 6 个面那样平等。

这下傻眼了吧?

是的,不是我们搭积木的水平不够,而是我们三维世界缺少那个“方向”,所以不可能建造出超立方体。

于是我们闭上眼睛想啊想,想了半天也想不出,那个方向究竟在哪儿。

明知道有,却抓不着,甚至连想象也做不到。

是不是很失落?

其实不必失落,因为到目前为止,还没人能想象出来那个“方向”具体在哪儿。也就是说,在这件事上我们不比别人笨。别说是凭想象了,就算有人去过四维空间,回来也不知道如何告诉你,那个“方向”是怎么回事,就像阿扁没到三维空间时,你无论怎么形容“上”“下”,他也不会形成任何具体的概念一样。高维度,真的是只可意会,不可言传。

好,祥林嫂又出现了,她替我配画外音:“以上对四维空间的讨论,全部源于逻辑和数学推导,不是物理真实的描述,请小朋友不要把它当作物理真实来看,谢谢。”

祥林嫂的话记住了?那好,我们继续。

那么,是不是找不到那个“方向”,我们就无法想象四维空间呢?

当然不是!

虽然找不到那个“方向”,但是通过前面的旅程,我们知道了存在这样一个“方向”,并且还理解了认识高、低维之间的关系的五条规律。这就足够了——也只能做到这些了。

“方向”本来就很抽象,想象一个我们的世界里不存在的“方向”,就更抽象了,所以,第四维难以想象,是正常的。

但是,四维世界是具象的,不是抽象的。所以,虽然没有第四维的感觉,但凭着前面的经验,我们思想的翅膀仍然可以试着去四维世界里扑腾扑腾。(祥林嫂的画外音:“下面四维空间的内容全部来自想象,不是真实世界的实况转播,您要称之为幻想也行。”)

展开思想的翅膀,大胆飞、往高飞、往远飞,就不信飞不到四维空间!

哟,还真飞起来了。你飞就飞吧,怎么还带了个 MM? 等会儿不要后悔啊。

咦,那朵云怎么看起来怪怪的? 它的边缘居然是圆的!

仔细看看,哇,好大一个气泡啊,能装进一辆轿车! 谁这么能吹?

这个气泡看起来轻轻薄薄的,似透明又不透明,映出蓝天白云的图案,就这样在蓝天白云的背景中飘浮,好像是天使在透明的天幕上吐出的一个晶莹的泡,如果不是它上面映出的云天图案在云天背景中有淡淡的圆弧边界,不仔细看,还真难以发现!

“飞过去看看。”你说完拉着 MM 就一头撞过去了。

唉,你总是这么急。

我眼看着你撞向气泡,急忙跟过去,怕气泡被你撞破,但来不及了,你太快了——每当有 MM 在场的时候,你总是如此神速。你已经撞到气泡了,气泡居然没破,但是你的头消失了! 撞进气泡了?! 我惊得差点掉下去,急忙扑腾了两下思想的翅膀,才勉强跟上,却发现你的肩膀也在气泡的表面消失,就像一根金属棒插入水银池,悄无声息地切了进去,不带走一片云彩。MM 发现大事不妙时,已经被你带进去一半。我急忙抓住你和 MM 的脚,把你们拽了出来。还好,你们不仅毫发无损,并且惊魂已定,这表明你们从肉体到精神都没受到什么损害。要是出来后哈哈大笑或者呆若木鸡,那就麻烦了。

我来到气泡旁,睁大眼睛向里面看,但是,我只能看见气泡后面的蓝天白云,以及我自己和身后的云天镜像,看不见气泡里面! 天啊,它居然不是透明的,那我是怎么看见气泡后面的?

我把钢笔拿出来,探进气泡,抽出来看看,没什么异样。于是把手探进去,手没有任何触感,却在气泡壁上渐渐消失,真是怪异啊!

“刚才你们看到什么了?”我问。

“什么也没有,又好像什么都有!”你说完自己也觉得哪儿不对,但这就是你的感觉。

我摸摸你的脑袋,一点儿也没发烧。又摸摸 MM 的,也没发烧。

“撞到气泡时,我闭上了眼睛。然后,刚把眼睛睁开,就被你拖了出来。”你解释道。

MM 缓过神来说:“我也是啊,虽然没来得及看清什么,但感觉里面好大,好大!”

难道这么容易就找到四维空间? 废话,我们思想的翅膀本来就是往四维空间飞的!

现在，我们就在云端。这种感觉比坐飞机爽多了，因为在飞机上，我们只能通过小小的舷窗看外面，视野极其有限，即使那样也能体会天地之大。而此时我们自己飘浮在空中，目光所及之处毫无障碍，极目望去就是天际，这时，我们才知道“宽广”的意义。

“我倒要看看，能有多大。”说完，我拉起你和 MM，一头撞进气泡。

眼前，豁然开朗。

每个方向都在无限延伸。

就好像我们在一条长长的、狭窄的管道里爬了若干年，终于爬到管口，探头望去，却发现自己置身太空之中，所有方向都没有尽头。巨大的反差令人战栗、不安。

通透，无处不在的通透。

那种从未体验过的深度和广度，让我们失去了依托感，一时无所适从。

适应了片刻，我们才开始注意眼前的细节。

其实无所谓细节，因为任何事物在这里都是细节，包括我们对整个世界的感觉。似乎全世界所有的东西都在眼前了，却毫不拥挤杂乱，反而错落清晰，可是具体观察任何一个单独的事物，它所展现出的海量细节，却又是无尽无休的。其宽广博大而又细微之至的包容感，让人渺小到忽视自己的存在，却又让人神清气爽。

震撼，由周身到细胞的震撼。

舒畅，由灵魂到肉体的舒畅。

自由，从心灵到感官的自由。

广阔，从整体到细节的广阔。

这才是真正的世界。我们以前所说的“海阔天空”，其实只是憋闷的角落。我们以前的视野，还不如井底之蛙。

忽然，我意识到，旁边还有同类——你和 MM。

我朝你看去，你仍然闭着眼。我却看见你构造精密的眼球正在欣赏眼前的一切，颅骨、大脑和面部表情清晰地泛动着神秘的光泽。

三维构造在四维空间无法封闭。所以，在这里我们可以闭着眼睛看东西。

其实，你们第一次进入四维空间时，一直是闭着眼睛的，只是时间太短，等你们意识到有视觉时，却被我拖了出来。

虽然你和 MM 已经是第二次进入四维空间，但仍然被眼前的世界带入忘我的境界，淹没在汹涌而来的视觉信息中，不能自已。

我轻声对你说：“好像什么都能看见。”

“嗯？”你还没回过神来，依然闭眼直视前方，享受着梦中都无法想象的视觉盛宴。

“现在，咱们好像什么都能看见。”我重复道。

“哦？是吗？”你睁开眼睛，可能被前方某物的细节吸引，目不转睛，突然想起了什么，眼睛又冒出了绿光。

唉！你眼里的绿光，就像曹操败走华容道的大笑，不是什么好兆头。

我在你耳边提示道：“你想看的，你的确能看见。但是你看见的，绝对不是你想看的！”你没听错，这句话也没有语病。

“哦？”你收回盯着前方某处的目光，把头转向我，惊讶地张开了嘴，随即相信了我的话。

其实你不张嘴，我也能清楚地看到你的牙齿、舌头以及牙缝里的那根韭菜，只要我注目，甚至能目测你的牙髓发没发炎。总之，你身上的、体内的一切我都尽收眼底，同样你能看见我的一切。

这一切不是透视，而是直视，三维的密闭体在四维是敞开的。我劝你不要看 MM，否则你会后悔的。无论隔着多少层，比方说羽绒服、毛衣、内衣、皮肤、肌肉、骨骼、隔膜、血管、血管里流动的血、肠子……你已经在皱眉了，我这么厚道，就不提你能直接看见她肠子里的东西这种事儿了。

唉，我们还是欣赏其他东西吧。

离我们最近的这个是什么？哦，就是那个集装箱，它的样子没变，但所有的面（包括截面）都向我们展开——全景式展开。里面的——不，现在没有“里面”——一切一览无遗。是的，一切，包括所有三维物体的内部构造及其材料的纹理。

我们围着集装箱飞行，集装箱在我们面前缓缓转了起来。匪夷所思的影像梦幻般地呈现在我们眼前：集装箱的内外构造，像一台设计精巧的机器，随着我们的运动，极有规律地交错游移。总的运动趋势是，转向我们的一侧向外翻开，就像一朵侧面对着我们正在开放的花，“花瓣”转离我们的那一侧，向内收合，如此往复。但神奇的是，这些信息在我们头脑中建立的图像，仍然是那只集装箱，我们并没有感觉它的构造有任何改变。运动中，看单个事物是这样，看多个事物的整体变化也是这样。请原谅我刚才用了“内”和“外”这两个字，其实没有所谓“内外”。

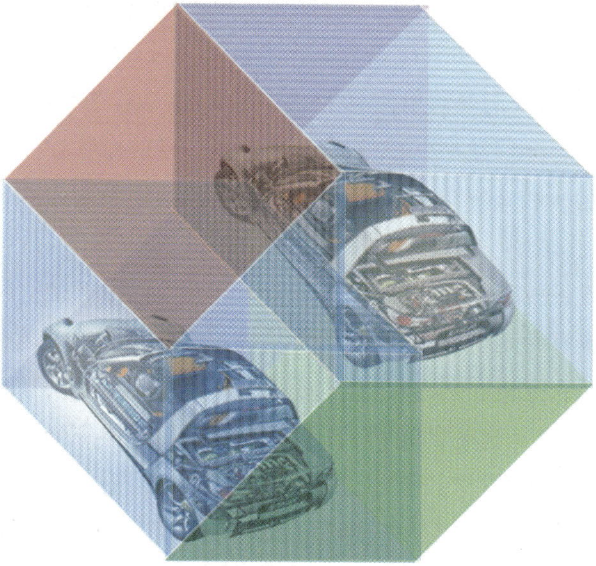

四维生物“阿全”看装有物品的集装箱的情形

·三维世界对阿全而言，没有“封闭”的概念，三维物体在他眼中完全“展开”。

·阿全能够全景式围观三维物体，就像我们看一幅画，画面上的一切都一目了然。

四维世界看三维集装箱

（这只是作者本人想象的图像，实际图像要比这神奇得多。）

在三维世界里，我们只能看见三维封闭物体的“外表面”，里面的一切都是秘密。如果我们把一个三维物体比作花蕾的话，那么，它在四维世界里就是一朵全方位绽放的花。

“全方位绽放”是什么情况？

见过烟花吗？那就类似“全方位绽放”，如果用高清摄像机把它定格，你能看见它的每一个细节。

但与烟花不同的是，我们的花蕾本身在四维世界并没有发生什么变化，形状、体积比涛声还依旧，各层花瓣依然层次分明，然而，现在它没有里面和背面，就像阿扁的保险柜，不管他是用多少层线围成的，不管这个保险柜对他来说是多么的严密，我们在三维空间不必动它一分一毫，也能一览无遗。不习惯是吧？在四维旅途中，如果一时纠结起来，我们就像阿里巴巴念叨“芝麻开门”那样，念叨一下“阿扁的保险柜”，用以打开思想的重门。

是的，就是因为多出来的那一维，在那个角度，我们不仅能看到内部，还能直接触及内部，而不必破坏三维物体的“外表面”。三维世界高精尖的切除手术，在四维空间就像我们在田里捡豆子一样方便，什么肿瘤、异物，想清除它，伸手摘出来就是了——只是要小心点，别碰断藤蔓一样的血管。

我顺手捡起一粒指甲盖大小的石子，它很普通，但看起来很深邃，表面、截面、纹理、颜色、质感……内部真是多姿多彩。

一沙一世界，一花一天堂。难道英国诗人布莱克到过四维空间？

四维世界也有封闭物体，那就是四维物体。看，眼前这个，就是一个简单的四维物体——超立方体。它的尺寸不大，色彩明快，但看上去却有一种慑人的巍峨、厚重之感。它是封闭的，我们看不见它的内部。但那光洁的外表面却极富层次感，表面的视觉纵深甚至超过了它的厚度许多倍。实际上，三维的我们很难理解四维物体的“厚度”——或许应该叫“广度”。但这些词都不准确，因为“厚度”也好，“广度”也罢，都是三维世界的概念。四维物体除了可以用长、宽、高三个值表示大小以外，它还有另外一个值能表示大小，那个值是三维世界不具备的，正是这个多出来的值，使我们看任何一个四维物体，都有一种压倒性的厚重高远感。

不要去试图拿起四维物体，我们拿不了，就像厚度为零的阿扁拿不起三维物体一样。

“高维空间的生物那么牛，为什么不来侵占或控制我们呢？”MM 突然问了一句。

“嗯。这个问题我们等会儿再答。现在我们设想下，咱仨去侵占阿扁的二维空间，会怎么样？”我反问。

“那还不是轻而易举？”你不假思索脱口而出，但转念一想，不对，于是纠正道，“不过，我们没法发现二维生命，因为它们没有厚度，完全透明，如果它们真的存在，那么它们就不是我们三维意义上的物质，我们既看不见他们，也无法破坏他们的结构，因为对于我们来说，0 厚度，等于没有。也就是说，我们无从下手。”

MM 赞许地看着你，眼球在颅骨上面的那两个眼框里闪着晶莹的光。

“如果我们进入二维世界，会怎么样？”我又问。

“进不去，”你果断说，“因为我们是有厚度的，我们身上的原子、质子、中子这些极微小的东西，都是有厚度的。从理论上讲，即使是一粒米，把它变成0厚度，它也会展开为无限大——当然实际上是有限的——基本粒子结构必须被破坏，变成0厚度的弦或膜（这里涉及弦论）才行。再说，我们拥有蓝天大地，乃至整个宇宙，为什么要侵占老鼠洞？二维世界的‘资源’对我们来说没有任何意义。”

“简直太对了！”我激动地赞叹，并继续问，“那么，四维物体进入我们三维空间，会怎么样？”

“会展开成三维物体。也就是说，它的结构会被彻底破坏！”MM抢答。

“对嘛！”我更激动地赞叹，又问道，“那么，四维生物会侵略我们吗？”

“当然不会，即使他们疯了也不会。就像打死我，我也不会去侵犯阿扁一样。0厚度，比火化还可怕。”你和MM一起果断地抢答。

“这样说，倒是低维更有优势了。低维进入高维没问题。咦？貌似进入更高维，可以华丽转身，做同维世界的统治者呢！”你发现新大陆一样地兴奋起来。

“是啊，三维的我们，现在进入了四维空间，就可以对三维世界为所欲为了！”MM也兴奋起来。

“可是，我们在这儿吃什么？我们不能待在这儿，因为我们身体的所有构造在这儿都是开放的。”我忧虑地说，“万一飞进来一只四维小虫，或者落点四维的灰尘，又或者下个雨起个沙尘暴什么的……那我们体内就……也许，有人进入过四维空间，但都回不来了，因为灰尘无所不在，把四维灰尘包在体内带到三维，哪怕只有一粒，它的展开也是一场惨绝人寰的大爆炸……”

话还没说完，我感觉自己的双臂被你俩抓住往身后拖去，眼前一暗，我们又回到这个拥挤的世界。

我们互相看看，彼此已经不是那么“坦诚”相见了。MM还是那么美，你长舒一口气。

我们都没有爆炸。

在四维世界看楼顶集装箱的全景图中，我们把眼前多余的事物删去，只留下一只集装箱。用二维平面表现四维图像，就像在一维的线上表现三维世界一样，表现力小得可怜，再加上作图技术有限，就更难表现四维世界的神奇之处了。所以，这个图只是一个小小的参考，想领略四维世界的开阔和广远，只能靠想象。

在四维世界看楼顶集装箱时的全景

OK,再强调一遍:四维空间没有经过观测验证,没有经过实验证实,目前只具备数学意义,四维空间的场景完全是基于推理的想象,绝非实况转播,千万不要把它当作已证实的物理知识。之所以写了这么多四维空间的内容,是为了我们将来更好地理解四维时空乃至于更高维时空。“强调”前面为什么要说“再”呢?因为在说四维空间之前,我们已经强调过高维空间“目前只有数学意义”了。哈,这已经数不清是第几遍了。学习理论物理不仅需要理解力,更需要想象力,我们对四维空间的以上想象,就算是为了将来理解更离奇的物理现象做做头脑热身吧。

我们的思想尽情地在四维空间里飞了一会儿,现在,该收收想象力的翅膀,回到坚硬的现实了。

其实我们要说的是:四维时空。

我们的世界是四维时空——这是我们目前比较容易理解和感知的物理世界。前面讨论和想象了四维空间,相信我们对四维时空的理解就更容易了。

为什么这样说呢?因为四维时空一点儿也不神秘,我们很久以前就把时间和空间紧密联系在一起应用了,只不过没意识到它们居然是一回事!

不是吗?请看对话。

一个祖先:“报告酋长,我刚才在山腰泉眼旁发现一只鹿。”

另一个祖先:“侬个龟孙,干吗不逮回来!”

这里重点是报告内容。山腰泉眼代表鹿所在的空间位置,我们可以用三维坐标中的一个点来表示。那么,鹿总是在这里吗?或者“我”总是在这里发现鹿吗?当然不是,所以,这里用了“刚才”——这是事件的时间点。两相结合,才能准确表达“发现鹿”这件事。错过那个时间点,鹿就可能不在那个坐标点了,这事儿祖先都懂,所以酋长很生气,后果很严重,创造了不文明语言。

那么,下一例就更好理解了:1908 年 11 月 15 日,慈禧病逝于中南海仪鸾殿。“慈禧病逝”这个事件不假,但事件发生是有地点的,所以给出了事件发生的空间位置“中南海仪鸾殿”,“病逝”在这里作为一个动词,表示一个短暂的事件过程,所以这里给出了事件发生的时间点“1908 年 11 月 15 日”。这个时间点比“刚才”这个时间概念要清晰得多,经得起历史考验。

看,我们从原始社会(或许更早)时起,就在运用四维时空描述事件。只是还没意识到,时空其实是一个整体。

所谓四维时空,就是三个空间维和一个时间维的结合。

在我们的印象里,时间和空间好像不是一个概念,空间是运动位置的尺度,而时间是运动过程的尺度,它们的计量单位都不一样,怎么往一起放呢?

1 斤 +1 尺 +1 次 =?谁要是敢说等于 3,大家一定说他脑子坏了。

但是,在根本上,世界万象都是紧密相关的——只要我们抓住问题的关键,就能搞清事物间的关系。

这里的关键是:运动。既然大家都与运动密不可分,那么让运动做媒,时间与空间就能完美地结合在一起了。

有运动就有速度,时间 × 速度 = 距离。距离就是空间尺度。看,时间就这样转换成了空间尺度。

那么,这个速度,以什么为准呢?太阳自转速度?地球公转速度?黄河水流速度？油价上涨速度？我们知道这都不靠谱——凭什么啊，是吧？

时间的流逝是恒定的、快速的、单向的、无法超越的……

等等，你确定你说的是时间的流逝？听起来怎么这么耳熟？

没错，光速。只有光速，才具备这些特质。

但是，特质相同，速度不一定相同吧。同一支枪里射出的两发子弹速度还不一定相同呢，何况一个是光，一个是时间！凭什么说“光速 = 时间速度”呢？

凭公式。

还记得我们用独孤五式导出的洛伦兹因子（第十章“《论动体的电动力学》”一节）吗？我们算出：当速度达到光速时，时间停止。也就是说，达到了光速，便追上了时间的脚步，翻译过来就是“光速 = 时间速度”。

于是，闵可夫斯基把第四维写成“ict”。光速 c 乘以时间 t 就是距离，与空间坐标单位统一了，驴唇对上马嘴了。那么，已经皆大欢喜了，为啥又要放个 i 呢？咱们等会儿再说。

其实，这个时间维不仅仅可以做第四维，它还可以和任意维度的空间结合，组成 n 维时空。

我们从一维开始。

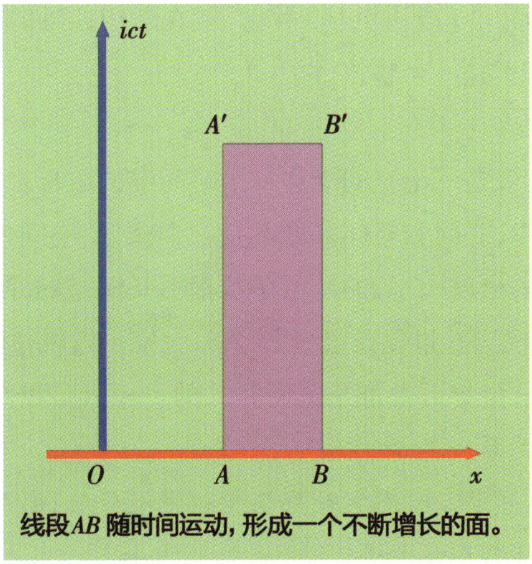

二维时空图

一维空间 + 时间维 = 二维时空。画成坐标，空间维就是一根 x 轴，时间维是 ict 轴。

我们在 x 轴上取一个线段 AB，它含有 2 个点、1 条线。随着时间运动，我们发现，线段的运动轨迹是一个平面，现在它有 4 个点、4 条线、1 个面。

嗯，一个空间维，加上时间维，也可以构成二维平面，区别是，有时间维的平面是运动的。任何一个时间点的切片，都是一根线段。如二维时空图的展示。

现在来看二维。

二维空间 + 时间维 = 三维时空。画成坐标，空间维就是一根 x 轴、一根 y 轴，时间维是 ict 轴。

我们在 x、y 轴坐标上取一个平面 $ABCD$，它含有 4 个点、4 条线、1 个面。随着时间运动，我们发现，面的运动轨迹形成了一个立方体，现在它有 8 个点、12 条线、6 个面。

对，两个空间维，加上时间维，也可以形成三维立方体，区别是，有时间维的立方体是运动的。任何一个时间点的切片，都是一个平面。如三维时空图的展示。

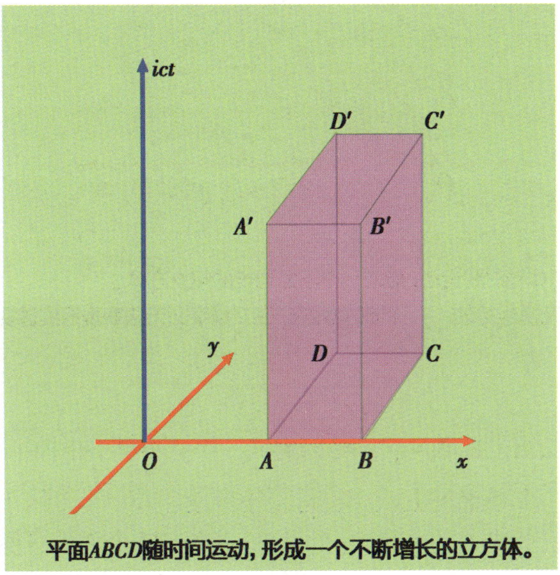

三维时空图

点运动成线，线运动成面，面运动成立体，这个我们好像很久以前就学过，没什么稀奇，是吧？

亲，重点来了。同样立体也可以运动。接下来，就是见证奇迹的时刻。

三维空间 + 时间维 = 四维时空。我们照样要画成坐标，空间维就是一根

x 轴、一根 y 轴、一根 z 轴，时间维是 ict 轴。

学过画画、制图的人都知道，在平面上要表现出三维立体感，靠的是透视关系，就像三维时空图的三根轴，x 轴、ict 轴相互垂直，y 轴用斜线表示纵深，可以看作三根轴相互垂直。但是再多一条线就乱了，弄不好会画成一把破蒲扇。二维平面没办法表现四维时空的透视关系，所以请无视后面四维时空图的透视效果。另外，由于面太多，为了避免遮挡“后面”，所以面不填色。看四维时空图的展示。

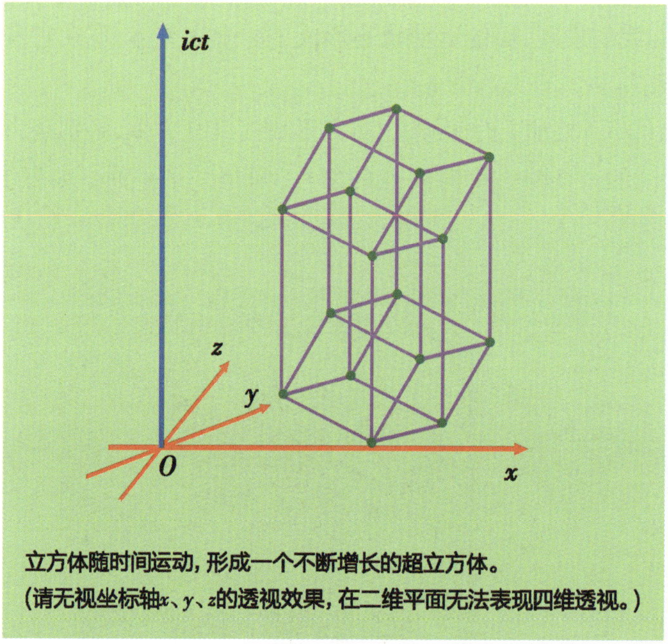

四维时空图

我们知道，三维坐标轴 x、y、z 可以定义一个立方体，图中由于运动起来的立方体顶点太多，就不标字母了。一个立方体有 8 个点、12 条线、6 个面。它随时间运动，其轨迹就形成了一个有 16 个点、32 条线、24 个面的东西。

咦？好像这组数字很眼熟啊。把这个东西换个角度看看。

很眼熟是吧？看看超立方体的二维投影图，又穿越回去了。

对了，它就是传说中的超立方体！前面在四维空间中介绍过。不同的是，四维时空的超立方体是随时间不断“拉长”的。它在任何一个时间点的切片，都是一个立方体。

我们所处的三维空间，就是四维时空的一个切片。这个切片，有一个最值

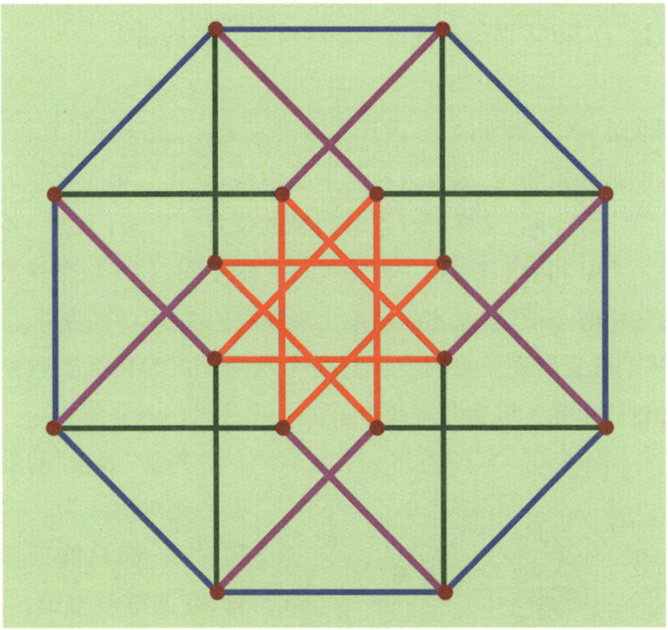

超立方体的二维投影图

得我们珍惜的名字,叫作“现在”。

如果我们能同时“看到”一个立方体的过去 1 秒、现在和将来 1 秒的样子,就“看见”了超立方体。

那么,这个运动方向是什么?

有人做了个精巧的设计,认为时间维是以三维坐标的原点为中心,以光速向外暴胀的球,三维的坐标轴都垂直于球面的切线,这样既符合运动特点,又符合数学要求,还切合宇宙大爆炸理论。

可是,有一点很遗憾,它沿着三维坐标轴,无论怎么扩张,那也是三维的。

另外,一个向外暴胀的球,其内部结构等比例扩大,则星系间的测量距离不会变。而据观测,宇宙中的物质正在暴胀中变“稀”,也就是说,物质并没有等比例扩大,扩大的只是物质集团之间的距离。

这个设计还有个小 bug,如果时间维是沿三个空间维暴胀的球,那么,这意味着时间流动有无数个方向,其中每个方向都有其反方向,这样,宇宙的日子就纠结了,在空间轴的一侧,事物沿“正时间”发展(以鸟为例):一只蛋→破壳→雏鸟→成鸟→老鸟→死鸟。在空间轴另一侧,事物沿“负时间”发展:死鸟→复活成老鸟→成鸟→雏鸟→进壳→封好蛋壳→一只蛋。

闵可夫斯基认为，时间是单向的，为了强调这一点，闵老师在时间轴的“ct”前加了个虚数“i”，以区别于其他三维。这就是“ict”的由来。

前面啰唆过，在二维平面上，表现四维时空坐标，是一件很别扭的事儿。为了避免把坐标画成破蒲扇，闵可夫斯基手起刀落，砍掉三维坐标轴的一个轴，用两个轴来代替三维空间，这样就有了时间轴的位置。后来，干脆一不做二不休，顺手又砍掉一个空间坐标轴，用一根轴代表三维空间，另一根轴代表时间，一个内涵丰富的四维时空图，就无比简洁地出现在我们面前。哗，整个世界清净了。

下面，我们就看看爱车在时空图里是个啥样子。为什么要看爱车，而不看小白兔或者自行车呢？等会儿就知道了。

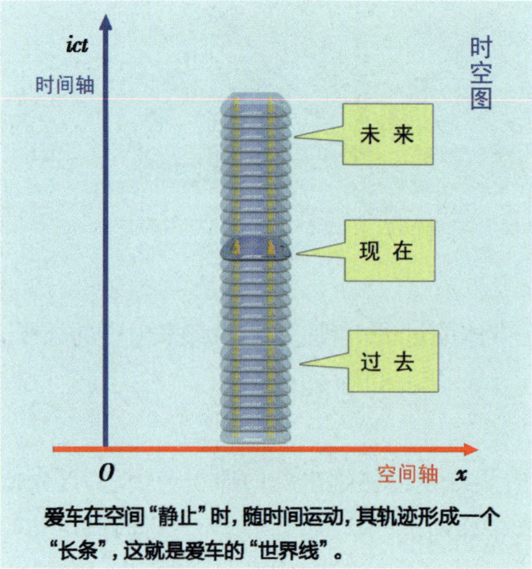

“静止”爱车的世界线

先看“静止”的爱车。

相对论认为，一个粒子在任何时刻，都只能处于唯一的位置，在四维时空中，它从“生”到“灭”的全部过程形成一条连续的曲线。这条曲线，就是它的“世界线”。

爱车在三维空间“静止”，但它必须随时间以光速运动，所以在四维时空里，它就是一个由无数个三维爱车连续叠加的“长条”，我们管这个“长条”叫爱车的“世界线”。构成爱车的每一个部件、每一个基本粒子都有自己的世界线，所以，爱车的世界线实际上就是构成爱车的粒子的世界线的集合。

在生活中，我们看到的爱车，就是它的世界线中“现在”时刻的一个切片。

再看运动的爱车。

爱车在三维空间以 1/10 倍光速行驶，同时随时间运动。于是，我们看到在四维时空图里，爱车的世界线倾斜了一点，这是因为爱车在随时间运动的同时，还在空间运动了一段距离。由于时间速度太快，所以爱车即使以 1/10 光速狂奔，它的世界线也只是倾斜了一点点。如果换成小白兔或者自行车，以它们的速度，这个世界线看起来与静止时没什么区别，画出来给大家看就是上一张图，也就没什么意思了。

实际上，我们在爱车时空图里画出的世界线，是在匀速直线运动的理想状态下作出的。在现实中，物体运动变化多端、非常复杂，所以，绝大多数事物的世界线都是不规则的曲线。速度越低，弯度越小。对于我们这个低速世界来说，近乎直线。

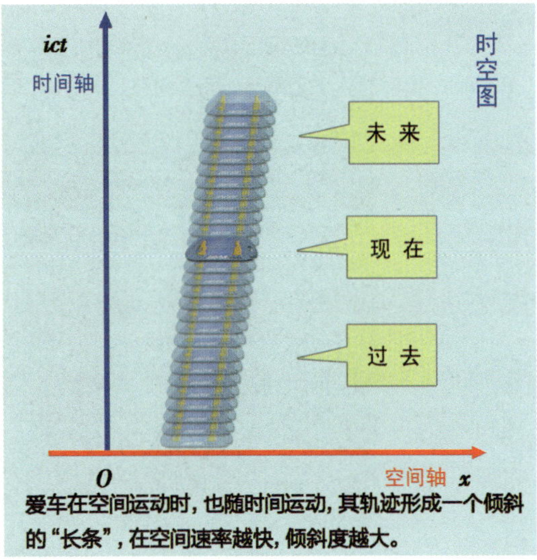

运动爱车的世界线

现在，我们顺便观摩一下太阳和地球的世界线。

这里以太阳为参照物，它在时空中做匀速直线运动。地球绕太阳转，围着老大在时空中划出一条长长的螺旋线，一起随时间飞逝。

在太阳和地球的世界线的图中，地球绕太阳转的速度被夸大，以便我们绘图和观摩。如果按照光速与地球公转速度的实际比例绘图，那就惨了：光速大约是地球公转速度的10 000倍，按真实比例绘图，时间轴的长度要达到地球世界线宽度（螺旋直径）的几万倍，才能表现地球公转一周的世界线。如果我们在图中，把地球世界线的宽度设定为1 cm，那么，这张图的长度至少要几百米才行，那将是多长的一个图啊！所以还是凑合看这张比例失调的图吧。

我们已经欣赏了爱车“静止”的、运动的简单世界线，还观摩了太阳、地球运动之间的复杂世界线。从中，可以总结出一个简单的规律：世界线的状态，是在时间流逝中，随着事物发展而变化的。

现在，根据这个经验，我们就能推测其他运动状态的世界线了。现在就试一下。

你往湖里扔块石头，如果湖里有水，并且没结冰也没被污染成糨糊，那么水面上会泛起涟漪。这个涟漪会以石头的入水点为中心，随着时间流逝，不断向

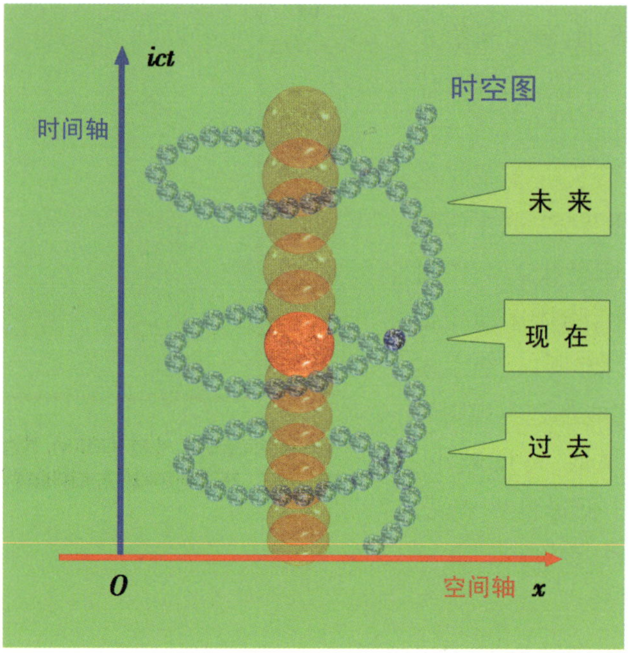

以太阳为参照物,太阳和地球的世界线。

四周扩散。

我们的问题是:这个涟漪在时空图里的世界线是个啥样呢?

"那应该是涟漪从小到大,随时间连续叠加起来的图像吧?"你想了想答道。

"师傅,二师兄说得对啊!"沙僧在电视里插话道。

沙老师是个好裁判。我们看了下,涟漪扩散,在时空图里形成的连续叠加的形状是个圆锥体。这个不难理解,是吧?

下面是重点。

世上任何一个事件都会发出某种信息,随时间四散传播,影响其他事物。比方说,距今约 1 900 年前,蔡伦改进了造纸术,这个事件慢慢开始影响人类社会的学习、生活、生产等方方面面,乃至提高了人类影响自然、改造自然的能力。这是大事件。其实,每一个事件,哪怕再微小,也在产生它的影响。蝴蝶效应不可小觑,是吧?

那么,这些事件信息的传播速度是多少呢?

根据狭义相对论,任何有静质量的事物都不能超过光速,光作为没有静质量的事物才能达到光速。所以,在这里,事件信息传播的最高速度被限定为光

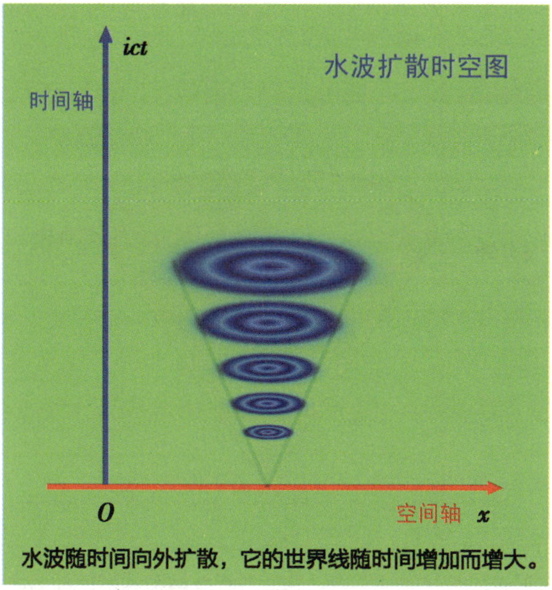

水波的世界线

速。根据这一原理，蔡伦改进造纸术产生的影响，到 2018 年，不会超过地球向外 1 913 光年的距离(蔡伦于公元 105 年将改进造纸术奏报朝廷)。

那么，事件信息传播的世界线又是什么样子呢？有的信息是看不见的，不太好弄。既然事件信息的传播速度限定在光速以内，那么，我们干脆就借用太阳光的世界线，来体会一下事件信息传播的世界线的风采吧。

某个时间点，太阳所发出的光，以太阳为中心，迅速扩散为一个大大的光球，有多大呢？那要看时间。光速约是 30 万千米/秒，那么 1 秒钟后，这个光球的直径就是 60 万千米，2 秒钟后，就是 120 万千米，而我们的地球直径只有区区 1.2 万多千米。知道对圆球来说，直径差 100 倍是什么概念吗？扩散 2 秒钟的光球，可以容纳大约 100 万个地球！

我们把光球放在四维时空图里不太好描述，所以就借用水波扩散的世界线来描述光球扩散的世界线。毫无意外，这也是一个圆锥体，我们管这种事件传播的世界线叫作“光锥”。

地球公转轨道长半径为 149 597 870 km，阳光大约需要 8 分钟到达地球，也就是说，在时空图里，光锥的边界经过大约 8 分钟，到达地球的世界线，该事件开始影响地球。

从太阳光扩散时空图中我们可以看到，太阳是光锥底部的一个点(这个点

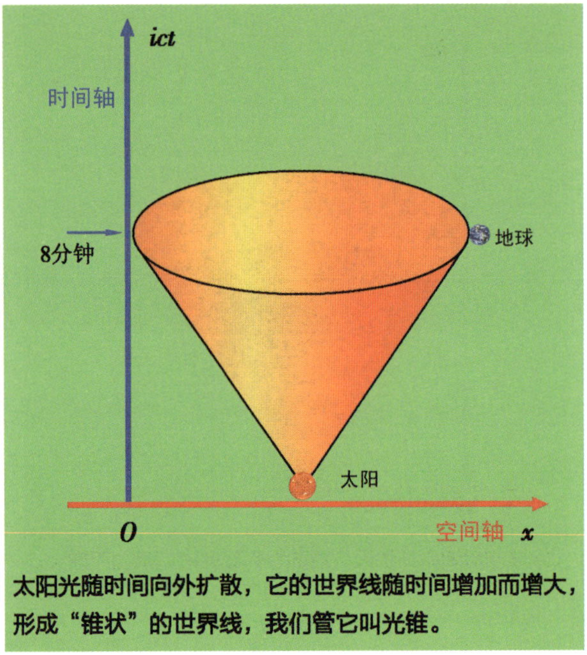

太阳光扩散时空图

在图中有点大了)，我们以后作图，可以把它当成时空坐标的原点。

时空坐标的原点，就代表“事件”。无论是宇宙大战、恒星相撞之类的“大事”，还是细胞分裂、露珠滑落之类的“小事”，大大小小的每件事儿，都是一个“事件”。

事件发生后，其信息开始传播，传播速度有快有慢，但最快不能超过光速。

我们看到，整个光锥随着时间向事件的将来扩散，所以这个光锥又叫“将来光锥”。它的含义是：事件发生后，只能影响到它的将来光锥以内的范围。也就是说，事件将来光锥以外的范围，完全不会受到它的任何影响。

这是闵可夫斯基研究和完善狭义相对论的过程中，对宇宙奥妙的又一个深刻发现。

那么，一个事件是怎么发生的呢？当然是在过去很多事件的综合影响下发生的。过去事件的将来光锥相互叠加，成为现在事件的初始条件——过去光锥。

所以，一个事件的时空图全貌就是：一个将来光锥、一个过去光锥的结合体。因为过去事件信息的传播速度也不允许超过光速，所以，过去光锥的形态就是把将来光锥倒过来，哗，原来是一个沙漏的形状。沙漏作为一个古代的计

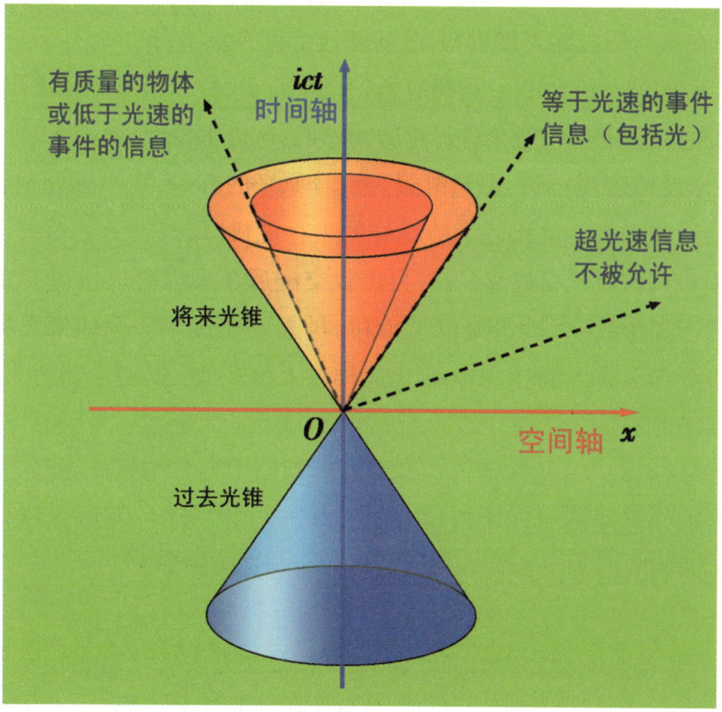

事件的将来光锥和过去光锥(坐标原点为事件)

时工具,和现代的时空图在形状上联系起来,的确是一件很奇妙的事,这是现代智慧穿越时空向古代智慧的致敬,还是古代智慧穿越时空在现代智慧中留下的印迹?

网上有个段子:假如潘金莲不开窗户,不会遇西门庆;不遇西门庆,不会出轨;她不出轨,武松不会上梁山;武松不上梁山,方腊不会被擒;方腊不被擒,可取大宋江山;没有大宋江山,就不会有靖康之耻、金兵入关,更不会有清朝;没有清朝,就不会闭关锁国,不会有鸦片战争,中国将是世上唯一的超级大国。小潘呀！闲着没事你开什么窗户！

这是一个幽默段子,由于潘金莲是虚构人物,所以看上去有点扯。但是,类似的事情却天天在发生。虽然大宋的灭亡是必然的(因为那种体制必然导致政府越来越昏庸腐败),但是它灭亡的时间点、被谁取代等重大变数,却是由以往无数大大小小的事件综合影响所决定的,那些无数的偶然共同决定了这个必然。在那些无数的偶然中,只要有一个偶然是另外一个样子,那么这个必然的结果,必然会随之改变。

在现实生活中，我们每天都在不经意地做一些事，很少有人会注意到，这些“小事”正在参与历史的发展进程，改变着这个世界。

你随手扔出一块石头，一只蚂蚁遇到这块石头，微微换了个角度出发了，十几分钟后原路返回，挥动触角告诉它的同伴们：这边也没饭，撤。

如果你没扔这块石头，那只蚂蚁会沿着原来的方向，在不远处顺利找到那只死蚂蚱，早些解决已饿死过半的蚁群的生存危机，雌蚁产下的幼蚁会多存活一些，其中一只雌蚁飞出蚁窝，与一只雄蚁交配后在大堤落户，n 年后的一个雨夜，大堤毁于那个蚁穴，洪水淹没了山村，村人淹死过半……如果大堤毁于白天，如果没死那么多人，他们中会走出怎样的人物？他会为这个世界带来什么？恐怕天也不知道。

这就是著名的“蝴蝶效应”，它是混沌学理论中的一个概念：初始条件输入的微小差别，会迅速放大到输出端。美国电影《蝴蝶效应》很好地诠释了这一点。那块石头扔出去是好事还是坏事，我们永远无法预知。

不信？直接影响离我们太远？好吧，我们就来看看直接影响。

随地吐痰、在公共场合高声喧哗、垃圾没扔进垃圾箱、买票时随大流跟别人去挤、在饭店吃剩下很多菜、上厕所没冲水……干过没？你说只干过一次？

可能大家或多或少都干过。都干过，就成为一种风气，成为一个民族的标签，“国人素质低”的结论就是这样得出的——我们每个人或多或少都为之做过“贡献”。如果这个结论在世界上得到认同，那么，我们被边缘化就是必然的了（少数人讨厌我，我仍可自信满满；多数人讨厌我，我就该照照镜子了）……这是小事吗？这是关系民族发展的大事！我们制造的每一个“微小的事件”，都是向将来的“大事件”的过去光锥输入初始条件，决定“大事件”的变数。所以，不要忽略自己对历史进程的微小影响力，民主、自由、幸福、美好不会从天而降，它是我们每个人努力争取的结果。勿以恶小而为之，勿以善小而不为——与诸君共勉。

又扯远了，再扯回来。

世间万物是相互作用的，大到宇宙胀缩、星系离合，小到一草一虫的生灭，每件事都是在其他事件错综复杂的影响下发生的。所以，一个事件的发生，既是过去其他事件影响的结果，也是将来影响其他事件的因素。把这些概念用时空图表现出来，就是无数光锥的集合。

由于光速限制以及时间的单向性，每一个事件都只受其过去光锥范围内事物的影响，并只影响其将来光锥范围内的事物，这意味着什么呢？

这意味着，我们的宇宙是“定域”的——以往的事件作为“因”，以有限的速度波及有限的区域，确定将来事件的“果”。

根据这一原理，如果我们知道了某一时刻宇宙中所有事件的状态，那么，按照事物发展的定律，就能准确得出宇宙将来发展的结果，这就是因果律。

简而言之，就是有了确定的“因”，必然导致确定的“果”。这就是拉普拉斯的决定论。

在因果律上，小爱和牛爷达成了共识。

只要知道某个行星现在的位置，根据其周围物质的分布情况，我们就能精确算出它将来某个时刻在哪儿；只要知道太空某颗石块现在的位置和运动状态，我们就能算出它将来会不会撞到地球……远程狙击手精确了解风速、风向、温度、湿度、目标距离等诸多因素的状况，精确调整射击角度，就能使这些“因”共同促成一个“果”——子弹准确击中目标。

实际上，我们在生活中有意识去做的事，说到底，都是在种“因”，希望取得想要的那个“果”。所谓高人，就是善于种“因”的人。

看来，古往今来的无数观测、实验、实践都证明了因果律的可靠性。

因果律像一根线，穿起了经典物理这串璀璨的科学之珠，指导了人类科技的大进步、人类社会的大发展，但是，有一天它遇到了严峻的挑战。这是后话，按下不提。因为，我们还要去看看，四维时空为我们揭示的另一个大秘密。

实际上，如果我们真的认识到时空是一个整体，时间、空间是一回事，那么，下面要说的事就是自然而然的了，算不上什么秘密，更算不上什么大秘密。

话说牛郎、织女虽获准跟咱俩做实验，但只被允许分坐爱车两头，爱车又长得离谱，二人只能在少得可怜的闪光中遥望对方。而且，实验也不是天天做，所以二人对一年一度光明正大的鹊桥会还是倍加珍惜的。可惜，鹊没了，桥也就成了一个无法证伪的传说。

还好，织女是神仙，人家会飞。

这不，七月初六一大早，牛郎就发来光信号：我等你，明天早点来哦，亲。

织女回信：我会很早的，亲。

牛郎又发：别忘了咱俩的距离是 90 万千米，记住掌握好时间，莫飞过头了，亲。

织女回信：不会滴，俺以 1/4 光速飞，12 秒钟到，我会掌握好时间滴，亲。

……

祥林嫂的画外音：在郎女会面的全过程中，暂时忽略掉高速飞行的时胀和尺缩效应。

七月初七凌晨 0 点，织女起飞，其间，她眼睛一眨不眨地盯着表，唯恐飞过了头或提前降落，耽误了见面时间。

0 点 0 分 12 秒，时间到。织女悬停，深情地抬眼望去。咦？俺的牛郎呢？向下一看，原来没到对岸，脚下是滔滔星河！

搞什么？难道上次对表时，距离测短了?!

织女举目四顾，远远看见牛郎在右前方朝自己挥手大喊："娘子，你只顾看表，跑偏了！"

织女这次朝牛郎直飞过去。本想一秒不耽搁，没想到，倒多耽搁了几秒！怎么回事呢？

于是，这次见面成了学术研讨会。

为什么飞了同样的距离，跑偏了就到不了对岸，短了的那一段距离哪儿去了？

牛郎画了个图：

把织女和牛郎隔河对望时他俩的连线作为 x 轴，他们在 x 轴上的距离是 90 万千米。再以织女的起飞点为原点，画另一根坐标轴 y 轴。在二维坐标中，织女的飞行情况可以用她在两个坐标轴上的速度和距离的合成情况来表示。

如果织女没跑偏，那么，她在 y 轴上的速度是 0，飞行距离也是 0，而在 x 轴上的飞行速度是 1/4 光速，飞行距离是 90 万千米，正好落在目的地。

但实际上，织女跑偏了，这导致她在 x 轴上的速度不足 1/4 光速，距离也就不足 90 万千米，少了的速度哪去了？

当然是被 y 轴瓜分去了！瓜分了多大比例呢？

我们来看图。织女的实际飞行路线是一条斜线，这条斜线对应在两个坐标轴上的飞行距离，是两条相互垂直的线，平移其中任何一条线，都可以和斜线组成一个直角三角形。那么，在斜线长度不变的情况下，它朝哪根轴偏移，在哪根

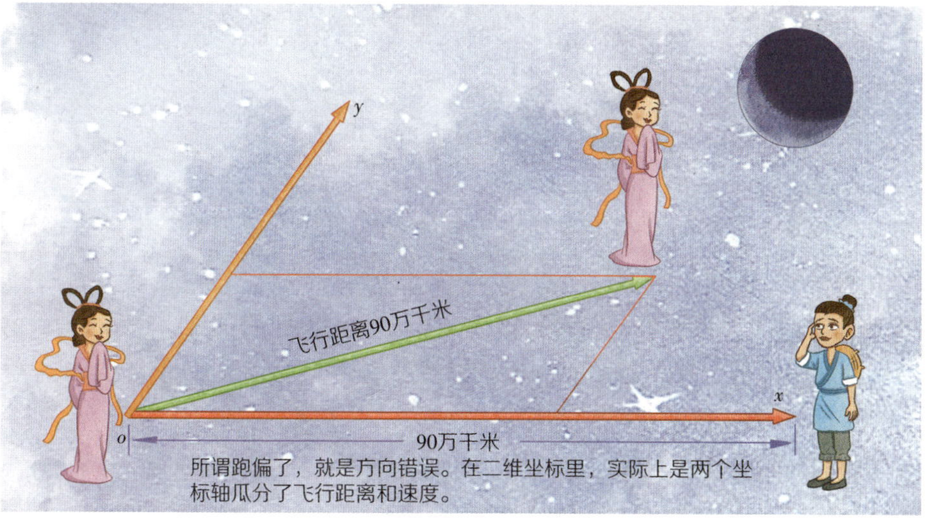

坐标轴瓜分飞行速度和距离

轴对应的距离就变长，另一根轴上对应的距离就变短，其两根轴上的距离与斜线长度符合勾股定理。我们用“勾三股四弦五”来说明一下：斜线速度是5，x 轴速度是4，那么 y 轴速度必然是3。反过来说，y 轴速度3与 x 轴速度4“合成了”斜线速度5。

所以，虽然织女沿着那条斜线，的确是用1/4光速飞行了12秒，但是，她在指向目的地的 x 轴上，速度不足1/4光速，12秒内没有完成90万千米的渡河距离，因此没能上岸。

这次会面，既解了相思之苦，又长了文化知识，所谓“天庭失鹊，焉知非福”！

织女一激动，说：“牛郎哥哥，俺回去再飞一遍，加深一下印象，下次相会，俺定会在0时0分12秒出现在你面前。如何？”

牛郎一想，反正老婆是神仙，来回不过几十秒钟，天色尚早，就当再体验一遍小别胜新婚了。于是嘱咐道：“天仙MM，早去早回！”

于是，回到原点的织女对准 x 轴方向飞了过去。还是12秒。

织女把眼睛从表盘上移开，眼前还是不见牛郎。

有冇搞错?! 这回在 y 轴上速度和距离都是0，一点也没分给它，为什么还是到不了对岸?!

郁闷间，织女耳畔又传来牛郎的呼声：“娘子，刚才忘了说 z 轴了！我们只考虑了‘长’和‘宽’，没考虑‘高’，你的飞行不是平移，而是向斜上方的，z 轴也分了你的速度，所以，还是到不了！”

织女在天风中凌乱，衣袂伴长发齐飞。

在三维空间中飞行，飞行速度被三根空间轴瓜分。原理与二维分速一样，只不过多了一根轴。

织女一咬牙：“我懂了，再来！”又飞回原点。这俩实验助理不白雇啊，业余时间都这么有职业道德。

又是 12 秒。这回准确到达了。

但是牛郎被撞飞了。悲催啊，算得太准。可牛郎不是一个质点。

为什么？这些都是为什么？

在马教主的咆哮声中，牛郎苏醒过来，痛定思痛，沉痛地对织女说：“老婆，马虎大意害人啊！我想起来了，还有一根坐标轴！”

“ict 轴。”织女闻言脱口而出。

“是的，时间轴！”牛郎揉揉胸口，肯定地点点头。

“这意味着什么呢？它也要分速度？”织女沉吟道。

“三根空间轴可以分速度，时间轴难道不能吗？要知道，时空是一个不可分割的整体啊！它们是一回事啊！”牛郎沉痛地分析道。

神仙就是神仙啊，这两口子跟咱俩做了几次实验，比咱俩还明白，他们还举一反三，窥见了“时空速度合成”的真相。

我们在前面提到过两个问题：

① 世间万物沿时间轴以光速运动。这句话翻译过来就是，世上所有事物的速度都是 c。

② 任何有静质量的事物，包括其事件的信息传播速度，都不允许超过光速。

由以上可知：

我们在空间不动，则速度是 c，方向是时间轴。

那么，我们在空间运动，空间轴就必须分割时间轴上的速度，不然，时间轴、空间轴上的速度的合成速度就超过了 c。

因此，我们无论怎么运动，或者不运动，在四维时空的合成速度都只能是 c。

那么，我们在空间运动越快，从时间轴上分割的速度就越少，这句话翻译过来就是：运动越快，时间越慢。

原来如此！

这就是运动会使时间变慢的真相！

这一事实与时空图的完美契合，也反证了四维时空是一个整体。

我们把刚才牛郎、织女相会时，织女飞行 1 秒钟的情况，画一个“时空速度分割图”。图中可见，高速飞行中的织女，在四维时空中的合成速度是 c，站在岸边痴等老婆的牛郎，其合成速度也是 c。

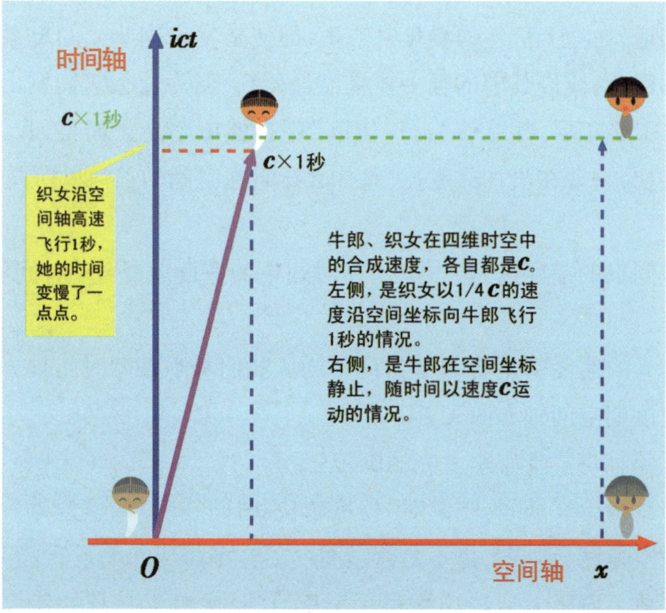

时空速度分割图

因为牛郎在空间轴上的速度是零，所以他的世界线与时间轴方向一致，在时间轴上的速度是 c。

而织女以 $1/4c$ 的高速沿空间轴飞行，那么，她的世界线就偏离了时间轴一些，是一条斜线，相应地，她在时间轴上的运动就慢了一小段，换句话说，她通过运动，延缓了一点点衰老。

从图中可以预见，织女在空间轴上的速度越快，她在时间轴上的速度就越慢。当她在空间轴上的速度接近光速时，她在时间轴上的速度会急剧下降。

那么，达到光速，会如何呢？

其实，这不用推论，因为光本身就是例证。

宇宙的年龄大到我们难以想象，约 138 亿年，而据美国物理学家组织网 2012 年 1 月 10 日报道，天文学家利用哈勃望远镜发现了 5 个星系，距离地球约 131 亿光年。从这个消息里，我们发现了什么？

嗯，在这个信息里，至少有两点值得我们注意：

①这 5 个星系在宇宙诞生约 7 亿年时就形成了，现在它们是否还在，都是未知数。

②从那里到达哈勃望远镜的光，已经在宇宙中行走了约 131 亿年。

我们知道，在 131 亿年的漫长时空里，即使是发出这些光的星系，也会发生难以想象的巨变，或许其中的很多恒星已经死亡，但为什么它们发出的光，在宇宙中行走 131 亿年后，却能够“涛声依旧”呢？就单个光子而言，和 131 亿年前刚出发时相比，它现在没什么变化，是什么让它在时间的长河里所向披靡？

速度。

光在空间里的速度达到 c，那么，在时间中的速度就是 0。时间的流逝对光无效。

我们和光的速度都是 c，只是方向不同。我们基本是朝时间轴方向飞奔，而光以这个速度朝空间轴方向飞奔。

想永远年轻吗？唯有跟上光的脚步！

在学习小爱论文期间，咱俩对“速度越快，时间越慢”的推论感到有点迷糊，现在一看时空速度分割图，是不是就全明白了？多简洁的关系啊！

时空一体→四维时空。这真是一个集简洁、优美于一身的伟大科学发现，闵老师、小爱，大爱你们啊！

漫漫时空中，万物都是匆匆过客，我们在时空坐标上的投影，小到看也看不见。但这并不妨碍我们仰望星空，任思绪纵横古今。此处，用自创的词联一首，为“四维时空”收尾：

西江月

影动千秋夜色，光夺几度春寒。爱恨情仇俱不关，自律圆缺勿乱。

波淘将相王侯，浪滚商周秦汉。祸福因果皆无算，人司涨落休谈。

4 光障 VS 中微子

有没有发现,我们好像一直在谈"光"?

嗯,光之于物理,恰似灵之于肉体。

它以简洁、直接、轻盈、恒久、浩渺、剽悍的存在,坚定、简明而又神秘地指向遥远的宇宙奥义。

我们不仅倚仗它去认识世界,还通过它去解读世界,并且利用它去征服世界。

这里要说的,是它的速度。299 792 458 m/s,真空中,无论是谁、在哪儿、怎么运动,你都会测到它的速度是这个值。

实际上,拥有这个速度值的,不仅是包括光在内的电磁波家族,还有引力、引力波、电磁力等。除了光速,在自然界里还有哪个速度值能做到让大家约好了一起去认真遵守?

为什么?

因为不能再快了。所以达到极限的,大家都扯齐了。

宇宙中任何有质量的物质,运动速度都不能超过光速,这是狭义相对论得出的结论。光速,像一道无法逾越的速度屏障,简称光障。

这个结论是怎么得来的呢?还记得"质能关系"里的那个质速公式吧?就是由它推导出来的,当时我们还画了个图,用来分析当质量遭遇速度,会发生什么故事。我们把这个图再贴过来。

从质量与速度的关系图中可以看出,当物质接近光速时,它的质量会急剧上升,越接近光速,质量上升越快,曲线与光速线趋向重合。

它的物理意义在哪儿呢?

根源还是质能关系。

能量和质量等价,物体运动所具的能量,应该加到它的质量中去。这句话换个说法就是,要加速一个运动中的物体,将变得越来越困难,因为这要消耗越来越大的能量。

当然,只有当物体运动达到亚光速时,我们才会感受到这一点。因为当你以 10% 的光速,也就是每秒 3 万千米的速度散步时,你的质量只比原先增加了 0.5%,相当于吃了个包子喝了点粥,没什么异样;当你拔足狂奔,以 90% 的光

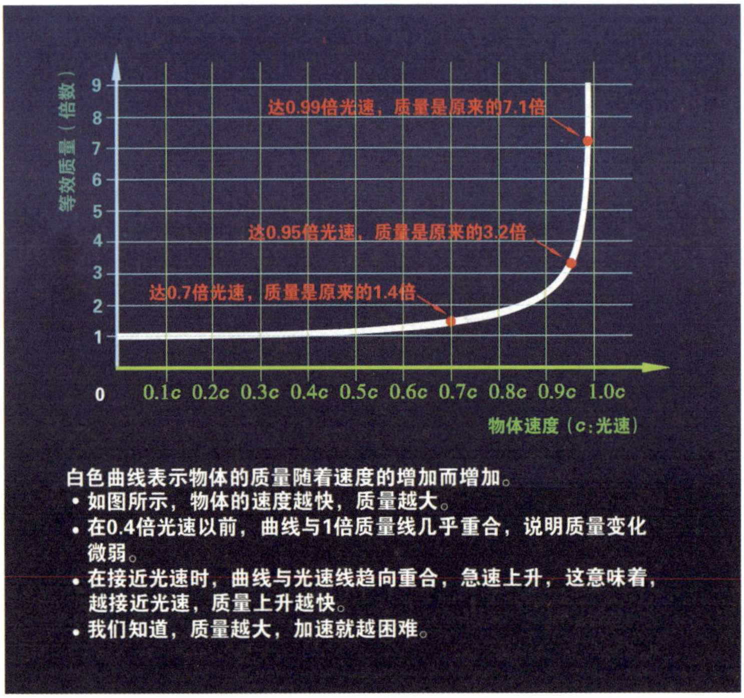

质量与速度的关系

速，也就是每秒27万千米的速度运动时，你的质量会超出正常值的1倍还多；而当你的运动速度接近光速时，即使不吃不喝还得了两天痢疾，质量也会急剧增大，需要越来越多的能量才能让你的步子迈得再快些。

实际上你永远达不到光速，因为那时你的质量会变成无限大，根据质量、能量等价的原理，需要无限大的能量才能继续给你加速。

而无限大的能量是不存在的。所以，相对论发出禁令：任何有质量的物体（能量），及其发出的信息，永远以低于光速的速度运动。

狭义相对论以后，宇宙中的速度有了极限。而制定这个极限规则的，是一个三级技术员。

这个规则，对于不信邪的人而言，与其说是一个挑战，不如说是一次挑逗。它以近乎荒诞的结论乜斜着物理界，人们似乎还看到了它嘴角隐约透出的轻佻冷笑。太气人了！这激起了无数战士的斗志——寻找超光速。

只要找到一例有静质量的物质，或能量、信息，传递速度超过299 792 458 m/s。只要一例。

应该不会很难。现在没发现，那是因为我们没去找。我们没去找，那是因为没人挑逗我们。

所有战士都在冷笑。

然而，在对宇宙的认识上，结果若是不出人意料，那就太出人意料了。

似乎所有物质都心甘情愿地臣服在光速的威名之下。于是寻找超光速的结果促成了两件事：

① 人们被迫接受了光障，而光障也成为心障，乃至于一提超光速，大家的第一本能反应就是：怎么可能？

② 令无数战士折戟沉沙的三级技术员，成为物理帝国的王者（当然，王者的地位远不是这一件事促成的）。

似乎没什么搞头了。

然而，有些事，虽一直未做到，但始终有人做。这就是人类不断进步的原因。

要说寻找超光速的努力没有一点结果甚至没有一点希望，那不公平，也不符合事实。这个宇宙最令人生疑之处在于，虽然存在不可能，却也存在无限可能。

人们通过观测、推理、思想实验甚至是假设，找到了一些超光速的证明。

相速度

在某种情况下，光波的相速度会超过光的传播速度。

“相速度”名字听起来挺深奥的，但实际上，它只是名字拗口而已，没啥了不起，我们在以前就接触过。还记得波的相位（第八章“一个失败的实验”一节）吧？所谓相速度，就是波的相位的移动速度。

见过彩带舞吧？“赤橙黄绿青蓝紫，谁持彩练当空舞？”美女挥动彩带，无论彩带本身是在前进、后退还是悬停，我们都可以看到，彩带的螺旋或者波浪，从彩带的手柄这端产生，向彩带末梢移动，这就是它的相位移动，这个速度就是相速度。多数情况下，相速度远超彩带本身的移动速度，但相位的移动永远也超不过彩带末梢，因为到这里，相位就结束了。

如果我们对彩带舞印象不深，那么再举个例子：电钻总见过吧？电钻一开，我们会看到钻头的螺纹高速前进，比钻头的速度快多了。即使你把钻头往后移动，它的螺纹还是随着钻头转动前移，钻头转得越快，螺纹前移的速度就越快。不过，无论螺纹前移的速度怎么快，它也超不过钻头尖，因为到那里，螺纹就结束了。这个螺纹的前移速度，就是相速度。

彩带舞

我相信，说到这里，聪明的咱俩已经明白了，光波的相位移动速度，会不会超过光本身的传播速度。

宇宙膨胀速度

宇宙膨胀表现在宇宙中的物质集团（包括星系、星系团啊什么的）相互远离。

观测显示，远距离的星系以超过 c 的速度彼此飞离。这个速度呢，是采用共动距离和宇宙时间来计算的。打个比方：两列爱车以 $0.8c$ 的速度相背而行，你去观测两列爱车移动的相对距离，除以自己的观测时间，就得出了两列爱车的相对速度是 1.6 倍光速。但你知道，高速运动下，速度是不能简单叠加的，两列爱车的“时间”与第三者的不一样，所经空间的尺缩效应也与第三者的观测不同。因此，两列爱车的相对速度，正确算法是用下面这个公式：

$$V = (v + u)/[1 + (v \times u)/c^2]$$

其中，v、u 分别是两个相对运动的物体的速度。

这是相对论的速度合成公式。

根据广义相对论，我们一般所说的速度，只是个局域性的度量，光障所指的光速限制，就是这种定义下的速度。

举一个不太贴切的例子：你原地转一圈，相对你而言，遥远的星系绕着你转了一圈，远远地超过了光速——这种计算办法，不仅和速度合成的正确算法不相洽，而且和你简单叠加爱车速度的计算办法也不能相提并论。顺便说一句，你转一圈，遥远星系相对你转一圈不假，但它们没有发生质量、能量或信息传递。

天文观测超光速

在观测电波星系、类星体等极远星体时，经常可以“观测”到明显的超光速运动。

先别激动，这一点也不稀奇，因为它只是一种光学现象。这种“视觉”上的超光速效应，在能观测到之前，就有人根据光学原理做出了预言，这属于一种光学幻觉，是由星体移动方向和观察者视方向相同引起的。做速度计算时，忽略掉这个前提，就可以得出超光速的结论。

有意思的是，经过校正，计算结果也十分神奇：这些星体的速度，相对于地球参考系，居然是近光速的！这么大的星球达到近光速（相对我们而言），需要多大能量啊。要知道，我们在实验室里，把无比轻微的基本粒子加速到近光速都十分困难。

嗯，想起了刚刚说过的宇宙膨胀速度，不奇怪了。

宇宙暴胀超光速

宇宙大爆炸之初，暴胀速度远快于“现在的”光速。有人提出一种光速可变理论：根据相对论，宇宙暴胀时，时空结构比物质先行一步，而光呢，是时空结构的一部分，根据宇宙暴胀时的物理条件，光的扩张还是快于其他物质的扩张——当时的光速比现在的光速快多了。随着宇宙膨胀速度的减慢，光速与时空结构的扩张速度一起，逐渐降低到现在的值。当然，这个理论和宇宙暴胀理论一样，都是一种推理和假设，而不是观测结果。

影子超光速

有个聪明人名曰小聪，他设计出两个超光速信息传递方案：利用影子。设备很简单：一个光源，还是用那只手电筒好了；一个遮挡物，就用你的手吧。嗯，少了样东西——投影的屏幕，就用火星吧。

火星离我们最近的时候，大概是 5 500 万千米，光需要约 3 分钟才能走完这段路。现在我们要向火星人发布一个信息，告诉他们什么是鸡爪。你说你的手不模仿鸡爪？那就模仿凤爪好了。我们打开手电筒，照向你的手，手电筒和手与火星成三点一线，于是光就射向火星，当光到达火星时，就投下了你的手的影子。

现在，关键来了。小聪认为，有两种方法可以实现超光速信息传递：

方案一：你的手在手电筒前变换各种手形，火星上的手影会立即随之变换，用声音助推，实现声速前进。

同理，这是光速。

比实现光速移动更神奇的是我们的想象力。

如果火星人也用这种办法向地球投影，你们就可以用手语对话了。这就实现了超光速信息传递。

乍听起来似乎很有道理。但仔细一想，完全没有道理。

因为，所谓影子，就是由于物体遮挡，光照不到的位置。也就是说，光是影子的前提，有光才有影，它们同时出现。

你在手电筒光柱里变手形，其实只是在变换“挡光的位置”而已，它对光影的扰动，也必须随着光传递，花 3 分钟才能到达火星，速度无法超过光速。

小聪想了想，表示同意，接着提出了方案二。

方案二比较复杂：牛郎、织女分别站在火星两极，把手影投在牛郎面前，快速将手电筒转个角度，手影就会飞快地掠过火星，突然移动到很远的织女面前，这个移动速度可以超过光速，那么，在牛郎、织女之间，就可以实现超光速信息传递。

嗯，这个乍听起来很靠谱，但仔细一分析，一点也不靠谱。

你在地球转动手电筒，3 分钟以后，火星上的光影才会有反应。因为手电筒光不是一根无法弯曲的刚性柱，而是源源不断的光子，你在地球上的任何操作，都要通过光子的传递才能反应到火星上。

这时，小聪说了：假设火星足够大，牛郎、织女的距离超过了 3 分钟的光程，比方说达到 5 分钟光程，也就是 $5\times60\times30$ 万千米 $=9\ 000$ 万千米。那么，因为光从地球传递到织女要 3 分钟，因此那个光影从牛郎到织女也只用了 3 分钟，比光速快 2 分钟。

嗯，的确如此。

但是，这是否违背相对论呢？有请祥林嫂，带领我们复习一下相对论是怎么说的。

祥林嫂：任何有静质量的物质，以及能量、信息，都不能超过光速。

光影没有静质量，所以不存在质量传递。这个就不用讨论了。

问题的关键是：牛郎、织女之间，存在能量或者信息传递吗？

先说能量，光也是能量，不假，但射到牛郎、织女面前的手电筒光，都是从地球分别传递过去的，而不是由牛郎发射到织女。换句话说：从地球到达牛郎的光子已经被牛郎面前的地面吸收，到达织女的是从地球上传来的另外的光子。打个比方，就好比你用一架高速机枪不断射出子弹，你转动机枪，从牛郎扫射到织女，不管你转多快，牛郎接到的子弹是你射去的，织女接到的子弹也是你射去的。所以，牛郎和织女之间，不存在能量传递。

现在就剩信息了。

投射到牛郎面前的光影，在3分钟内掠过9 000万千米到达织女，速度达50万千米/秒，超过了光速。那么，这个光影是不是信息呢？当然是信息。但它不是从牛郎直接传到织女的信息，而是和前面说的机枪扫射一个道理：这个信息是从地球分别传到牛郎和织女的。假如牛郎要用这种方法对织女说一句："钓鱼岛是中国的。"那么，请看可操作过程：

第一步：咱俩获取牛郎要发的信息。最快的操作是牛郎把这句话用光信号传给地球上的咱俩，用时3分钟。没有第一步，咱俩不知道牛郎要说啥，也就没办法传给织女。

第二步：由咱俩用手电筒传影法，把这句话传给织女。最快的操作是我们接到光信号后，用手电把它发射到牛郎面前，需要3分钟，再转动手电，让光影移动到织女面前，忽略掉转动手电的时间，手电对准织女后，光也需要3分钟才到。

两步用了9分钟！

就算我们改革一下，扔掉手电，不玩移形换影了，而是拿着照妖镜，把牛郎说的"钓鱼岛是中国的"直接反射给织女，整个过程也需要6分钟。而光直接从牛郎传到织女，5分钟足矣。

织女回信说："这有啥稀奇的，咱俩谈恋爱那会儿，地球人就都知道了。"

织女这句话通过咱俩传到牛郎那儿，也用了6分钟。一来一回用了12分钟。

看来，都还不如牛郎、织女用光信号直接通信快，一来一回10分钟足矣。因为无论咱俩、牛郎、织女这三个点的位置怎么安排，除了摆成直线，其余都是三角形，三角形的任意两边之和都大于另外一边。

所以，用影子传递信息的设计，实际上是一个似是而非的误会——相当于说，脱了裤子放屁比不脱散发要快，但我们忘了，脱、穿裤子也要时间。

快子

快子就是为超光速而生的，但它并不违反相对论。相反，它是基于狭义相对论的原理假想的一种粒子。其实早在狭义相对论创立之前，就有人提出过“超光速粒子”的概念了，这个人就是阿诺德·索末菲（德国物理学家，一个奇人。斩获普朗克奖章、洛伦兹奖章、奥斯特奖章等大奖，被提名 81 次诺贝尔奖未果，但他的学生却纷纷获得诺奖。他的学生包括海森堡、泡利等神人）。

所谓快子，简而言之，就是超光速粒子。

与快子相对应，我们这个世界的粒子都叫“慢子”。

快子是理论预测的一种假想粒子，与我们认识的物质相反，它的速度必须保持在超光速状态。这是因为它的物理性质十分奇特：质量是虚数，能量散耗越快，速度越快，能量趋于零时，速度趋于无穷大。反之，能量获得的越多，它的速度越慢。要想给它减速，就必须为它提供越来越多的能量。想让它减速到 c，所需能量趋于无穷大。

想象中的快子与我们熟悉的慢子，从性质上看，互为镜像，动作相反、对称。

并且，快子和我们的物质互不干涉，相互之间难以发生作用和反应，所以，尽管相对速度大得吓人，但也不会因猛烈撞击而发生什么灾难。

一切看上去很美很和谐。但我们至今也没在观测或者实验中找到快子，也没能在理论上证明它的存在。

它到现在，还只是一个假设。

γ 射线暴

别的东西不能超过光速，那么，光本身呢？

一些前沿物理学家认为，光速不变或许会有例外——光的波长如果很极端，或许会改变光的速度。比方说极短的波长，波长越短，意味着频率越高、能量越大。

γ 射线暴

而这种波长极短、能量极高的光（电磁波），目前只能通过“γ 射线暴”来观测。

γ 射线暴是宇宙能量大爆发的产品之一，可遇不可求，它可能产生于一种“特超新星”的爆发，也可能产生于中子星之间难得的碰撞。

科学界就是这样较真，有人敢

说，就有人敢验——只要能验。2009 年，日本科学家组成一个研究小组，用美国宇航局的费米 γ 射线空间望远镜，观测了距离地球 73 亿光年远的一次 γ 射线暴，没有发现极短波长的光速有什么特别。这再一次证明，无论波长波短、能量大小，光的速度都一样。

100 多年来，无数战士前赴后继，通过实验、观测、思想实验、理论假设等多种战略战术手段，试图一举打破光障不可逾越的神话。

刚开始以为这只是一层纸，用手指头捅捅就破，后来发现用锥子都扎不破，连凿子也搞不定，人们开始陷入深深的沉思与疑惑。大家一商量，得，改用炸弹吧！您猜怎么着？居然给弹回来了！搞得焦头烂额的人们在迷惘中渐渐清醒过来：原来爱因斯坦那家伙的公式是对的！

于是，越来越多的人开始相信狭义相对论，越来越多的实验也证明狭义相对论是正确的。

有静质量的物质，以及能量、信息，其运动、传递速度，均不能超过光速。

正当人们开始习惯光速一统江湖且千秋万代时，一则来自微观世界的新闻让人们重新不淡定起来，一时间争论之声此起彼伏。

2011 年，本不是个缺新闻的年份，小药小郭小胖小李脊梁苹果，老金老卡老登老李地震动车……里里外外哪个都让人不省心，当真是：哭声骂声欢呼声声声入耳，人事家事天下事事事揪心。“神奇”二字，已不足以形容当今天下。在这奇闻迭出、人心麻木的年代，一个细小的微粒，不仅在这个失去灵动的大酱缸里激起了阵阵波澜，并且居然跻身全球年度十大新闻之列！

中微子超光速。

自狭义相对论诞生以来，超光速的呼声年年有，为何这一次特别高？

因为这次的消息来源，看起来十分靠谱：

《自然》(*Nature*)，英国科学期刊，首版于 1869 年，历史悠久，是世界最有名望的科学杂志之一，是科学界普遍关注的、国际性的、跨学科的杂志。搞科研的在《自然》上发表文章，相当于中国的民间歌手上了春晚，是相当光荣的。

欧洲核子研究中心(CERN)，成立于 1954 年，位于瑞士日内瓦，是世界上最大型的粒子物理学实验室。作为先进高效的科学实验室，它现已聘用大约3 000名全职员工，全球粒子物理学界一半的大师们都聚集在这儿。

2011 年 9 月 22 日，《自然》杂志网站发表的一篇文章称，欧洲核子研究中心发现了超光速运动的中微子。

两个特靠谱的机构，联合爆了一剂超级猛料。

信的、不信的，都狠狠震惊了一把，一时间流言四处走，八卦满天飞。

人们从华尔街的游行中放慢脚步，从阿拉伯之春的浪潮中减缓激流，从利比亚、朝鲜、阿富汗的舞台上收回目光，他们被中微子吸引了。

在这无比现实的现实中，科学的气息突然降临人间。

所有人都被狠狠地科普了一把。以至于当城管出现在西瓜车旁边时，瓜农视若无睹，他正在为爱因斯坦担心——相对论被推翻了会怎样？用中微子做辆马车，是不是可以在播种之前拉来满车熟瓜，并且赶在城管到来之前卖光？

那么，究竟什么是中微子？

事情还得从 19、20 世纪之交说起。我们先穿越一下，借一点将来要提到的量子力学知识。那时，科学家们在研究放射性问题时发现，能量的吸收和发射，普遍是不连续的。这事很奇怪，我们到量子力学再细说。

这里说的是，人们好不容易习惯了能量的传递不是连续的，而是一份一份的，然而，在研究中子的衰变时，却发生了奇怪的现象。

中子衰变成质子和电子时，会发射出 β 射线，所以也叫作“β 衰变”（${}^{A}_{Z}X \longrightarrow {}_{Z+1}^{A}Y + {}_{-1}^{0}e$ + 中微子，如 ${}^{234}_{90}Th \longrightarrow {}^{234}_{91}Pa + {}_{-1}^{0}e$ + 中微子）。

1914 年，英国科学家查德威克用计数器和电离室观测 β 衰变，发现 β 射线能谱是连续的！

这就够奇怪的了。更奇怪的在后面。

根据能量守恒定律，中子衰变后，它释放的能量和剩余能量的总和，应该就等于它衰变前的能量总和。守恒嘛。

科学家一测中子衰变释放的能量，发现有一部分能量玩失踪，莫名其妙地不见了！

β 衰变所发出的 β 射线是由电子组成的，而据查，电子这家伙虽然看起来顽皮好动不老实，但骨子里却特守规矩。中子小帝国衰变，电子被流放出去时，它只带走了自己应得的那一份能量。

另一份能量被谁偷去了？

这点能量本身微不足道，但是它的失踪，比金条从金库里失踪，皇帝从皇宫里失踪还要令人震惊，因为它触动了人类认识世界的根本规律之一：能量守恒定律。

这怎么得了?!

但是,在一个神人眼里,这还真不是个事儿。

1924 年,丹麦物理学家玻尔(天才中的神人,关于他的传奇,我们在量子论时再详述景仰)和另外两名科学家克拉默斯、斯莱特发表了《辐射的量子理论》,对能量失窃案做了一个惊人的分析:

只有放弃单一过程中的守恒定律,代之以"能量和动量的统计守恒",才能搞掂此案。说白了,就是能量守恒定律在 β 衰变面前失效。

看到没,在神一般的玻尔眼里,没有权威。铁一般的能量和动量守恒定律,他随手就拨到一边,只是为了失踪的那一点微不足道的能量。

但是,我们不要忘了,这可是物理的黄金时代!

不要说是神人,就算是神仙,到这个时代也难称老大。

眼看能量、动量守恒两大定律就要冤死在玻尔的"魔爪"之下,在这关键时期,另一个神人挺身而出,力挽危局。他就是奥地利物理学家泡利,神人中的纯爷们儿。在他眼里,从来就没有什么救世主,也不靠神仙皇帝。他的精彩传奇,咱们以后再追溯沉迷。现在,我们先说他的一件事。1930 年 12 月 4 日,他在致图宾根世界放射协会会议的"公开信"中提到,在原子核中,可能存在"中性的粒子",他把它叫"中子",它的自旋是 1/2,不以光速传播,它的质量必定和电子的质量为同一数量级,并且无论如何也不大于质子质量的 0.01 倍。也就是说,在 β 衰变过程中,被辐射出来的其实不只是电子,还有"中子"。那份丢掉的能量,就是被这个神秘的家伙带走的。

这样一来,能量还是守恒的。

虽然泡利个性直爽犀利,敢说敢做,口无遮拦,谁都不放在眼里,但是,他在科学上的态度是十分严谨的。他知道,毕竟自己假设的那个"中子",谁也没看见,在得到验证之前,决不能拿假设当真事。

于是他谨慎地向放射性研究者们提出一个问题:"如果'中子'的穿透能力大约是 γ 粒子的穿透能力的 10 倍,那么能否用实验验证'中子'的存在?"

这里所说的"穿透"能力,其实就是物质间的作用,物质间的作用越小,穿透能力越强。如果我们与墙不发生任何作用,那么,我们撞了南墙也用不着回头了,直接穿过去了。

前面所说的"中性的粒子","中性"指的是电中性。我们以后会明白,粒子不带正电,也不带负电,就很难与一般物质发生什么关系,也就很难被由一般物质构成的我们感知到，很难被由一般物质构造的工具探测到了。

1931 年 6 月，泡利在美国物理学会的一次会议上再次提出 β 衰变的能量守恒，并且认为“中子”不是原来就存在于原子核中，而是衰变产生的。1932 年真正的中子被发现后，美国物理学家费米（中子物理学之父，原子时代的重要启动者，100 号元素镄、费米子以他的名字命名）将泡利的“中子”正名为“中微子”。

所以，中微子，其实是“中性的微小粒子”的简称。

有了一个很帅的名字，但名字的主人却始终不见踪影。好比婚前就给孩子取了个响亮的名号，但婚后几年过去了，却连孕都没怀上。

泡利清楚，不管中微子在理论上多么美丽和不可缺少，如果不能被实验验证，就只能是镜花水月。

然而，在当时看来，中微子的性质本身就决定了验证它是一件“不可能的任务”。连泡利自己也一度这样认为。

但是，多大的障碍也阻挡不住天才的脚步。泡利终于提出一个能检验中微子的预言：从原子核里辐射的 β 粒子和中微子，其能量总和应该有一个明晰的上限。他清晰地进一步指出，检验中微子的决定性的标志是：电子的 β 谱是否显示一个明晰的上限。

其实，泡利的这个灵感，来自能量失窃案问题上的对手玻尔。根据玻尔的意见，β 谱必然有一条强度逐渐减弱的长尾巴。

泡利敏锐地意识到，如果 β 谱的上限是明晰的，而不是渐变减弱的，那么结论就是自己对，玻尔错。

我国核物理科学的奠基人和开拓者之一——王淦昌

于是，期盼已久的时刻终于到来了，因为下一个出场的，是一个中国人。不仅是黑眼睛黑头发黄皮肤，不仅是来自中国，关键是他还有中国国籍。

王淦（gàn）昌，1907 年 5 月 28 日出生，江苏常熟人，他是“中国核武器之父”“中国原子弹之父”，是中国实验原子核物理、宇宙射线及基本粒子物理研究的主要奠基人和开拓者，是“两弹一星”功勋奖章的获得者。

王淦昌 1929 年毕业于清华大学物理系，1930 年入德国柏林大学学习，1933 年获博士学位，次年

4 月回国，之后干了诸多大事。比如：在苏联领导一个研究小组，首次发现了反西格马负超子；独立提出用激光打靶实现核聚变的设想，成为世界激光惯性约束核聚变理论和研究的创始人之一；等等。

这里要说的，是他在柏林大学所做的事。

话说 1930 年秋，23 岁的王淦昌赴德留学。公费哟，并且不是凭地位，而是凭才华。

在柏林大学威廉皇帝化学研究所，他成为物理学家梅特娜的学生。

莉斯·梅特娜，女，奥地利人，犹太裔，杰出的物理学家，曾任普朗克助手 3 年，爱因斯坦称她为“我们的居里夫人”。她自 1907 年起与哈恩合作，从事了 30 年放射性化学研究工作，取得了诸多耀眼的成就。她挚爱科学，终身未嫁，科学家们浪漫地称她“嫁给了科学”。

还记得前文中泡利向“放射性研究者们”提出验证中子的问题吧？梅特娜正是泡利所指的“放射性研究者们”中重要的一员。

1914 年查德威克（发现了中子）用计数器发现 β 谱是“连续的”，梅特娜等科学家随后用实验予以证实。

在梅特娜的指导下，王淦昌开始了对中微子的研究。

还记得成功等式吧？天才、勤奋是王淦昌身上固有的品质，现在，幸运女神悄然降临，还有剩下的两个考验：智慧和勇气。

显然，研究幽灵般的中微子，智慧和勇气尤为重要。

此处略去两万五千字。

如果用“苦心人，天不负”来引出王淦昌的成果，似乎能描述王淦昌的勤奋，但不能准确描述他的效率。因为这时他来德国才两年，开始中微子的研究怎么也不会超过两年。然而，王淦昌取得了突破性成果，他用自制的计数器精确测定了 RaE 辐射的 β 能谱，证实了泡利预言的那个“明晰的上限”。1932 年 1 月，他发表了《关于 RaE 的连续 β 射线谱的上限》，公布了这一成果，有力支持了中微子假说。这一年，王淦昌 25 岁。

这里不得不说的是，王淦昌的论文发表后，其他科学家也发表了两篇证实“β 连续谱的明晰上限”的论文：1933 年，《β 射线类型的放射性衰变中的能量关系》发表，作者是著名物理学家艾利斯和莫特，来自英国剑桥大学卡文迪许实验室；1934 年，《钍 C 和 C" 的连续 β 射线的上限》发表，作者是艾利斯的学生亨德森。

不同的科学家，不同的实验室，用不同的方法，纷纷证实了泡利的预言。王淦昌、艾利斯和莫特、亨德森各建其功。

但公正地说，王淦昌的工作有两点特别突出：① 王淦昌的实验元素，是国际上更关注、更适合做这个测定的，因为它发生 β 衰变时不夹杂 γ 射线；② 他的论文发表时间最早。

按理说，在这个重要的科学成就中，王淦昌无论如何也应该占有重要的位置。但神奇的是，不知为什么，他的贡献被无视了。科学家们一提到“β 连续谱的明晰上限”，就提起艾利斯、莫特和亨德森，似乎王淦昌是空气。甚至十分崇敬王淦昌的李炳安和杨振宁，他们在《王淦昌先生与中微子》一文中也提到：亨德森于 1934 年发现 ThC 和 ThC" β 谱的上限确实如泡利所预言的那样是急剧中断的。

艾利斯、莫特和亨德森的贡献固然很强很重要，我们必须予以肯定，但王淦昌的贡献也没理由被无视啊！真是见了鬼，难道王淦昌发表论文的那一期《物理学期刊》是用火星文印的？

无论大家怎样说，论文就在那儿摆着，我们有责任还原历史的真相！

王淦昌不仅研究了 RaE 的 β 谱，还研究了钍(Th)的 β 谱。

1933 年 7 月，梅特娜和王淦昌联名在德国《科学》上发表了《γ 射线的内光电效应》一文，介绍了他们对磁场中 ThB + C + C" 的 β 射线的测量结果。

1933 年 12 月，王淦昌的博士论文通过了以著名物理学家冯·劳厄为主考人的答辩。1934 年，已经回国的王淦昌把自己的博士论文《关于 ThB + C + C" 的 β 谱》寄往德国，发表在《物理学期刊》上。文中，王淦昌分析了艾利斯等人所做工作的利弊，取长补短，大胆创新，得到了比同行们精确得多的结果，这对 β 衰变理论的发展起到了重要作用。

1933 年，费米提出“β 衰变的定量理论”，指出除了引力和电磁力以外，自然界还有第三种相互作用力——弱相互作用力，简称弱力。所谓的 β 衰变，就是原子核内的一个中子，通过弱力，衰变成一个质子、一个电子和一个中微子。β 连续能谱之谜真相大白。

至此，在理论上，中微子已经不再是一个传说，而成了一个传奇。

然而，在科学上，作为一种粒子、一种物质，不论你有什么样的古怪性质，在被捕获、被真真切切地观测到之前，再彪悍的传奇也会随时变回缥缈的传说。

这不，1936年，美国实验物理学家香克兰为光子散射设计了一项新实验，实验结果似乎支持了当年玻尔、克拉默斯、斯莱特的理论。香克兰发表了《光子散射理论的明显失败》一文，这让那些讨厌新粒子的物理学家不由自主地欢呼起来。

狄拉克正在授课

欢呼的人群中有一个牛人——英国理论物理学家狄拉克，他迅速响应，发表了《能量守恒在原子过程中成立吗？》，文中嘲笑道，中微子这个观察不到的新粒子，是某些研究者们专门造出来的，只是为了能量守恒。

一时间，风雨飘摇。刚刚走进人们视野的中微子，眼看就要成为过眼云烟。然而，戏剧性的一幕出现了。

一个强悍的团队捍卫了泡利和费米的理论——玻尔的哥本哈根研究所。他们几乎是立即重复了香克兰的实验，得到了相反的结果。

香克兰的实验虽然被摒弃，但是，狄拉克等人的诘难并未随之消失。

验证中微子，这个不可能的任务愈发迫切起来。

这个似乎与我们的世界无关的幽灵粒子，又该怎样去验证呢？

这注定是一条不平凡的路，从起点开始，便荆棘遍地，迷雾叠嶂。也就是说，没有路。

路，总是在貌似山穷水尽时被开辟出来。

虽然，有的路仍然通向悬崖边、水穷处，但总有通幽的曲径，纵横交错，贯古通今。这，就是人类世界的由来。

那些开路者，失败的，是垫脚石，成功的，是里程碑，他们有一个共同的名字，叫作先驱，他们是勇者。

科学家中从来不缺少思想的勇者。面对不可捉摸的中微子，他们没有犹豫，一脚踏进迷雾。

1936年，美国物理学家雷朋斯基，首次测量了β衰变中的原子核反冲。

所谓反冲，就是粒子相互碰撞所获得的运动——就像打台球，或者发射另一粒子所获得的运动——类似手枪的后坐力。总之，大致就是粒子通过反作用力所获得的运动。反冲时，在系统内力作用下，系统内一部分物体向某方向发生动量变化时，系统内其余部分物体向相反的方向发生动量变化，系统动量守恒。

观察反冲，目的很明确，中微子就相当于子弹，中子就是手枪。手枪发射的子弹虽然看不见，但我们可以通过手枪的后坐力来感知子弹的运动，判断它的存在。

1938—1939 年，美国物理学家克兰、哈尔彭先后对反冲效应进行了实验，观察了电子在磁场中的偏转，还观察了原子核在云雾室中的径迹等。

但是，中子这支手枪通过 β 衰变发射的子弹，成分有点复杂，不仅有中微子，还有电子和质子，看似不太复杂，但各种量各种值交互影响，情况就复杂多了。为啥说三个女人一台戏，而一个女人就唱不起来？还记得“三体问题”（第九章“群雄逐鹿”一节）不？大致就是这个意思。好在电子和质子这两样东西我们可以测量到，反正总数是不变的，把能测到的测好，剩下的，大约就是那个想要的值了。

最终，克兰、哈尔彭都没能测出那个反冲振动的动量，因此都没能“确凿地”证实中微子存在。

王淦昌指出，虽然他们的实验很牛很精确，测出了一些反冲数据，这些数据确实指向一个大大的可能——中微子存在。可是，由于发射物成分复杂，效应又太微弱，所以结果不够明晰。想获得更好的效果吗？那需要更好的办法。

跟很多事后诸葛亮不同的是，王淦昌不仅提出了问题，还提出了解决方案：用 K 电子俘获的方法探测中微子。原理是：当某种 β^+ 类的放射性元素，不是放射一个正电子，而是俘获一个 K 层电子时，反应后的元素的反冲效应就很纯洁了——只依赖于所放射的中微子。说白了，就是找个机会把电子的效应甩了，只留中微子的反冲效应。

王淦昌建议用“Be^7”。铍核的质量轻，受到的反冲作用明显。

王淦昌的合理化建议很快被采纳。美国物理学家艾伦兴致勃勃地做了实验，迅速得到了肯定的结果。1942 年 6 月，艾伦发表了一篇题目很直白的论文：《一个中微子存在的实验证据》。

1943 年，美国《现代物理评论》将“王淦昌 - 艾伦实验”列为国际物理学重大成就之一。

但是，艾伦的数据还是不够精确，结果还是不够清楚。科学问题，永远不能“差不多就行”。“确定”“一定”以及“肯定”，那是必须的。

直到 1952 年，戴维斯用这个实验设计，证实了中微子的存在。

于是，很长一段时期，人们提到这个实验，就提到戴维斯。

这当然没什么问题。问题是，他们只提戴维斯，而对这个实验的最初设计者王淦昌、最初尝试者艾伦置之不理。

不过，历史在某些时候还是公正的。终于，有人回过头去，把真实的历史还原到我们的眼前。

王淦昌在 1947 年发表的一篇论文中，更明确、更具体、更深入、更广泛地探讨了利用硼、氮、钠、铍、钙、铬等各种元素的核反冲来探测中微子。这些元素各有千秋，其中一些家伙不仅对验证中微子有用，而且在后来研究中微子性质时也各显其能。这篇论文还有两个富有远见的亮点：

① 把对介子衰变的研究引入到对中微子的研究中。这对 20 世纪 50 年代和 70 年代时，科学家们发现除电子、中微子外还存在 μ 中微子和 τ 中微子来说，是功不可没的。

② 预言了用裂变可以探测中微子。这一思路极具创见性和预见性，为进一步研究中微子指明了方向。王淦昌认为利用核裂变产生的大量中微子与原子核发生反应，就可以直接观测中微子。

关于第二个亮点，这里得多说几句。在基本粒子家族中，中微子是唯一的只参与弱相互作用，而不参与电磁相互作用和强相互作用的另类。并且，弱相互作用本来就弱，势力范围还特别的小，你不撞到我怀里，我都懒得理你。所以，它与一般物质发生反应的概率极低。

这样说吧，如果你有这样的运气：随便发射一个中微子，它在穿过地球的途中，能与地球上的某个原子核发生一次反应（简称核反应）——只要一次，那么，你上街买一千次彩票，每次都能中头彩。不开玩笑哦！

实验证明，一个中微子要穿过大约 1 000 亿个地球，才可能与其中的一个原子核发生一次反应。这个概率有两个名字，学名叫零，小名叫绝望。

如果单看这个概率，那么你只能欲哭无泪地宣布：直接探测中微子，是不可能的。恭喜你，很多科学家跟你的意见一致，于是他们认为，探测中微子的唯一实验方法，就是上面说到的核反冲了。

但是王淦昌用他的这个观点告诉大家，我们可以从上面那个概率中看到希望。这个概率告诉我们，若有 1 000 亿个中微子穿过一个地球，那么就会发生一次核反应。翻译成彩票原理就是，我们买 1 亿张彩票才有一次中头奖的可能，那么，我们买 1 000 亿张彩票，就有中 1 000 次头奖的可能。

虽然我们没那么多钱，但有足够多的中微子。我们小小的眼球，每秒钟穿过的中微子就有10亿个，何况地球乎？

不过，我们不用担心眼球会被核弹摧毁。首先，中微子与单个原子核反应，其能量微乎其微，不然地球得有多热啊？其次，是更重要的，地球有多少原子核？1 000亿个中微子，穿过整个地球，才可能和其中一个原子核有一次反应的机会，我们眼球里的原子核数量，与地球原子核数量相比，跟“没有”有什么区别？答案是真没啥区别。再精确的计算，也会把这个可怜的比值忽略掉。

眼球接收中微子的概率可以被忽略，这是好事。可惜的是，这个结果对我们接收中微子的设备也同样适用——想得到一次反应的机会，太不容易了！怎么办呢？还是上面说到的：数量。

总之一句话，就是人海战术，利用量变求质变。中微子排山倒海源源不断往上冲，谁好意思一点反应都没有？

于是，我们就有了这样一套探测中微子的方案：利用核裂变，产生密集的、强悍的中微子束，朝我们的接收设备猛射，只要穿过设备的中微子达到一定数量级，就一定会有那么一个中微子，能在探测器中产生核反应。

那么，我们的接收设备，又该如何设计呢？

说起来，中微子的探测和我们在网上干的事差不多，有三个大招：刷屏、挖坑、灌水。

“刷屏”我们已经说过了，就是王淦昌出的那一招，疯狂地、密集地向接收装置发射中微子束。刷到忘情处，自然妙境生，再淡定的“斑竹”也会出来陪你一起疯的。

现在我们重点要八卦的是，“挖坑”和“灌水”。

我们知道，中微子不仅生在太阳、核反应堆这些核反应剧烈的地方，一般物体也可以发射出中微子，比方说枯藤、老树、昏鸦、古道、西风、瘦马、蘑菇、地球、小白兔等等。我们自己也是中微子发射源，你、我体内也有放射性同位素[具有相同质子数、不同中子数的同一元素的不同核素互称同位素，如氕($_{1}^{1}\mathrm{H}$)、氘($_{1}^{2}\mathrm{H}$)、氚($_{1}^{3}\mathrm{H}$)是氢的三种同位素]，比方说磷、碳、钙什么的，你每天可以发出大约上亿个中微子。我也是。

除了中微子，我们周围还有各种射线横冲直撞，所到之处，一律交通放行，处处绿灯，视芸芸众生如无物，比如宇宙射线、电磁波等。除了可见光，其余的，我们一律看不见。其中，有些射线穿透力极强。比方说X射线、γ射线等，它们能轻易穿透人体，如入无人之境。γ射线甚至能穿透几十厘米厚的铅板。要知道，在我们的世界中，铅板对射线的抗穿透能力，那是相当强的。

中微子与物质的反应概率极低，反应又极微弱。如果随便找个地方探测中微子，那些射线与探测器的反应比中微子的还强烈，就好比在火灾现场寻找萤火虫，干扰太大。所以，中微子探测装置必须安置在干扰尽可能少的场所。绝招就是——恭喜你猜对了——挖坑，把探测器安置在地下。

春天，我埋下了一个探测器，到了秋天，我探测到了很多中微子。

在地下，宇宙噪声比较少，厚厚的地层过滤掉了各种射线，除了中微子。虽然地球本身也辐射中微子，但来源比较均匀、稳定，可以当作定量的噪声处理。这对于探测特定方向、特定发射源的中微子而言，是最靠谱的做法。

这就是“挖坑”的由来。那么，为什么又要“灌水”呢？

且听我慢慢道来。

想要中微子与原子核反应，必须让中微子击中核内的中子或质子才行。难度在于，子弹和靶子都忒小。有多大难度呢？还记得美国宇航员扔在月球上的那片羽毛吗？就算你能在地球上用手枪射中那片羽毛，中微子也不能击中原子核，它的难度比你大。

而想要打中靶子，有 3 种办法：① 瞄得够准，这个我们做不到，因为核裂变时，原子核上不能安瞄准镜，连枪管都没有；② 子弹够多够密，这个可以有，“刷屏”那一招就是；③ 靶子够多够密，这个必须有，在月球上铺满羽毛，铺得越密，命中率就越高。

所以，所谓中微子接收装置，其实就是尽可能多、尽可能密地集中原子核当靶子。而我们选用的这些原子核靶子，是以液体的形态存放在罐子里，称之为“灌水”，一点也不冤吧？

1956 年，美国物理学家弗雷德里克・莱因斯完成了这个实验。他用三个“闪烁液体”计数器夹着两个容器，容器里灌满氯化镉溶液。射线能让闪烁液体发出荧光。中微子射中原子核时，发出的频闪很有特异性。莱因斯做到了，这个实验第一次证实了中微子的存在。此时距离泡利预言中微子，已历时 26 年。莱因斯和马丁・佩尔分享了 1995 年的诺贝尔物理学奖。佩尔是美国物理学家，他获奖是因为发现了轻子。

此后，随着技术的提高，靶子越来越密集，越来越好用，以至于不用人工“刷屏”，也能观测到中微子了。不过，需要下功夫守株待兔。

20 世纪 60 年代，美国物理学家在一个深达 1 500 m 的矿井中，安装了一个储液罐，这个罐子有多大呢？它灌了400 m^3 的四氯乙烯溶液。这个设备用来观测太阳产生的中微子。

中微子，我跟你耗上了！

理论预测：当太阳中微子击中氯37原子核时，它将被核内的中子吸收，然后中子变成一个质子，同时放射出一个电子，于是，氯37华丽变身，变成了氩37。

科学家只要数数罐里到底有多少个氩37，就知道罐里的物质吸收了多少个中微子。

根据计算，在这里守株待兔一年，除去其他来源的中微子，只算太阳产生的中微子，每年应该可以数到180多个氩37。

为了得到足够精确可靠的数据，这个实验进行了25年！

这25年所得到的数据，虽然只填了一页半纸的表格，但它的权威性毋庸置疑。

令科学家们吃惊的是，这个表格显示的吸收的中微子数，只有理论值的三分之一！

另外三分之二的中微子哪儿去了？

这就是著名的“太阳中微子失踪案”。

此案非同小可，搞得物理界沸腾了好一阵子，差点为这事修改了太阳模型。可是，把太阳模型修改到符合中微子的观测数据后，其他观测结果都纷纷表示不爽，没一个保持一致的，所以不了了之。

经过几番折腾，物理学家突然发现，这个中微子原来就是传说中的“白骨精”——它会变！在从太阳到地球这8分钟的旅途中，它不厌其烦地在三种不同的状态之间往复变化。而我们以前认识的中微子，只是其中的电子中微子，后来科学家发现，它还有另外两种状态：μ中微子、τ中微子。

别看形态各异，其实，美少女、老婆婆、老翁都是她自己！科学家们把中微子这种折腾没够、来回变化的特性叫作“中微子振荡”。

这时，已经是20世纪80年代了。在此之前，物理理论假设中微子的静质量为零，速度是光速。

现在，中微子这一振荡，科学家们突然意识到，三种（电子、μ、τ）中微子的静质量应该是有差别的,否则不会相互转换。静质量有差别,翻译过来就是说,它们的静质量不可能都等于零。

不等于零,那等于多少呢?到现在也没测出来。如果它有静质量的话,那太微弱了,比电子的静质量还要小很多。不过,不管这个值有多微小,只要有静质量,它的速度就不能超过光速。这是狭义相对论定的铁律,要么你就遵守,要么你就推翻我。

根据狭义相对论,中微子的质量越小、越接近零,它的速度就越可能接近光速。多年来,科学家们也确实发现,中微子的速度跟光速还真是“差不多”。中微子以接近光速运动,已成为物理界的共识。

实际上直到现在,中微子的静质量是不是零,还没有定论。也就是说,中微子的静质量问题,到今天也是一个前沿课题。

话说回来,失踪的三分之二中微子被找到了。科学家们很欣慰。

太阳也长舒一口气,它的模型不用改来改去了。

自从中微子可以被捕获,人类就又多了一双千里眼。此前,我们更多是通过包括光在内的各种电磁波来观测天象,现在,中微子也可以用来观测遥远的天体。

如果有人问,太阳内部产生的光和中微子,哪个先传播到地球,你会怎么回答?

一般情况下,我们给出的答案应该是光先到地球,因为光速最快嘛。

但是,这道题答错了。

光速最快不假,它从太阳表面到地球只需 8 分钟,但光子参与的相互作用多。从它在太阳内部诞生时起,光子所到之处,无不迎来送往,应酬频繁,反复被途中的粒子拥入怀中,再一脚踹出。太阳的半径达几十万千米,这就意味着,一个从太阳核心产生的光子,至少要经历几十万千米长的粒子队列的迎送、拥踹,这一趟下来,少则要一万多年,多则可达十几万年,因为光子被粒子抱过后,不一定都是朝太阳表面的方向踹出。可见,沉迷于虚浮的迎来送往、逢场作戏,即使是宇宙最强的光子,也照样被拖得效率低下,何况平常之辈乎?

中微子的优势在于,它一旦产生,就立即出发,毫无挂碍。对我们观察者来说,它来得相当及时,这是因为它不与一般物质发生反应,少了纠缠不清,从不拖泥带水。

所以,我们看到的太阳光,可能是一万年至十几万年以前产生的,而观察到的太阳中微子,我们能断定,它的出生时间不会超过13分钟。

所以,中微子的信息传递是实时传播。对恒星发射的中微子进行探测, 可以获得恒星内部的某些信息。科学家们怎么会放过如此好用的工具? 于是,中微子天文学应运而生。

1983年,在日本岐阜县神冈矿山的一个深达1 000 m的废弃矿坑中,东京大学建造了一个大型探测器,名曰:超级神冈探测器。它在建造之初,只是为了观测质子衰变现象。1985年,探测器进行了扩建,灵敏度大大提高。它的主要部分是一个高41.4 m、直径39.3 m的大罐,灌水5万吨——这次真的是灌水,高纯度的水。

我们知道,光速虽快,但光进入某些介质中,就会减速。比方说,光在纯净水中的速度,是22.5万千米/秒,减速很明显。

但有些东西在水里不减速,或者减速没那么明显,于是,这些东西一下水,其速度PK掉光速,是不在话下的。就像“浪里白条”PK“黑旋风”那样,岸上一个样,水里又一个样,所谓此一时也,彼一时也。

1934年,苏联物理学家帕维尔·阿列克谢耶维奇·切连科夫发现,在介质里,运动比光还快的东西,会拖出一种电磁辐射——蓝色辉光。这种辐射,就叫“切连科夫辐射”。这个大水罐,就是通过观测切连科夫辐射,来观测高速粒子的。

切连科夫辐射

在这个大罐的内壁上,安装了约13 000个光电倍增管,一看名称就知道,这东西能把罐内发生的光电效应成倍放大,以便观测。

一个右臂有些残疾的老人在苦苦地等待。他就是日本物理学家小柴昌俊。

他知道,这个超级探测器不仅可以观测到质子衰变,还可以观测中微子。如果银河系哪个超新星爆发,神冈探测器就能捕捉到它发射来的中微子。但是,他也知道,在银河系,这种事平均30年左右才会发生一次。而他,已经快到退休年龄了。

不过，他也清楚，超新星爆发这种事，不像日升月落那样精确，30 年是平均值，不是规定值。所以，他决定：等。

16 万年前，大麦哲伦星系，一颗恒星走向生命的末端，回光返照是一场华丽的爆炸，明亮已极的光芒让整个麦哲伦星云瑰丽灿烂起来，仿佛在向宇宙诞生的那一刻致敬。这就是传说中的超新星爆发。

辉煌的代价，是整个生命。

但是，整个生命，却未必换来片刻辉煌。

小柴昌俊的整个生命已经燃烧了大半，辉煌依然遥不可及，越来越多的白发却毫不客气地提醒他：照照镜子去吧，你的皱纹又多了！

探测器扩建已经一年多了，1987 年新年的钟声已经敲响，离退休还有不到 3 个月了。在漫长的等待中，小柴昌俊开始为自己的退休时间读秒。

离退休时间只有 1 个月了！

格林威治时间 1987 年 2 月 23 日上午 7 点 35 分 35 秒，探测器观测到 1 个中微子匆匆飘过，在接下来的 13 秒钟内，又有 10 个中微子默默飘过。13 秒钟观测到 11 个！这是有多密集的中微子暴才能达到的捕获频率啊！估计值是 1 cm^2 有 100 亿个中微子！与此同时，地球上另外两座中微子探测器也分别探测到 8 个、5 个中微子。

3 个小时后，大麦哲伦星系超新星爆发的光线来到地球。

咦？光居然比中微子迟到 3 小时！为什么？

难道中微子超过了光速?!

16 万年前，智人才刚刚诞生，对人类而言，那是远古的远古。整个人类的文明史也不过几千年。

3 小时，对一个人而言，也没什么了不起。我们随随便便一个会议，就能让 3 小时生命在不经意间溜进不可回收的垃圾箱。

在漫长的 16 万年里，3 小时，实在是太短太少了！何止跟没有一样，简直就是没有，完全可以忽略不计。

然而，这是一场与光速的赛跑，你落后多少都很正常，但超过 1 秒就是惊天大事。

所以，先到 1 秒，也是先到。

所以，这 3 小时，让科学家们狠狠地震惊了一把。

但随即，科学家谨慎而理智地判断，这大约是那颗超新星爆发时，先发射了低调的中微子，尔后才发出了超炫的光子。具体过程是：

超新星爆发前，按照广义相对论的吩咐，星球内核引力坍缩，温度激增。在大约 1×10^{11} ℃的高温撩拨下，质子与电子把持不住了，它们幸福地结合成中子，生出大量中微子。你知道，中微子一出生，就出发了，以它最快的速度。

这一系列反应，产生强大的激波，以匪夷所思的速度激动地向外猛烈扩散。

在星球外层围观的物质没学过广义相对论，不明真相，一点心理准备都没有，猛然被加热到几十万摄氏度，一时不知如何是好，只好猛烈爆发，发出大量的光辐射。

激波从核心传到表面所用的时间，大约就是 3 小时。

如果把爆发比作起跑的信号枪，那么，中微子是在信号枪响之前 3 小时起跑的，抢跑犯规了！

不过，根据狭义相对论，假设中微子有质量的话，那么，无论如何，它也该比光速慢一点点。这一点点，经过 16 万年的积累，那区区 3 小时的优势，就不是什么优势了。不信我们可以算一下，光速每秒 299 792 458 m，假设中微子的速度每秒比光速慢 1 m——这个数对于光速来说，是一点点吧？那么，16 万年，一共慢 5 049 216 000 000 m，中微子用每秒 299 792 457 m 的速度跑，需要跑 16 842.4 秒—— 4.7 小时。也就是说，即使中微子先跑 3 小时，到最后，它也会比光晚到(4.7 - 3)小时 = 1.7 小时。

就算它与光的速度再接近一点点，也不应该比光早到 3 小时，除非，它没有静质量，速度等于光速。当然，如果它的质量无限接近于零，它的速度就有可能无限接近于光速。

关于中微子比光早到 3 小时，本人私下分析，也可能另有原因。所谓太空，也不是完全真空，难免漂浮着细小的尘埃和微小粒子，虽然极其稀薄，但经过 16 万光年漫漫长路的积累，这些尘埃、微粒收集起来，相当于多大一块玻璃啊！因此，光在这 16 万年的旅程中，也可以看作是在接近真空的介质中穿行，而在这些介质中穿行，光要减速，中微子是不减速的。这样算起来，16 万年晚到 3 小时，就是再正常不过的事了。

16 万年前，遥远的麦哲伦星系中，一颗毫不起眼的恒星的一次终极绽放，历经 16 万光年的漫漫长路，赶在小柴昌俊退休前的一个月，与他完美邂逅，成就了一段传奇。

这真是上帝精心准备的一份厚礼！包装有 n 层，小柴昌俊拆了大半辈子，当最后一层包装纸揭开的那一刻，耀眼的光芒令小柴昌俊几乎不敢相信眼前的一切，他怕自己被突如其来的幸福击倒。

2002 年，76 岁高龄的小柴昌俊获得诺贝尔物理学奖，获奖理由是“在探测宇宙中微子方面所做出的先驱性贡献”，他的获奖感言是“我实在是太幸运了”。各种大奖都一发不可收拾地投向小柴昌俊的怀抱。

很多人也都认为，小柴昌俊实在是太幸运了。

但是，繁华过后，冷静下来的小柴昌俊扪心而问：为了迎接这短短的 13 秒，我准备了大半辈子，任生命流浪到绝望的边缘，她才姗姗走来，我都搞不清，这是不期而至，还是如约而至？这样的一生，能用“幸运”两个字一写了之吗？

不管怎么说，这项观测结果开辟了“中微子天体物理学”这一全新领域。人类伸向宇宙深处的触角，又增添了美妙的一根。

对了，那颗超新星，华丽消逝 16 万年后，人类给它起了个干巴巴的名字：SN1987A。

无论是天才降世、恒星爆炸，还是冬绽海棠、六月飞雪，大惊小怪的永远只是人类自己。时间继续飞逝，太阳照常升起。

转眼间，又到了我们前面提到的 2011 年 9 月 22 日。《自然》杂志网站说，中微子超光速了，是欧洲核子研究中心（CERN）干的。

尽管它是世界上最大、最权威的粒子物理学实验室，科学家们听到超光速的消息时，第一个反应仍然是：有冇搞错？！

围绕“有冇搞错”的问题，全球物理界、新闻界、民科界、评论界、围观界、酱油界各界人士娱乐了半年，娱乐界表示压力山大。

那么，CERN 到底有冇搞错呢？我们现在就加入娱乐大军，八卦一下事情的内幕。

话说 CERN 所做的这个实验，叫作 OPERA 实验，OPERA 就是“乳胶寻迹设备的中微子振荡实验项目”的英文简称。这台“乳胶寻迹设备”位于意大利中部山区的格兰萨索实验室。这个实验本来不是为了测中微子速度的，而是为了检测中微子振荡现象的。

大概做法是，用 CERN 的超级质子同步加速器，产生高强度、高能量的 μ 中微子束，射向格兰萨索实验室。

格兰萨索实验室的“乳胶寻迹设备”接收中微子，检测中微子振荡现象。

发射设备和接收设备之间的距离大约 730 km，误差只有 20 cm 左右。

后来，这个实验取得了突破性成果，他们果然从 μ 中微子束中，首次观测到了 τ 中微子的魅影。2010 年 5 月 31 日，OPERA 兴奋地公布了他们的战果。

我们知道，“可重复”是科学的基本特征，那些 τ 中微子说不定是从别的什么地方混进来的。所以，这个实验不是做一次两次就可以万事大吉的。

于是，接着实验。

在 2011 年的实验中，实验小组意外地发现，中微子比假定其为光速时早到了一亿分之六秒，也就是 60 纳秒。这是一个极其细微的瞬间。但是，正如前面所说，只要是超过光速，再小的值也是大事件。因为，如果中微子超光速被验证是事实，那么说明相对论是错误的，或者是有漏洞的，需要推翻重建，至少也需要进一步修订——这可是整个现代物理的两大支柱之一啊！

即使如此，一个科学理论被证明是错误的，也没什么稀奇，要命的是，在此之前，这个理论被无数次证明是正确的！

但话又说回来，相对论就算对其他所有事物都适用，只要对中微子不适用，那就必须毫不犹豫地进行修改，或者推倒重建。这就是科学。

不破不立。推倒任何一个科学理论，都是一件好事，因为，既然找到了旧理论的漏洞，也就找到了开创新理论的突破口。这里的前提是，正确地找到错误。或者说，错误找对了才行。

所以，对中微子超光速，科学家们都很慎重，包括相信的和不信的。

我们听听各方大神的看法。

日本名古屋大学的副教授小松雅宏参加了这个实验，并在发布中微子超光速的论文上署了名。他说："没人能像我们这样，使用加速器进行实验，感觉到相对论就在身旁，就像是亲自触摸到相对论的正确性。但是这次，实验结果却是'中微子到达时间比它以光速行进提前了 60 纳秒'，而且不可能是观测的错误或者误差造成的。"重点在最后一句。

小松副教授透露，他们为了减少误差，做了大量细致的工作，他们专门请意大利、瑞士的高手来协助测距和对表。为什么没请牛郎、织女呢？因为他俩的护照办不下来，所以哪儿都去不了，只能在咱国过两地生活，隔着天河用眼神沟通，那个词叫什么来着？道路以目？不，怎么能这么说话呢，那叫眉目传情。

小松在名古屋大学的同事、一起参加这个实验的副教授中村光宏表示，一开始，他们自己也认为肯定是搞错了，因此，实验小组从 2012 年 3 月开始，用了大约半年时间，重复进行了实验。他说："我相信这次的结果是正确的。"

但另外一些科学家表示怀疑。在第一次公布结果时，参加实验的多数成员拒绝在论文上签名，他们表示，这事儿要进一步验证才行。不管结果怎么样，这种不盲从的精神很值得我们学习。

CERN 的理论家阿尔瓦罗·德·鲁尤拉表示："这是一项令人震惊的结论。

我们应该自问什么地方出现纰漏，这才是一种正确的态度。”

其他一些研究组织也表示，要反复实验，再现实验结果，并寻找潜在的实验失误。

在这个实验中，要确保结果精确，必须保证两个关键值的测量是精准的：空间尺度、时间尺度。实验小组解释道，他们所用的精密测距设备，是全球卫星定位系统（GPS），误差是前面说过的 20 cm 左右，够精准。而对时间的测量，用的是原子钟，发射方、接收方两地的钟，对时精度非常高，误差仅为 1 纳秒，也就是十亿分之一秒。

实验小组还强调，为了确保精确，他们还考虑了观测设备之间的电缆传输信号所花的时间，以及可能存在的误差。这样算起来，所得到的中微子飞行时间，误差不会超过 10 纳秒，也就是一亿分之一秒。

距离和时间的精度足够，那么，距离除以时间，得到的速度值，也就足够精确了。

然而，霍金、丁肇中等著名物理学家对此深表怀疑。

霍金听到这个消息想了想，调皮地歪着脑袋说：“目前对中微子发表评论言之过早，还须进行更多实验及澄清工作。”

萨里大学物理学教授阿哈里里表示，中微子超光速？有可能，但更可能是数据出错。

澳洲物理学家科斯特拉也表示，答案可能跟 1＋1 为什么不等于 2 是一样的：因为算错了。

除了口头表示怀疑外，科学家中的文艺青年短短几天就写了几十篇论文，其中不乏诺贝尔奖获得者。

一些科学家很坚定地说，肯定是 OPERA 实验错了。

诺贝尔奖获得者格拉肖在论文中说，如果中微子超过了光速，它的能量会在飞行过程中损失，实验结果会自相矛盾，建议重复实验以检验该结果。

诺贝尔奖获得者鲁比亚也建议其他实验室验证这个结果。

夏威夷马诺大学的中微子物理学家约翰·莱纳德表示，该实验在时差测算中，可能依然存在深层次的系统错误。

还有的科学家认为，中微子可能是走高维空间的捷径，抄了近路，才导致提前到达。这样一解释，相对论仍然是对的，这个实验结果也是对的。你好我好全都好，大家好才是真的好。

一些科学家想到了SN1987A，也就是大麦哲伦星系的那颗超新星，他们说，如果中微子的速度真的像OPERA实验结果那样，730 km快60纳秒，也就是比光速快0.002 5%，那么，SN1987A发出的中微子，应该比光先到4年才对。这样一比，那3个小时还不够塞牙缝的。

面对诸多口水，OPERA实验组的负责人安东尼奥·埃雷迪塔托表示，他的研究小组用了大约6个月时间，试图解释中微子为啥就会超光速，但没啥结果。“我们无法用系统误差解释这一发现。测算结果表明中微子的速度超过光速。”他说，“今天，我们只是将这一异常发现告诉你们。”意思很明确，反正实验结果就是这样，信不信由你。

不管怎么说，任何结果必须经过反复验证才行。众说纷纭间，大家都很期待下一次的实验结果。

一些科学家相信实验结果没问题，他们认定是相对论错了，光速是可以超越的，并断言，虽然9月公布实验结果时，大部分OPERA成员不愿在论文上签名，但是，在第二次实验论文上，人们将看到全体研究成员的签名。

后来证明，这个说法是对的，但只对了一半。

在期待与彷徨中，在兴奋与焦虑中，在淡定与纠结中，在围观与酱油中，纤尘不染、自由来去的中微子被审视、被娱乐，经历了人间百态。

人间悲喜，无关寒暑。

转眼之间，2011年11月带着凛冽的寒风降临欧洲，而从这里发出的新消息，却让中微子的热度激增：实验的结果出来了，中微子还是超光速！

冬天里又火一把。这样火了一把又一把，让人情何以堪啊。

为了让实验结果更精准更可靠，这次实验，研究人员改变了做法，他们以极短的频率发射中微子，每次间隔只有3纳秒。

OPERA表示，他们这次采用新做法，并对数据进行周密分析，现在，这个实验的误差已经微不足道了。

OPERA的负责人之一、来自法国里昂核物理研究所的达里奥·奥蒂耶罗说：“这次略好于之前的结果。”他还说，上次OPERA的多数成员曾拒绝在最初的论文上签字，他们需要反复检验实验结果，不过现在，他们都签了字。是啊，作为实验小组的成员，看着自己亲手得到的两次相同的实验结果，怎么能不签字呢?

一片欢呼,来自多年来坚持不懈用各种哲学反对相对论的民科界。

我 n 年前就说相对论是错的,你们就是不信,说什么所有证据都表明相对论是对的,这次呢?看看中微子,苍天啊大地呀,这是哪个神仙姐姐给的证据啊!太给力了!一时间,锣鼓喧天、鞭炮齐鸣、红旗招展、人山人海,泪飞顿作倾盆雨。

然而,想要得到主流物理学家的认可,谈何容易?!大部分物理学家还是顽固地认为,这事儿不太靠谱。

荷兰格罗宁根大学物理学家罗纳德·范·艾尔博格认为,OPERA 其实犯了个简单的错误:没有考虑 GPS 时钟的相对论运动。

OPERA 使用时钟同步的全球卫星定位系统,也就是 GPS 来测距。卫星信号以光速传播,且与卫星运动速度无关。但由于卫星在不断运动,所以在卫星参考系看来,中微子飞行的距离,小于中微子发射和接收设备的实际距离。而 OPERA 是以地面参考系为准的,因此忽略了这个效应。

艾尔博格计算了卫星飞行高度、轨道周期、轨道与地球赤道平面夹角等无比复杂的数据,结果显示:OPERA 的实验有 64 纳秒的误差。

CERN 的鲁尤拉认为,实验结果只能有两种解释:

① 实验者尽管偶然,但确实完成了一项革命性的伟大发现。

② 实验者选择相信中微子超光速,但这两次实验,都存在着没被发现的同一个错误。

不幸的是,第二条被言中了。

当地时间 2012 年 2 月 22 日,美国著名期刊《科学》杂志网站报道,OPERA 有关中微子超光速的实验中,实际上是电脑与 GPS 信号接收器之间的光缆连接松动造成了 60 纳秒的延时。GPS 信号接收器的作用,就是对中微子的飞行时间和电脑电子卡的时间进行校正。本来,各个环节设定都相当精密,结果接头一松,悲剧了。别说,还真跟 GPS 有点关系。

玩笑开大了。一个接头松动,忽悠了全世界!蝴蝶效应算什么?接头效应一出,蝴蝶之类都是浮云!可见,高精尖固然重要,机房检修也很重要。该提高布线技工的待遇了。

这个失误实在是太隐蔽、太意外、太狗血、太弱智。中微子表示伤不起。

不过，在其他实验室拿出实验结果之前，这个失误发现得还不算晚。把那个接头搞定后，中微子就再也没超过光速了。

其实，中微子还是那个中微子，速度还是那个速度，折腾的只是人类自己。

CERN 实验室的另一个实验团队 ICARUS 实验组也开始了中微子测速实验。这次检验，由著名粒子物理学家、1984 年诺贝尔物理学奖获得者卡罗·鲁比亚领导。2012 年 3 月 15 日，ICARUS 宣布，他们测得的中微子速度与光速相同。鲁比亚说："没超光速，俺还能说啥？"跟着，鲁比亚又说了句："我琢磨着，爱因斯坦会赞同我们的实验结果。"这句话被多家媒体引用。

鲁比亚

2012 年 4 月 2 日，中微子超光速的异常实验结果已确定有误。由于团队的委员会通过了"不信任投票"，实验团队的两位领导自动辞职。

那么，被光缆接头忽悠了的 OPERA 团队成员现在作何感想呢？

安东尼奥·埃雷迪塔托说："我们对新成果表示欢迎。这结果符合我们最近的调查结论，也就是一些实验装置的组件可能出了差错。"

有人问道："你们对此是否感到失望？"

埃雷迪塔托说："这是科学在走的路。最重要的是，科学知识在全球取得进展。"

美国福克斯新闻网报道这事儿时，也拿小爱说事儿，给出的标题是《爱因斯坦可高枕无忧》，文中调侃道："现在爱因斯坦在九泉之下可以松一口气了……"

其实，了解小爱的人都知道，他只有在记者的围追堵截下突出重围时，才会松一口气，并不会因为中微子超不超光速倒吸一口气或长松一口气。

祥林嫂说过，爱因斯坦对相对论、量子论的不满，早就溢于言表了，因为它俩之间不和谐、不相容，所以，一定都有缺陷，一定都不是终极理论。对爱因斯坦这个超级天才来说，这是不能容忍的。所以，他才会豁出去宝贵的后半生时间，去搞统一场论。可惜的是，那时，人类还只知道有引力和电磁力，不知道有弱力和强力，所以小爱必然不能获得成功。这是他一生最大的遗憾。

现在，如果真是发现了超光速的物质，我们就找到了创建新理论的突破口。这对我们来说，是好事。对小爱来说，也是喜闻乐见的事儿。

中微子是目前人类了解最晚、最少的基本粒子。它无形无迹，无声无息，却又无处不在，无所不“通”。它极速穿越，不知疲倦，潇洒自如。中微子可以穿透任何物质，难以被捕捉和探测，被称为宇宙中的“隐身人”“幽灵粒子”。

别看中微子“人微身轻”，大量谜团的包装却让它神秘无比：

它的质量还是个谜，是大是小？有还是没有？

一般粒子与它自己的反粒子，所带电荷正负相反，而中微子不带电，那么，它的反粒子是它自己，还是另外一种粒子？

关于中微子振荡，还有两个参数没测到。这两个参数，很可能跟宇宙中的反物质缺失之谜有关。

中微子有没有磁矩？

……

不管中微子超没超光速，现在，它已然成为粒子物理、天体物理、宇宙学、地球物理的交叉领域兼热点领域，科学研究的新宠。

到这里，中微子的故事暂时告一段落。

5 宇宙在召唤

借着四维时空坐标，我们回到伟大的 1905 年，回顾一下那 6 篇论文。其中两篇是相对论范畴的，已经说得很详细了，这里按下不提，咱说另几篇。

我相信，前面一串串巨牛无比的科学理论，已经把大家的神经搞得很麻木了，经历了它们，这世界上似乎没什么大事了，但，这几篇的确值得我们关注。

爱因斯坦拿了其中分量最轻的一篇——《分子大小的新测定法》，作为申请苏黎世大学博士学位的论文，他成功了。他成了小爱博士。

《热的分子运动论所要求的静止液体中悬浮粒子的运动》《关于布朗运动的理论》，这两篇与上面那篇《分子大小的新测定法》都是关于分子的论文，这三篇论文本身的贡献有多大就不多说了，我们从侧面来看：佩兰在物理学领域验证了爱因斯坦的理论，斯维德伯格在化学领域验证了爱因斯坦的理论，他俩因此分别获得了 1926 年的诺贝尔物理学奖和化学奖。

《关于光的产生和转化的一个启发性观点》，提出光量子概念，给出光子能量公式 $E = h\nu$，完美解释了光电效应。光电效应是物理学中一个重要而神奇的现象，在光的照射下，某些物质内部的电子会被光子激发出来而形成电流，也就是“光生电”。虽然光电效应是德国物理学家赫兹发现的，但正确的解释是爱因斯坦给出的（这非常重要，他因此获得 1921 年的诺贝尔物理学奖）。科学家们对光电效应的深入研究，对发展量子理论起了根本性的作用。而我们知道，量子理论是现代物理学的两大基石之一，另一大基石我们也知道，它是爱因斯坦的相对论。

重提这些陈年旧事的原因是，当年狭义相对论受到关注，很大程度上是托了它们的福。

爱因斯坦的狭义相对论发表后，没有理所当然地引起强烈反响，也没有谁感到很振奋。人们对这篇奇文只有一个态度：不信。

想想啊，连洛伦兹、庞加莱这两个已经十分接近相对论的天才都不信，还有谁具备这个眼力和深度？

我们前面已经说过，还真有，普朗克注意到了他的文章。这个世界最可恨和最可爱之处就是——什么人都有。

普朗克认为，爱因斯坦的这一贡献可以与哥白尼相媲美。由于普朗克的推动，加上爱因斯坦在光电效应、分子、原子研究等方面的贡献,爱因斯坦才开始受到了学术界的注意,狭义相对论随之被人注意起来,并成为人们研究和讨论的课题。

这个过程也比较漫长。

1907 年,朋友建议爱因斯坦提交《论动》给瑞士苏黎世联邦理工学院,申请编外讲师职位。爱因斯坦照做了,但得到的答复是:论文无法理解。

那时,爱因斯坦在德国物理学界已经很有名气(得益于另几篇论文),许多有名望的人纷纷表示,联邦理工学院的这个答复,比那篇论文更让人无法理解。

1908 年,爱因斯坦终于得到了编外讲师的职位。他终于可以名正言顺地做学问了。

1909 年,爱因斯坦当上了副教授。

1912 年,爱因斯坦当上了教授。

1913 年,爱因斯坦应普朗克之邀,担任柏林大学教授,还顺便当了个干部——威廉皇帝物理研究所所长。

你侬我侬,忒煞情多;
情多处,热如火。
把一块泥,捻一个你,塑一个我。
将咱两个一齐打破,用水调和。
再捻一个你,再塑一个我。
我泥中有你,你泥中有我。
我与你生同一个衾,死同一个椁。

时间与空间是一回事,速度与质量是一回事,质量和能量也是一回事。一些看似八竿子打不着的东西之间,关系瓷实着呢,分不清你我。

在广义相对论时我们还会发现,时空与能量、动量之间,也存在着深刻的联系。

空间和时间随物质运动而变化,质量随运动而变化,质量和能量相互转化……高速运动时,钟表变慢、尺子缩短、质量增加……这些结论,用牛顿力学完全不能理解。但,狭义相对论并不是与牛顿力学势不两立的。当运动速度远低于光速时,它俩的结论就没什么区别,也就是说,牛顿力学是狭义相对论低速下的近似。

这些思想,我们一时接受不了很正常,因为它不那么容易被掌握,很多物理学家也是花了很多年时间才能够接受相对论。可见,能够孕育出相对论的大脑，其想象力是多么的超凡脱俗。

What？你已经接受了？额滴神啊，赶快恭喜一下你自己吧，居然没让“标准答案”把思想统一掉。如此说来，我们可以继续讨论下去了！

历史发展证明，狭义相对论大大推动了科学进程，成为现代物理学的基本理论之一。

那么，这样是不是就像会议那样，获得圆满成功了？

当然不！

咱俩还有很长的路要走。前方，峰回路转之处，有多少未知和惊喜？那无限风光，又是怎样的动人心魄？

想去吗？来，让我牵着你的手，或者，让你牵着我的手，一起出发吧！

第十二章 广义相对论（上）

山重水复

1　一个矛盾与一个 BUG

话说 1905 年，爱因斯坦挑战物理帝牛顿成功，成功晋级为被挑战对象，被各种人挑战至今。

挑战者中有数学家、物理学家、哲学家、神学家、民科等，但无论是正规军、游击队、预备役，还是绿林好汉、江湖郎中、大神半仙，至今无一挑战成功。

不同的是，业内挑战者越来越少，业外挑战者却前赴后继。

这些业外挑战者的结论各有不同，但有一点惊人相似，那就是都宣布自己成功了。他们深信，人有多大胆，地有多大产，只要把脑袋埋在沙子里，宇宙就和谐了。读少想多，概莫如是。当然这些都是后话，不提。

这里要说的是，为什么会有这么多人来挑战呢？刨除追寻更靠谱理论的业内人士不说，单说其他人士：

一个重要的原因是，一旦挑战成功，金钱就会像滔滔江水连绵不绝，荣誉地位就会像黄河泛滥一发不可收拾。

另一个重要原因是，狭义相对论的结论与我们的日常经验太不相符了。你不承认它吧，理论与实际闹别扭；你承认它吧，自己和自己闹别扭。

怎么别扭呢？

牛顿理论体系跟我们的日常认知和经验相符，所以《自然哲学的数学原理》（以后简称《原理》）诞生后，它迅速得到各方面的广泛接受和认同，大家看了，是“原来如此”的感觉，而狭义相对论与日常经验相悖，人们看了是“岂有此理”的感觉。

狭义相对论颠覆了牛顿时空观，用全新的时空关系、质速关系、质能关系，向人们展示出一个全新的世界。

它成功地解释了为什么光速对所有观察者都是一样的，还成功地描述了当物体以接近于光速的速率运动时会发生什么。这给当时陷入尴尬的理论物理学界开启了一扇光明之窗。

尽管多数人并不理解它，但它与实验、观测如此相符，由不得你不信。

然而，即使与观测相符，也不是全盘通吃的。

因为它还存在一个很大的问题：它和牛顿引力理论不相协调。

为什么一定要和牛顿引力理论相协调呢？

因为描述自然、宇宙问题，是离不开引力的。而那时，在引力理论方面，牛顿引力理论是最牛的——与观测最相符。

狭义相对论在解释运动、时空关系等方面更靠谱，而牛顿引力理论在解释引力方面更靠谱。

什么意思呢，打个不太恰当的比方，人家牛顿引力理论是套装，虽然上身很紧，扣子都系不上，但好歹穿上能出门；你狭义相对论虽然大方合体，雍容华贵，但是只有上衣，没有裤子，想出门还得混搭牛顿引力理论的裤子。

所以呢，如果狭义相对论与牛顿引力理论相协调，它们就可以成为一个“统一的理论”，大家都能站住脚，混搭成功，皆大欢喜；如果狭义相对论与牛顿引力理论不相协调，也就是说爱装和牛裤不搭，那就必须建立这样一套引力理论：它与牛顿引力理论有一拼，与狭义相对论又成一套。这样，狭义相对论才能站住脚，而牛顿引力理论就退居二线，甘当新理论的“一级近似”，发挥余热。

那么，它们搭不搭呢？当然不搭。

因为这两个理论的基础概念不同，比方说空间啊、时间啊等等，这是根源上的不搭，就好比羊皮大袄混搭小短裙。

但当时的理论物理学界还真就只剩这两件东西可穿了，一件都不能少。

尴尬是尴尬了点，总比穿树叶强。有人开始忆苦思甜。这虽然是一种有效的心理治疗手段，但是，它解决不了现实问题。

根据牛顿引力理论，物体间的引力，其大小与距离关系密切，但它们的传递与距离无关，如果移动一个物体，另一物体所受的力就会立即改变。

这就是说，引力的传递速度是无限的（超距作用），这与狭义相对论的光障理论矛盾。

假如太阳突然消失，牛爷认为，地球立马就得脱轨，而小爱认为，地球至少得 8 分钟后才能有反应，8 分钟以内，它还是沿着原来的轨道公转。

看，分歧不是一般大。

爱因斯坦还发现，除了与牛顿引力理论闹矛盾之外，狭义相对论自身还存在一个较大的 bug，说起这个 bug 的根源，还是在于它没有彻底解决引力和参考系问题。

还记得三位大师的相对性原理吧？

伽利略：力学定律在任何惯性系中都相同。

庞加莱：运动定律在任何惯性系中都相同。

爱因斯坦：物理定律在任何惯性系中都相同。

瞧瞧，都是“惯性系”。也就是说，三位大师的理论只适用于一种特殊情况：匀速直线运动，也就是惯性系。

如果速率、方向发生了改变（非惯性系），他们的理论——当然包括狭义相对论就不成立了。

在惯性系中，狭义相对论所向披靡，不仅能够解释低速运动，还能够解释牛顿理论无法解释的高速运动。

但是，狭义相对论没有解决加速度的问题，而在自然界里，受错综复杂的各种力的相互影响，物体运动都有加速度，基本上不存在什么匀速直线运动，所以很难找到真正的惯性系。

是不是开始迷糊了？

还是请牛郎、织女这两口子来帮咱俩认识这个问题吧，反正他俩闲着也是闲着。

这次实验需要他俩见面，所以你的任务是把王母的眼睛捂上，台词是：“猜猜我是谁。”以咱俩的名望，我估计她下辈子也猜不出来。所以，牛郎、织女有充足的时间和理由来帮助我们做完这个实验。

牛郎、织女沿着河岸同向、匀速、直线运动。神仙嘛，这个容易。

那么，根据三位大师的相对性原理，这都可以解释，我们可以说是牛郎、织女在运动，也可以说是整个银河在运动。

现在，我们请牛郎、织女从天上降落到人间相会。

牛郎织女从天上降落到人间

怎么降落呢？做自由落体运动就 OK 了。

咱俩知道，由于地球引力，他俩的速度会越来越快。重力加速度嘛。

现在，关键来了。

这时，站在瑶池边捂着王母眼睛的你，以及随着地球运动的我，处于不同的惯性系，这没错吧？

那么，不同的惯性系观测同一个事物的运动，观测结果会有所不同。比方说，观测一列速度是 200 km/h 的火车。你站在铁道边，它的速度是 200 km/h；我坐在反方向行驶、速度 200 km/h 的另一列火车上观测，它的速度就是 400 km/h。对吧？

同理，咱俩观测到的牛郎、织女二人的运动状态，也会不一样，是不？

不一样怎么办？好办。

我们前面说过，不同参考系，可以用洛伦兹变换式来处理一下，就能把观测结果相互变换。嘿嘿，好像不怎么复杂。

很多事情往往是这样，动手做之前，好像没什么复杂的事；动手做起来，又好像没什么事不复杂。

咱俩列式子的时候突然发现，强大无比的洛伦兹变换式不灵了！他俩有加速度，并且，这个加速度对你我都是相同的，都是 9.8 m/s^2！

咦？这可怎么办？

你说看起来没什么大不了的？那是你广告看多了，问题想少了！

这事，还真不好办！

在牛顿理论中，加速度被规定是绝对的。无论观测者的运动状态如何，加速度总是相同的。这样解释看起来好像没问题。

但是，牛郎不干了，他说："别看我也是牛门之后，我也不同意牛顿 DD 的意见，我看织女 MM 就没有加速度。"织女也说："是啊，牛顿叔叔，我看牛郎 GG 相对我是静止的，没有什么加速度啊。"

对啊，他俩一起自由下落，加速度一样，所以彼此看对方是没有什么加速度的！

这就存在地位特殊的参考系了——这个参考系的物理定律与别处不同，为什么?！凭什么?！搞什么?！要知道，搞特殊化，是违反宇宙规律的，不管你是参考系还是参谋长、考官、系主任。狭义相对论对此也没有给出解释。

存在特殊参考系，就破坏了自然的美感，不符合科学规律，必须淘而汰之。科学规律应该是普适的，而不应该在这儿看是这样，在那儿看又是那样。

也就是说，物理定律应当与观测者的运动状态无关。

对于狭义相对论的局限性，爱因斯坦非常清醒，不论从美学出发，还是从科学出发，他都希望物理学彻底摆脱“特殊参考系”这个大 bug 的困扰。

于是，刚刚建立狭义相对论的小爱，没等别人缓过神来，就率先发起了对狭义相对论的挑战。

俯瞰地球，大家忙着理解狭义相对论时，爱因斯坦却忙着构建广义相对论。

这个天才的思想远远地走在了人们前面，他的目标很清晰：给出更概括的理论，它对所有观测者都是一样的，不论其运动状态如何。

但怎么走，才能接近这个目标？没谱。

知道什么是痛苦吗？眼看着，心想着，手够不着，这就是痛苦。

2 等效原理

痛苦的爱因斯坦紧紧攥住那个抓手——引力。

就是引力！引力之于宇宙，胜过钱之于人，它不是万能的，但没有它是万万不能的！

星空灿烂。

爱因斯坦深邃的目光探向更深邃的宇宙，一个声音在脑中回荡：必须要考虑引力，不仅要能解释时间，还要能解释引力！

可是，从何入手呢？没有资料可供翻阅，没有实验可供参考，没有经验可供借鉴，甚至，没有教训可供吸取……

思考，还是思考，只有思考！

思想是自由的，然而，它难以打破我们自身经验认识的壁垒。冲出去，就是另一番天地！但，这要思想的翅膀够硬才行！

一个思想实验，可以连续做几天、几个月，甚至一年、两年……伯尔尼专利局四楼八十六号办公室里，已升为二级技术员的爱因斯坦完成本职工作后，眼望窗外，外表沉静如水，内心如战火纷飞，无数次冲刺，转眼又陷入重围，暗夜中的那颗星，似触手可及，又似远隔几十亿光年。

灵感，就像梦中情人，又像那枝头灵雀，你知道它就在那儿，你为之辗转反侧、魂牵梦萦、痴醉癫狂，却无法触及，那般滋味啊，有词联为证：

卜算子·枝头灵雀

入眼即入心，待近如何近。只恐惊飞杳渺时，举目空遗恨。

忽来亦忽去，将寻为底寻。尤惜巧点灵犀处，开怀更动人。

等等！如果我从这扇窗跳下去会怎样？在下落的过程中，如果我被一个盒子封闭起来，盒子随我一起下落，那么，我无法判断自己是否在下落，但这时，引力在哪儿？

亮了！就是它！

牛郎、织女呢？还没落到地面？那太好了，麻烦你俩回去重新降落一次。

这次我们准备了一部电梯，在电梯地板上放一台秤，让牛郎、织女站在秤上，我们看一下秤的读数，他们的体重和两千年前一样正常。思念，就是最好的瘦身运动。然后，我们让电梯向地球做自由落体加速运动，会发生什么呢？

电梯内，一切如旧，牛郎和织女处于同一参考系，看对方以及其他物体都是静止的。

但有一点不同，他俩发现，随着电梯的下落，秤的读数快速归零，现在，织女MM拔下发髻的金钗，松手，金钗飘在空中，不落向地板。这种状态和在失重的太空没什么分别，重力来自引力，重力消失意味着引力消失。当然，这是以电梯为参考系的情况，在电梯外的咱俩看来，引力依旧，导致他们正在随电梯飞速撞向地球。

Stop！

这个游戏很危险，请小朋友们不要模仿。

OK，牛郎GG织女MM，为了减少交通事故，咱不去地球了。

这回咱离地球远点，还是乘这个电梯，逃出地球的引力场，停下来，对，就是

电梯向地球自由下落

这儿，这里几乎是没有什么引力了。

“和刚才没什么分别啊！”织女 MM 说道。

“是啊，大家都在飘，秤的读数为 0。”牛郎 GG 一贯赞同织女 MM 的任何意见，但这次是心里话。

OK，现在让电梯朝顶棚方向运动，运动的加速度和刚才向下落的加速度一样，会有什么好玩的事情发生呢？

只见所有物品都落到地板上，牛郎、织女站到秤上，秤的读数正是两个人的正常体重之和。织女又拔下一支金簪，松手，金簪毫不犹豫地落到地板上。

“七妹，我们是不是又回到地球上了？又可以我耕田来你织布了？”牛郎 GG 兴奋地叫道。

……

电梯在无引力状态下向上加速运动

其实这种体验，咱们这些凡夫俗子每次乘电梯都经历过，电梯加速上升时我们会有超重的感觉，加速下降时则会有失重的感觉，只不过速度没那么快，效应没那么明显而已。

所以说，这个体验简直太平常了！平常到老少皆懂，妇孺尽知，就像脑袋撞了墙会痛一样，一个小常识而已。

上帝把打开真理大门的钥匙放在我们眼前，可我们往往因熟视而无睹。

没错，是个小常识，但这个小常识到了爱因斯坦这里，意义就完全不同了。

1907 年，经过上面这个思想实验，爱因斯坦在《关于相对性原理和由此得出的结论》一文中，第一次提到“等效原理”：

加速度和引力是等效的。

爱因斯坦说，一个封闭箱中的观察者，不管用什么方法，都无法确定他究竟是静止于一个引力场中，还是处在没有引力场的加速运动中。

爱因斯坦敏锐地觉察到这一原理的重大意义，他说，这是他一生最幸运的思想。他穷追不舍，使“等效原理”的思想不断发展。

嗯？小爱都兴奋起来了，怎么你看起来很淡定的样子？没明白等效原理意味着什么，是吧？

等效原理是广义相对论的第一个基本原理，也是整个广义相对论的核心。

这一思想是伟大的，划时代的，它把看起来八竿子打不着的引力与加速度紧密联系起来，实现了物理规律的又一次统一。

这位同学醒醒，统一耶！统一有多重要，咱前面说过 n 次了，不用再强调了吧？

有了这个思想，我们只要解决了加速度的问题，也就解决了引力问题！

大智慧啊！

3 重新认识一下质量

怎么又转回去了？

没办法，要理解广义相对论，必须搞清楚质量是怎么回事。

日常生活中，对我们这些真呀真高兴的小老百姓来说，质量就是重量，去菜市场，你向同一个卖家买质量为 1 kg 的黄瓜也好，重量为 1 kg 的黄瓜也罢，得付同样多的钱，没什么分别。计量质量的工具，不管是杆秤、磅秤、弹簧秤、天平还是电子秤，都是利用地球引力来计量的。所以这种质量就叫作“引力质量”。

OK，既然说到了黄瓜，那咱就买根黄瓜吊起来推一下，是的，不用大力就能把它推出去，但我们感觉还是微微有些阻力；现在把装着黄瓜的卡车吊起来，推一下，好像推不动哈，阻力太大，拼命推一下，车微微晃了下。这说明两个问题：一是物体反抗我们要给它的加速度；二是物体越重，也就是惯性越大，反抗加速度的力也越大。这个实验，我们在前面和林 MM、姚 GG 做过一次（第五章“运动 VS 力”一节）。这种反抗加速度的质量，叫作“惯性质量”。

那么，引力质量、惯性质量，它俩是什么关系呢？

人们最早发现，引力质量和惯性质量成正比。

后来人们发现，引力质量和惯性质量严格地成正比。

我们选择适当的单位，就可以使物体的引力质量的数值等于它的惯性质量的数值。

勤劳勇敢的人们用秤来计量引力质量，用牛顿定律来计算惯性质量，还做了诸多实验，来测量同一物体的引力质量和惯性质量，然后惊奇地发现：

引力质量＝惯性质量！

起初，人们认为这两种质量只是近似值，随着测量手段精度的提高，人们发现，再高的精度也测不出它俩的差别。匈牙利物理学家厄特沃什·罗兰多年如一日地投身到引力质量和惯性质量测量的事业当中，使测量精度达到十亿分之一，二者还是没差别。现在，测量精度又提高了 1 000 倍，得出的结论是：

这俩质量真相等！

牛顿认为这只是一种有趣的简单巧合，因为用牛顿定律解释不了。

爱因斯坦却认为，这是创建新理论的利器，因为用牛顿定律解释不了。

伽利略同志早就教导我们，两个不同重量的物体，不管是皮球和铅球，还是黄金和羽毛，都会以相同的速度下落。重的物体受到的引力比轻的大，却等速下落，是因为物体越重，对加速度的反抗越强。为了方便叙述，咱造个词，把产生加速度所需的力简称为“加速力”，那么惯性力＝加速力，二者抵消了。

这时我们应该明白了：这是惯性质量和引力质量相等的结果。

这里面其实就暗含了引力与加速度等效的思想。只是当时大家没想那么多。

但爱因斯坦注意到了，导出了“引力与惯性力等效”的等效原理。

引力与惯性力、加速度等效。加速度，是矢量速度，沿着运动方向变化。而狭义相对论适用的惯性系，是匀速直线的，速度是不变的。

那么，在矢量变速中，狭义相对论是不是不成立了？

是，也不是。

这可不是在故弄玄虚。

说是，那是因为狭义相对论本来就只适用于匀速直线运动。

说不是，就有点小复杂了。我们需要把运动细细地分解来看。那么分解到什么程度呢？分解之前，我们分析一下：

由于有了加速度，速度不断发生变化，所以即使是分解成再小的一段距离，它也是有变化的。那么，我们只好把它分解到“最小”，只看加速度运动区域的一个点，在这个点上，物体运动的速度和方向都只有一个，也就是所谓“匀速直线”。

所以，在加速运动的一个点上，狭义相对论成立！

引力质量、惯性质量势均力敌

在时空区域中,一个点内的引力场,可以等同于惯性参考系去描述,而狭义相对论在这个"局域的惯性参考系"中完全成立。

有了这个思想,狭义相对论就成了这个新理论的一部分。这就是"强等效原理"。

上面说到的那个等效原理,当然只能叫"弱等效原理"了。

还记得相对性原理吧:物理定律在任何惯性系中都相同。

有了等效原理,爱因斯坦把相对性原理又推进了一步:物理定律在一切参考系中都相同。

这就是"广义相对性原理"。那么,原来的那个相对性原理,只好叫作"狭义相对性原理"了。

这是一个质的飞跃,物理定律从此不再受参考系的制约,无论你是直线的、曲线的,还是匀速的、加速的,都没关系,到爱因斯坦这儿,都一样。

物理定律要终结参考系的束缚,太牛了!这是一个多么伟大的构想啊!

我们期待已久的又一次科学理论大统一,由此拉开序幕。

但爱因斯坦清楚,得到一个基本原理,只是拿到一只鸡蛋,想靠它办养鸡场,早着呢。

敢问路在何方?

路在脚下。

废话。

爱因斯坦放下笔，拿起小提琴，优美的旋律在琴弓的舞动下倾泻而出，自由流淌。窗外，万灵律动，宇宙和谐。

4 光线弯曲

电梯还在向上加速。

电梯外，遥远的太阳，光芒何止万丈，射向电梯的那道光，方向与电梯运动方向垂直。

电梯内，牛郎、织女感受着向下的“引力”，起舞弄清影，何似在人间！

“可是，牛郎哥，我们明明知道自己没在人间，而是在太空里啊！”织女看着立即就要“我耕田来你织布”的牛郎，有点犯迷糊。

“咦，墙上有个盖板，咱打开看看外面，不就心里有底了？”牛郎说开就开，可打开一看，盖板后面没窗，更没门，是一条横缝，正对着远方的太阳。

一道阳光迫不及待地闯了进来，在对面的墙上投射出一道光条。细心的织女发现，这个光条比它刚刚通过的横缝低一点点，也就是说，阳光透过横缝后，向下弯曲着投射到对面墙上！

听起来是奇闻，说起来是笑谈。一统光电磁帝国的麦克斯韦说过，光是走直线的，这是个久经众多牛人考验、无数常人见证的真理。在我们人类印象中，自从盘古开天辟地以来，光就始终直来直去，爱谁谁，谁见它弯过呢？

可就是现在，我们眼巴巴地看着它弯了。

不仅弯了，它还弯得那样自然、淡定、优雅，那样理直气壮、天经地义和毋庸置疑。

似乎它从来就不曾直过。

世事难料啊！

其实想想也不奇怪，我们知道，光是不受任何参考系速度影响的，光穿过横缝，向对面墙射去的时间里，电梯正在向上加速运动，而光却没有跟着向上做加速运动，所以它到达对面墙的落点就偏下了。

光线弯曲

可是，为什么不是斜线，而是弯曲的呢？

我们在练“独孤五式”时，解释过乒乓球和光子同是在火车上跳动，为什么轨迹不一样的事：乒乓球向上跳的速率逐渐减慢，向下落的速率逐渐加快，上下用的都是加速度，所以画弧线；而上下跳动的光子，速度不变，又是在匀速直线运动的爱车上，所以它画的是斜线（第十章中“《论动体的电动力学》”一节）。

现在，电梯在做加速运动，而光速是不变的，所以它相对于做加速运动的电梯，画出了一条奇异的弧线。

这很好理解。

可是，一想到加速度带来的惯性力和引力等效，就得到一个奇怪的结论：引力应该也可以使光弯曲！

然而，根据久经考验、战无不胜的麦克斯韦方程，光线必须是直线，或者说，光不会“拐弯抹角”，宁“折”不弯，那么，它的“弯曲”该如何实现呢？

爱因斯坦说出了他的答案：是空间弯曲了。

光在弯曲的空间里走“直线”，实现了它的弯曲。我们用三明治来打个不太恰当的比方，把两片切得很平的面包比作空间，把一片切得很平的肉比作光，肉被夹在面包里，就是光在空间直线穿行，我们把三明治折弯，肉就随着被折弯了，而生活在面包里的细菌感觉不到三明治被弯曲了。如果使面包透明，让细菌可以在远处“看”到这片肉，它会发现肉弯曲了。当然，这个例子里的“弯曲”，还是三维意义上的“弯曲”，举这个例子，是因为我们没有四维意义上的“弯”和“直”的概念，所以只能先类比一下。

那么空间又是被谁掰弯的呢？

是引力。爱因斯坦推论道，空间被引力场掰弯，顺便弯曲了光线。引力场又来自哪儿呢？源于物质。这就是说，物质的存在会影响空间几何！

物质存在于空间之中，同时影响空间，使空间几何发生变化。可是，在我们看来，空间就是空荡荡容纳物质的场所，它是三维的、连续的、广袤无垠的，那么，在它内部的弯曲是个什么情形？该怎么去理解呢？

5 空间弯曲

什么叫“弯曲”？作为形容词，它的解释是：不直。

词语解释如此简洁的原因在于，这个词太平常、太简单了，以至于连简单的解释都显得多余。

现在，报告首长一个不幸的消息：我们得重新认识一下“弯曲”。

一般情况下，我们所说的“弯曲”，是指在三维空间里，欧几里得几何所定义的那种“弯曲”，按维数分：

① 一维——曲线，指“动点”运动时，方向连续变化所形成的轨迹。

② 二维——曲面，指“动线”运动时，方向连续变化所形成的轨迹。

有了一维的曲线、二维的曲面，我们日常生活中所谓“弯曲物体”就比较容易定义了。

③ 三维——具有长、宽、高的弯曲物体,其体积由曲线和曲面围成。

说到弯曲,不能不提到圆,因为曲线可以由若干个圆弧拟合。

相同长度的弧,半径越短,弯曲程度越大,半径越长,弯曲程度越小,越接近直线。同理,相同面积的球面,半径越长,就越接近平面。这就是为什么地球明明是个大球,我们可爱的祖先却以为它是一块驮在巨龟背上的平板。

不管怎么样,这种弯曲是可以用一些简单的数值来表示的,比如半径啊、弧度啊什么的,通俗易懂。

这是以前我们对“弯曲”的认识。人类的几何老师欧老爷子定义的这种弯曲,充满了生活气息,是显而易见、易于理解的。

那么,空间弯曲又该如何理解呢? OK,现在我们先来复习一下,怎么理解“弯曲”。

阿细身处一维,他的概念里只有长,没有宽和高,于是意识不到“曲线救国”是个什么意思。由于他只能“看见”一个点,无法通过观测数据来计算,得出弯曲的结论,所以他至少要站在二维空间的角度去“看”,才能理解“弯曲”。

阿扁身处二维,他的概念里只有长和宽,没有高,所以二维的平面一时想不开,变成了曲面,这对阿扁就是个考验。最直观的方法,就是像我们一样,处在三维空间去观察曲面,但是,二维生物到三维空间去观测,可没那么容易。不过好在,阿扁所处的世界,有机会建立平面几何,他知道圆周率! 这很重要,他可以通过对半径的精确测量和对圆周的计算,推测出自己所处的空间不是一个平面! 我们当然也可以通过测量和计算的方法,推测所处的三维空间是否弯曲。这个我们以后再说。

那么,处在三维空间里的我们,怎样理解三维空间的弯曲呢?

这的确是个问题。

狭义相对论让我们认识了四维时空,虽然难以理解,但这个四维时空好歹是平直的,就像我们“看到”的那样。现在,我们不得不承认自己眼拙了,坦荡的空间欺骗了我们,它是弯曲的! 比起三维空间,四维时空虽然只多出一维,但它的这种“弯曲”理解起来就困难多了,因为人类只能感知三维,对所谓四维,我们的感官集体失灵。它看不见摸不着,超出了我们的生理能力和经验直觉,只能靠想象去理解。

但是，想象毕竟只是想象。正如穷孩子和富孩子都难以想象对方的生活一样，咱想象这个空虚的、无边无际的空间在其内部产生弯曲，也不是一件容易的事。

所以我们只好接着类比：

一维弯曲，如果不跳出一维去观察，阿细永远也无法理解他所在的一维是弯曲的，因为他的概念里只有前后，没有上下左右。

二维弯成曲面，身困二维、只有前后左右概念的阿扁，也无法想象上下弯曲是什么，即使弯了他也感觉不出来。

以此类推，三维空间实现了弯曲，身在其中的我们，也不容易明白那个弯曲是指什么，更不易察觉空间已然弯曲了。这很正常。

看来，还是要跨维度类比想象，这样理解起来容易些。

所以，比较大众的类比法是，把我们现在的三维空间想象成一张有弹性的膜，这张膜上最好画上经纬线，以便我们识别它的弯曲变化，把物体比如一个球放在这个平面上，重力会使球把膜压出一个凹陷，我们用这个凹陷来类比空间的弯曲。嗯，这就是用二维的弯曲来类比三维的弯曲，从三维的角度看二维的弯曲，非常容易，也很好理解。

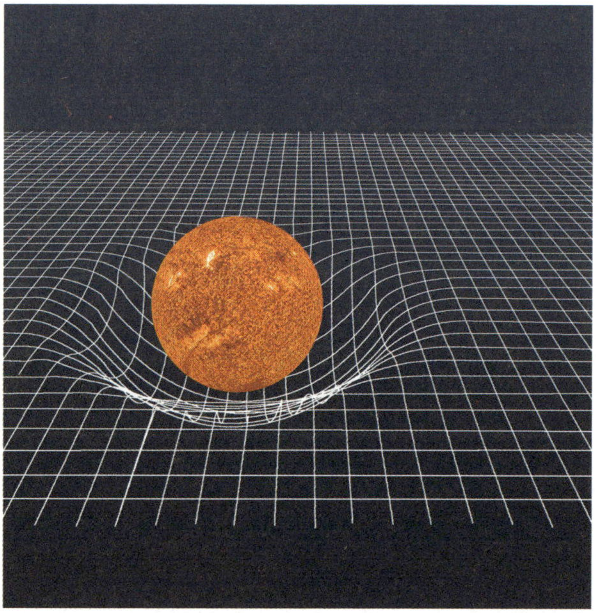

质量使空间弯曲二维类比图

如果我们想把这个类比搞得更恰当些，可以把膜想象成完全透明的，无数张这样的膜摞起来成为一个整体，球在其中使之整体弯曲。这样一来，我们应该有个大致的印象了。

当然，每个人脑子中的印象不一样，目前，笔者印象中，空间的内部弯曲，大概就像木材里的节，或者水体里面的一个旋流，只不过它弯曲的方向，实在是难以想象。

我们知道，欧几里得先是开发了处理二维的“平面几何”，接着又在此基础上，搞定了研究三维物体的“立体几何”，更高维度，欧老爷子没来得及考虑。

2 000 多年后，欧老爷子的 n 代徒孙们把欧式几何扩展到可以应用于任何有限的维度（这种空间叫 n 维欧几里得空间）。于是，2 000 多年前的欧老爷子，又在多维空间一展雄风，君临天下。

不过，再强的高手也有命门，欧老爷子的空间不管是几维，都离不开一个根本性质：它是“平”的！欧式几何的小名就叫“平面几何”嘛。

现在，时空不仅多出一维，而且不老实，它要弯曲。这一弯曲就不好办了。欧老爷子表示，老夫可管不了那么多。

没有一个合适的手段把它描述出来，再好的思想也只是个传说，形不成学说。这怎么办?!

6　爱因斯坦圆盘

在描述空间弯曲以前，我们先综合八卦一下质量、惯性、空间、时间、引力、加速度这些重要对象之间的关系。

探究狭义相对论时，我们已经挖出了它们的一些绝对隐私，但挖得不够坚决，晒得不够彻底。现在，要继续深究猛晒！也不怪我们“狗仔八婆”，谁让你们这些家伙在物理学中的地位至关重要呢？哪位不小心咳嗽一声，整个物理学就得跟着感冒。所以你管得越宽，行事就要越阳光。你越神秘，这个世界就会越诡异。因此，我们的口号是：不求透露，但求透明。

在深挖这些重要对象的隐私之前，我们先热热身，欣赏一下杂技。

什么？你说这两件事挨不着？

唉，前面是不是说过你，看问题太表面化了？你把该扒的都扒开，就会发现，这些重要对象做的事，其实就是魔术杂耍，谁耍得最好，谁就是主角，耍得没他好的，就是配角。不会耍的，就是不明真相的围观群众，简称观众。

我们观众现在要围观的是——环球飞车。

环球飞车

我们看见，一辆摩托车在球网内面飞奔，上下八方往复游移，不分上下前后左右，它都一样跑，车轮始终紧压球网，掉不下来，地球引力对其完全无效！准确地说，好像那球网的内面有引力，能够随时随地、牢牢地吸住摩托车！

这是为什么？

其实很简单。还记得水桶实验不？

做圆周运动，也就是“绕圈儿运动”的物体，有一个共同的倾向，向外逃脱——说白了，就是它们都想沿着弧的切线飞出去，做无拘无束的匀速直线运动。

摩托车想向外飞，而球网克服了它向外飞的惯性力，拦住了它，这个作用在球网上的力就是所谓离心力。这个离心力，就是摩托车向外飞的惯性力。

还记得前面不远处，我们说过什么力与惯性力相当吗？

一重一轻两个物体等速下落，是因为“惯性力 = 加速力”。

这就是说，匀速圆周运动，实际上就是加速运动。

加速度产生的效果力等效于引力，这就是为什么那个摩托车在圆球里做圆周运动，却掉不下来。

不信，你把上球面变成平面，看谁还敢骑上去？

关于圆周运动的杂技有很多，比方说，用一根绳子，两端各系一只碗，碗口向内，碗里盛水，绳子把碗甩起来，做各种圆周运动，碗里的水流不出来。

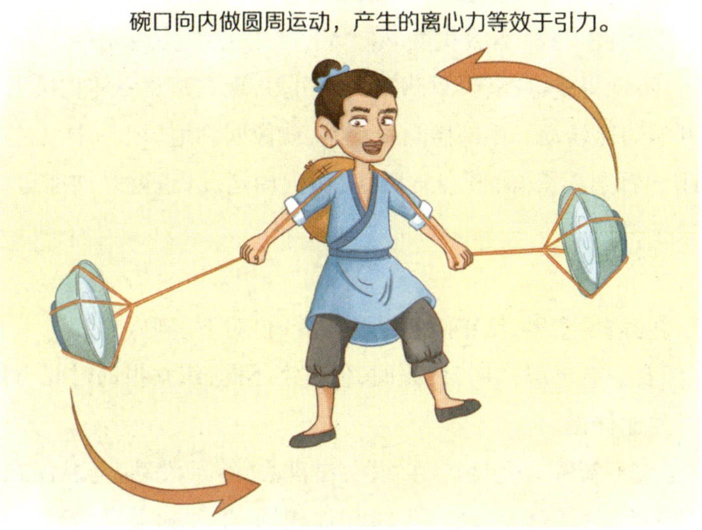

碗水不落

碗水不落，这个道理与环球飞车一样。运动速度很要紧，但更要紧的是，必须做加速运动（这里是圆周运动）。不信，你盛一碗水，把碗底粘在高速、匀速运动的动车墙壁上，碗口方向与墙面垂直，看看水还能不能老老实实待在碗里。

OK，欣赏完杂耍，咱们该干点正事了。实际上，杂耍也没白看，咱们发现，匀速圆周运动就是加速运动，离心力与引力等效。

牛郎、织女从太空电梯中出来，还没找到你，就被眼前的景象惊呆了：哇，好大一个饼干盒啊！

一个大大的圆盘状飞行器悬浮在眼前。它叫爱因斯坦圆盘，简称爱盘。

“几点了？”你凑过去问道。

牛郎、织女见到你很惊喜，他俩齐齐地看了一眼表：“0点！俺俩的表走得特别齐。”你抬腕看了一眼表：“嗯，一样。对得很准。”

现在，我们请织女 MM 到爱盘中央待命，也就是圆心位置；牛郎 GG 到爱盘内壁边上待命。

这个实验很简单，就一个字：转。

当爱盘以圆心为轴，转动起来时，牛郎 GG 和织女 MM 会有什么不同的感觉呢？

爱盘缓缓转动起来，逐渐加速。

站在圆心的织女说：“好无聊哦，就是转，没有任何变化啊！”

站在爱盘内壁边的牛郎说：“哇，很神奇啊，我感到自己被一股力拉向盘外，幸亏盘沿内壁挡住了我，不然我就飘向太空了！这股力越来越大。嗯，现在我站在内壁上，不觉得爱盘在转，只感觉到了引力，现在感觉身体重量正常了！”

爱盘开始匀速转动。牛郎感觉很踏实，就像回到地球上一样。

我们刚才看杂耍得知，圆盘转圈儿，做圆周运动，也就是加速运动，产生的离心力等效于引力。

这个不新鲜，没意思，反正闲着也是闲着，再对下表吧。

牛郎、织女心有灵犀，“同时”报时，但数字不同：织女报的时间与你同步，而牛郎报的时间比你慢。

嗯，这个也不新鲜。爱盘转动，织女在盘心，等于没动，与悬浮在盘边的你同处一个参考系，属于静系，所以报时与你相同；牛郎随爱盘内壁做加速运动，属于动系，所以时间流动比你和织女慢。

是不新鲜。

等等，好像有哪儿不对劲。

对牛郎来说，他并没有感觉到什么运动，而只是感觉到引力，所以对牛郎来说，是引力让时间流动变慢——时间膨胀了！

加速度等效于引力，不仅力效应等效，运动效应也等效！加速运动能使时间变慢，引力也能！

织女一听，哦，这么好玩儿啊！嘴噘起老高，“我不在盘心玩了，我也要去牛郎 GG 那儿！”

爱因斯坦圆盘

“好吧,你去吧,不过,每走两步,你就得报一次时。”织女一噘嘴,你一向是有求必应。但这次是正中下怀,因为咱俩刚好要了解一下,从盘心到盘壁,时间变慢的幅度是如何变化的,所以顺水推舟答应了织女的要求。

织女从盘心向牛郎走去——与其说是走去,不如说是被甩过去,因为离开圆心向外沿走,就会受到离心力的作用,越向外,离心力越大,幸好织女是神仙,掌控力强,居然保持匀速向外移动!

随着织女的报时,咱俩发现,离盘心越远,时间变慢的幅度越大。

这很正常,因为离盘心越远,转动的速度也就越快,引力就越大,时间当然就越慢了!

那,咱俩把时间变慢的幅度记在坐标上,每次报时的变慢幅度标记成一个点,用线连起来,会是什么样子呢?

哇,原来是一条美丽的曲线!

我们可以这样理解:随着引力的变化,时间弯曲了。

引力可以使时间弯曲!

你说不可能，时间怎么会弯曲？

你不会是忘了吧，时间和空间是一体的啊！怎么就不能弯曲呢？

“那，空间弯曲，有证据吗？”你疑惑道。

“别急嘛，实验尚未成功，同志仍需努力，”我说道，“接着做实验！”

“现在，需要织女大显神通了！你是天庭的著名裁缝……”

“人家现在都叫服装设计师。”织女瞪眼。

“嗯，你是天庭的著名服装设计师，量体神尺应是随身携带，可否一展神通，帮俺们量量这爱盘的尺寸？”

“这好办！”说到织女的特长，她兴奋起来，“量哪儿的尺寸？”

“量一下爱盘的半径。”我说道。

“好办。”织女话音未落，玉臂轻扬，眼见一道白光，却是软尺顺衣袖飞出，尺头直落盘心，尺身笔直地贴在盘面，延伸到盘壁。

“半径是 r。”织女话音刚落，白光一闪，衣袂飞扬间，尺已收回袖中。

酷！

“神仙办事效率就是高啊！”我由衷赞道，“不过，织女啊，你尺子收得太早，咱还没量盘的周长呢！”

刚展示了才艺的织女不屑道：“有了半径，周长还用量吗？周长 $=2\pi r$ 啊！当我是文盲啊？”

“是吗？你确定以及肯定？世事无常啊，还是量量比较放心。”我说道。

“唉，不和你这个文盲计较了，量完看你还有什么话说。”织女说着，纵身悬停在空中，玉臂轻舒，白光再现，神尺精准地绕盘沿一周，盘动尺不动，那个刻度静静地展示在织女眼前。这手法，叹为观止啊，咱俩等着观赏织女报完数以后收尺的 pose。

然而，织女似乎石化了，她迟迟没有声音，尺也不收了。

咱俩仔细观瞧，却见织女瞠目结舌：“怎么不等于 $2\pi r$，居然比 $2\pi r$ 短？！”

不必怀疑精度，这是神尺。

牛郎见老婆演砸了，尴尬地打圆场：“咳咳，嗯嗯，怎么回事？圆周率不灵了?”

“狭义相对论有一个已经被证明的预言:物体会沿着它运动的方向变短。那么,这个圆盘做圆周运动,其圆周就会变短,以同一圆心所做的圆,越靠外,速度越快,圆周变短的比例就越大。”你神采飞扬地抢答道。

牛郎、织女和我用倾慕的目光看着你。

那么,作为一个圆盘,它在半径不变的情况下,周长是怎么做到变短的呢?

答案是:空间弯曲。具体什么情况呢?

我们所说的圆周率 π,即圆周与直径之比,只在平面几何中有效。也就是说,你在平面上画个圆,再画出它的直径,这个圆周长与其直径之比,就是 π(3.141 592 653 5……)。

但是,如果我们把这个圆画在球面上,比方说画在足球上,再画出它的直径,你就会发现,圆周变短了,直径变长了,圆周与直径之比,就会小于 π。

不信?我们可以这样极端地想:在地球上画圆,以南极为中心,沿赤道画一个圆,在地球表面画出它的直径,应该是过南极的一条经线,两端到赤道截止,其长度是地球周长的一半,现在,这个圆的周长和直径之比就是 2,小于 π,是吧?

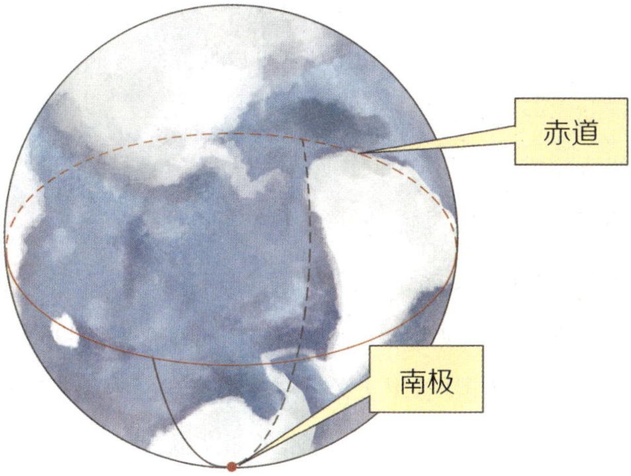

那么,有没有大于 π 的情况呢?

有的。

见过马鞍吧？就是相对的两边下垂、另两边翘起的面。在马鞍曲面上画圆，再画出它的直径，这个圆周与直径之比，就大于 π。

嗯，只要空间是弯曲的，圆周与直径之比就不等于 π，周长自然就不等于 $2\pi r$ 了。

圆盘转动，产生狭义相对论的尺缩效应，那是由于空间弯曲了。

原来，狭义相对论已经隐含了空间弯曲的结论！

好吧，刚才说时间弯曲，现在又说空间弯曲，那么，到底是谁弯曲了呢？

时空弯曲了。

“时空一体”这四个字可不是随便说说的。时与空之间不是亲密关系，比如夫妻，可以拆成夫与妻。我们说过，时空是一体的，就相当于老婆，我们不能把她拆成两部分，一部分叫老，另一部分叫婆。

因此，我们可以这样理解，从深层次上讲，时胀和尺缩效应，其实是时空弯曲这件事表现的两个方面。就好比闪电和雷声，实际上是电流在空气中传导所制造的两个表象。

至此，广义相对论的基本原理就叙述完毕了。我们小小地回顾一下：

① 弱等效原理：引力质量 = 惯性质量，加速度产生的效果力与引力等效。

② 广义相对性原理：物理定律在一切参考系中都相同。

③ 加速度可使光线弯曲，那么引力也可以使光线弯曲。

④ 圆周运动实际上是加速运动。

⑤ 由光线弯曲推出空间弯曲。“圆周率失效”也可以推出空间弯曲。

⑥ 引力源于质量，也就是说，质量可使空间弯曲。

⑦ 引力越大，时间越慢，空间越弯曲。

⑧ 强等效原理：在时空中，一个点内的引力场，我们可以把它当作“局域的惯性参考系”。也就是说，可以用狭义相对论去描述引力场中的任何一点。

你会发现，广义相对论的基本原理原来如此简单。至少，不像想象中那样难以理解。为什么？

那是因为，广义相对论是关于引力和时空关系的理论。我们已经接受了狭义相对论，崭新的时空观在我们的头脑中已经形成了概念，广义相对论的基本原理是很新奇，但对我们来说，已经不难接受了。

接下来，我们就要追随着伟大的小爱，在基本原理的框架下，去寻找一个舒适、美丽的表达方式，把这一伟大的思想，变成一套完整的科学理论。

第十三章

广义相对论（中）

柳暗花明

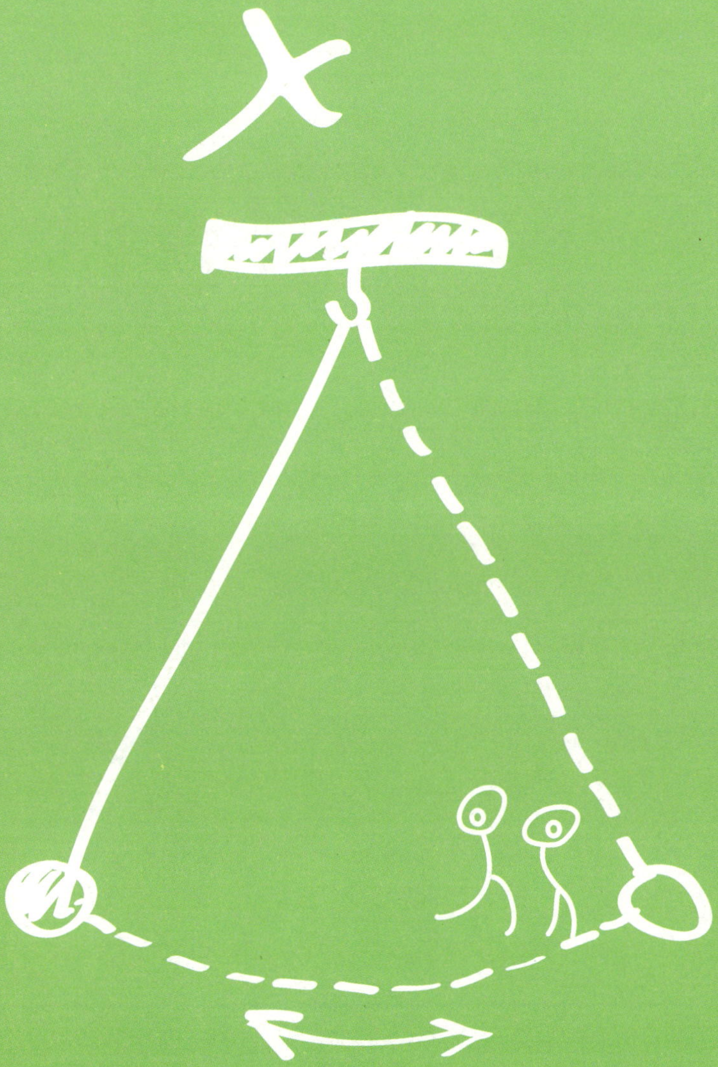

1 超级武器

前面说到过，小爱发现了等效原理，提出了广义相对性原理，并且据此推出时空弯曲等一些听起来是奇谈、但又相当有前途的结论，可以用来解决物理学衣裤不搭的尴尬。但新的烦恼出现了：用什么手段来描述这一光辉思想？

当然是数学手段。

但是，数学大餐比满汉全席丰盛多了，哪盘才是我的菜呢？小爱很纠结。

其实这很正常，数学发展到这个年代，已经没有谁能掌握全部数学手段了，都是各专一门；才华横溢的，会专多门，但不可能全通。何况，小爱学数学那会儿正在热恋。所以，对小爱来说，自己擅长的一门数学恰好可以解决这个问题的概率，就等于1除以所有数学分支。

不过，解决时空问题，首先考虑的是几何学，因为它就是研究空间结构及性质的一门学科。

所以，小爱的眼神首先瞄向几何学。我们就顺着小爱的目光，借机一饱眼福吧。

欧氏几何

始自公元前300年前。由希腊亚历山大里亚学派的成员、伟大数学家欧几里得创建，他集前人几何研究之大成，编写了数学巨著《几何原本》（以后简称

《原本》)。

《原本》先摆出基本、简单、显而易见的公理、公设、定义作为已知条件,先证明第一个命题,然后以此为基础,再证明第二个命题,以此类推,环环相扣,证明了465个命题,砌成一座巍峨的几何大厦。现在我们来瞻仰一下著名的五条公理、五条公设:

五条公理(适用于所有科学):

① 等于同量的量彼此相等;

② 等量加等量,其和相等;

③ 等量减等量,其差相等;

④ 彼此能重合的物体是全等的;

⑤ 整体大于部分。

五条公设(适用于几何学):

① 过两点能作且只能作一条直线;

② 线段可以无限地延长;

③ 以任一点为圆心,任意长为半径,可作一圆;

④ 凡是直角都相等;

⑤ 同一平面内一条直线和另外两条直线相交,若在直线同侧的两个内角之和小于180°,则这两条直线经无限延长后在这一侧一定相交。

冷眼一看,是不是简单得像废话一样?金碧辉煌的平面几何大厦,居然就是由上述这些简单至极的材料砌成的。古往今来的数学家一致认为,《原本》论证之精彩,逻辑之周密,结构之严谨,命题之精辟,影响之深远,令人叹为观止。

欧老爷子用公理进行逻辑演绎,建立科学体系的方法,成为后人建立科学理论的强大武器,牛顿的《原理》、爱因斯坦的相对论等,莫不如是。

《原本》在数学发展史上乃至人类科学史上树立了一座不朽的丰碑。欧氏几何两千多年来一统天下,至今其地位也没有被动摇。咱俩上初中时学的几何,就是欧几里得几何。

微分几何

始自1736年。它的产生和数学分析密切相关,是在数学、物理学、天文学、工程学等学科日益增长的迫切需要中逐步建立的,实是形势所急、形势所需,是诸多人共同努力的结果。

1736年,瑞士数学家欧拉把曲线的弧长作为曲线上点的坐标,开始了曲线的内在几何的研究。这是为微分几何奠基的第一锹土。

1807 年，法国数学家蒙日发表了《分析在几何学中的应用》，提出把微积分应用到曲线和曲面的研究中去，宣告了微分几何的创立。

1827 年，天才的高斯发表了《关于曲面的一般研究》，建立了曲面的内在几何学，阐明了在曲面上，长度、面积、夹角、测地线、曲率等概念的基本性质。

1872 年，德国数学家克莱因发表了《埃尔朗根纲领》，用变换群对已有的几何学进行了分类，它成了几何学的指导原理。

微分几何学以微积分学为主要武器，主攻三维欧氏空间的曲线、曲面等图形性质。在曲面上，有两条重要概念，一个是距离，一个是角。比如，连接两个点的路径是无数的，但最短的路径只有一条，对曲面来说，这条最短的路径叫“测地线”。微分几何深入研究了测地线、曲率等重要内容。

微分几何学的研究对数学、力学、物理学、工程学等的影响是不可估量的。

罗氏几何

始自 1826 年。由俄罗斯数学家尼古拉斯·伊万诺维奇·罗巴切夫斯基建立。罗氏几何也称非欧几何，它的建立得益于一个著名的失败。

这还得从《原本》的公理、公设说起，故事开始之前，我们再回头看看欧老爷子的第五条公设，这条公设可以导出这个命题：通过直线外的一点，仅可作一条直线与已知直线不相交（平行）。所以第五条公设也叫平行公设，有没有感觉它与其他公理、公设不太一样？

有没有？！有的。

好的，那恭喜你，两千多年来的数学家们一致同意你的意见，他们对五条公理和前四条公设都十分喜爱，唯独看第五条公设不顺眼，因为无论从长度还是从内容上看，左看右看前看后看怎么看它都不像一个公设，倒像是一个可以由其他公设推导出来的定理。

其实，当初欧老爷子对此也是与你所见略同，但他没能找到第五条公设的证明，所以只好把它放在公设里。于是引发了几何史上最著名的关于“平行线理论”的讨论，这一讨论就是两千多年。

它看起来无比简单、无比正确，却无法证明。

无数数学家前赴后继，试图证明它，但均遭失败，所有的证明都陷入循环论证的泥潭，无法逃脱。败下阵来的数学家似乎听见了它的嘲笑：“连欧老爷子都没搞定我，就凭你？哼哼！”

为你心动，却致心焦，痛到心碎，终于心死……苦苦的追求，换来的往往不是硕果满树、鲜花一路，而是块垒萦胸、清泪两行。

罗巴切夫斯基也未能免俗，他顺理成章地失败了。但不同的是，他发现此路不通，便挥刀开辟了另一条路。

他做出假定：过直线外一点，不只有一条直线与已知直线不相交（平行）。

如果证明这条假定是不可能的，那就反证了平行公设是对的。

意外的是，他不仅没能否定这个命题，而且用这条假定代替第五条公设，与欧老爷子的五条公理和其他四条公设一起，展开推论，得到了一个逻辑合理的、全新的几何体系！

尽管这个体系逻辑严谨，毫无谬误，但由于它得出的命题看起来很古怪，非常不合乎常理，在现实中也找不到它所表示的原型和类比物，所以罗巴切夫斯基把它叫作“想象几何”。这门新几何本身，就是对“第五条公设不可证性”的逻辑证明。

罗氏几何和欧氏几何的关系很奇妙：凡与平行公理无关的命题，在欧氏几何中正确，则在罗式几何中也正确；凡与平行公理有关的命题，在欧氏几何中成立，在罗式几何中都不成立。例证对照表：

欧氏几何	罗氏几何
同一直线的垂线和斜线相交	同一直线的垂线和斜线不一定相交
垂直于同一直线的两条直线平行	垂直于同一直线的两条直线，当两端延长时，离散到无穷
存在相似的多边形	不存在相似的多边形
过不在同一直线上的三点可以作且仅能作一个圆	过不在同一直线上的三点，不一定能作一个圆

如上可见，罗氏几何的命题与我们的直观常识相矛盾，不像欧氏几何那样容易被接受。因此，同所有新鲜事物一样，罗氏几何一出现，大家就很不以为然，它也立即遭到人们的冷落、反对甚至攻击。

1868 年，意大利数学家贝特拉米证明，罗氏几何可以在欧氏几何空间的曲面上实现。也就是说，罗氏命题可以转换为欧氏命题。

这样一来，你说欧几里得几何没有矛盾，那就是说罗氏几何也没有矛盾。呵呵，开挂了。

罗氏几何研究了当平面变成双曲面（马鞍形）之后，平面几何到底还有多少可以适用，以及会有什么特别的现象产生。在双曲几何的环境里，平面的曲率是负数。

直到这时，被弃蒙尘的罗氏几何才重见天日，得到数学界的普遍注意和深入研究。人们对罗巴切夫斯基的态度也来了个 180°大转弯。罗氏从备受诟病到盛誉加身，被称为“几何学中的哥白尼”。

斯时，已经去世 12 年的罗巴切夫斯基终于可以含笑九泉了。

罗氏几何对数学的发展起了巨大的作用，这些赞誉，他当之无愧。

黎曼几何

始自 1854 年。由黎曼创建。

波恩哈德·黎曼，德国数学家，看看以他命名的诸多牛词，就知道这是一个牛人：黎曼 ζ 函数、黎曼积分、黎曼引理、黎曼流形、黎曼映照定理、黎曼－希尔伯特问题、柯西－黎曼方程、黎曼思路回环矩阵、黎曼－罗赫定理等等。他提出的黎曼猜想，至今未被证明。

我们在前面提到过，天才高斯试图探测三维空间是否存在曲度（第十一章“四维时空”一节），虽然没有成功，只开了个头，但数学家们认为这是个好点子，太好玩了，大有潜力可挖，于是纷纷出手，涌现出一批牛人，黎曼是其中的佼佼者。

黎曼的名字很婉约，人却是个纯爷们儿，一把考究的大胡子强有力地证明了这一点。1854 年，黎曼在格丁根大学所做的题为《论作为几何学基础的假设》的就职演说中，把高斯关于曲面的微分几何研究发扬光大，提出用流形的概念来理解空间的实质。他发展了空间的概念，将曲面本身看成一个独立的几何实体，而不是看作欧氏三维空间中的一个几何实体，把空间想象成弯曲的，使用球形空间概念，建立了新的空间体系。这是一个革命性的思想，黎曼几何把欧氏几何、罗氏几何囊括其中，后二者是前者的特殊情况。

对于欧老爷子的第五条公设，黎曼也有自己不同的看法：过直线外一点，没有一条直线与该直线不相交。也就是说，任意画一条直线，它都和其他的所有直线相交，没有平行线！怎么可能?!

施主莫急，随老衲先来看看欧老爷子的第一条公设：过两点能作且只能作一条直线。

我们知道，黎曼几何是弯曲的球面几何，所以也叫“椭圆几何”，我们在球面上画直线，所得到的一定是大圆——也就是与球面同心、同半径的圆。大圆可视为球面上的直线，因为大圆具有直线在平面上的一些最基本的性质：过两点能作且只能作一条直线，两点之间的连线直线最短，等等。

而在一个球面上，所有的大圆都是相交的，因此黎曼得到的结论是正确的！

现在，我们来比较一下欧氏、罗氏、黎曼几何三者之间比较有代表性的不同之处，有点像绕口令。

类别	过直线外一点作与该直线不相交的直线	三角形内角和	三角形面积与内角和的关系
欧氏几何	只有一条直线与该直线不相交	180°	与内角和无关
罗氏几何	不只一条直线与该直线不相交	小于 180°	与 180°减内角和成正比
黎曼几何	没有一条直线与该直线不相交	大于 180°	与内角和减 180°成正比

我们可以看到，在上表里，黎曼几何和罗氏几何的结论正好相反。

当然，它们也有相同的地方，例如：三角形中两边之和大于第三边；若两个三角形的三对边对应相等，则两个三角形全等；两个三角形的两对边对应相等，且其夹角对应相等，则两个三角形全等……

黎曼几何与欧氏几何、罗氏几何之间，可以相互转换，比如关于三角形内角和的分歧。

第一步：我们先在罗氏几何的双曲面上画一个三角形，发现不管怎么画，三角形的内角和都小于 180°。

第二步：我们朝弯曲的反方向用力，把这个曲面慢慢展开，会发现三角形内角和越来越接近欧氏几何，成为平面时，得数与欧氏几何相等——180°。

第三步：还是顺着刚才那个方向继续用力，用力，用力，不要停，不要停，三角形慢慢出现在球面上，这就是球面几何，也就是黎曼几何，这时我们会发现，三角形的内角和大于 180°！

三者都是正确的。

黎曼几何统一了欧氏几何与罗氏几何，是研究弯曲空间的强大武器，它不仅可用于研究球面、椭圆面、双曲面等，还可用于高维弯曲空间的研究。

爱因斯坦发现引力场导致的空间弯曲后，悲欣交集。欣的不用说，当然是得到了新的成果；悲的是，没有一个称手的工具来描述这一成果。也就是说，不仅路找对了，而且已经走到门口，一摸兜，没钥匙！鸭子煮熟了，无从下口不说，它竟还要飞！

没办法，他找铁哥们格罗斯曼求助，老格特仗义，一头扎进图书馆，竟然还真被他找到了，黎曼几何！格罗斯曼第一时间电话告知了爱因斯坦。

爱因斯坦喜出望外，这真是：

众里寻他千百度，

山重水复疑无路，

惊回首，包子就在包子铺，

得来全不费工夫！

当然，学习黎曼几何并不是一件容易的事。爱因斯坦拿出当年钻研物理的精神，刻苦钻研了黎曼几何，用这把钥匙打开了广义相对论的大门。

在爱因斯坦看来，引力不存在了，取而代之的是弯曲的空间，这叫空间中的引力几何化。

黎曼几何与爱因斯坦的思想配合得天衣无缝。

利刃在手，物理学又一场伟大革命开始了。

2 测地线

质量的存在导致了空间的弯曲，这就是说，物质存在之处，就是空间弯曲之处。

大质量导致大曲率，小质量导致小曲率。它们还相互影响，物质告诉时空如何弯曲，时空告诉物质如何运动，大大小小的质量相互影响，关系十分错乱暧昧。

虽然黎曼几何精确地描述了纷杂的弯曲空间，但在如此错综复杂的弯曲环境里，物质应该怎样运动？

大自然法则是简洁的，运动也是一样。无论情况怎么复杂，物质总是以当前条件下最直接、最简单的方式运动。它不可能遇到心仪的曲率，便一段拉丁舞迂回着跳过去；遇到不待见的曲率，便做做俯卧撑、躲躲猫猫什么的。

结论就是，物体都会走最短的路径。

那么，问题来了，什么是最短的路径？

直觉和经验告诉我们：直线。两点之间直线最短。

罗氏几何、黎曼几何告诉我们，在弯曲的空间里，是不存在“直线”的。在黎曼几何中，我们提到过，在球面上画直线，所得到的一定是大圆。

大圆可视为球面上的直线。

现在，为了接下来旅途顺利，我们先熟悉几个名词：

① 大圆：通过球心的平面与球面的交线。因为它是球面上最大的圆，所以叫“大圆”。

② 弧：圆或曲线上的任意一段。

③ 优弧、劣弧：将一个圆截成不同长短的两个弧，大于半圆的称“优弧”，小于半圆的那个只好叫“劣弧”了。我们马上就会知道，虽然它名字叫劣弧，但却是最优的选择。可见名字不重要，价值才重要。

一个球面上，两点之间最短的距离，就是经过这两点的大圆的劣弧。最长的直线距离当然就是优弧了。所以，在球面上，你坐出租车从一点到另一点，你最优的选择，是这两点所在大圆上的劣弧。而优弧，是出租车司机的优选。

哇，这么快就找到弯曲空间最短的路了？那么，我们现在就能描述宇宙中物体的运动路线了，耶！

哼哼，别高兴得太早，自然界的弯曲，很少能找到像球面这样简单和规则的，是不？

现在，我们低头看看自己，衣服是不是还在身上。如果不在了，就赶紧穿上。

穿衣服了吗现在？没熨是吧？

嗯，假设我们遇到的弯曲就像我们衣服上的褶皱一样，错综复杂，那根测地线怎么找呢？

傻眼了不是？

由于不同质量的相互影响，空间的弯曲一般都比较复杂。在复杂的弯曲空间，准确描述测地线，就更复杂。但不是一点办法没有。

我们知道，曲线可以由弯度不同的若干圆弧拟合，曲面也可由曲率不同的若干球面拟合。这样，按照刚才我们在圆面上找出劣弧的方法，我们仍然可以在不规则的曲面上找出两点之间最短的连线，这条连线就叫作“测地线”。嗯，地球上的测地线就是它的大圆。

我们可以这样去理解一下，在四维时空中，物体总是沿着最短的路径，也就是沿着“直线”运动，但反映到三维空间，就是沿着弯曲空间的测地线运动。

不同维度所感觉的“直线”是不一致的，比如，烈日当空，一架飞机低空飞越

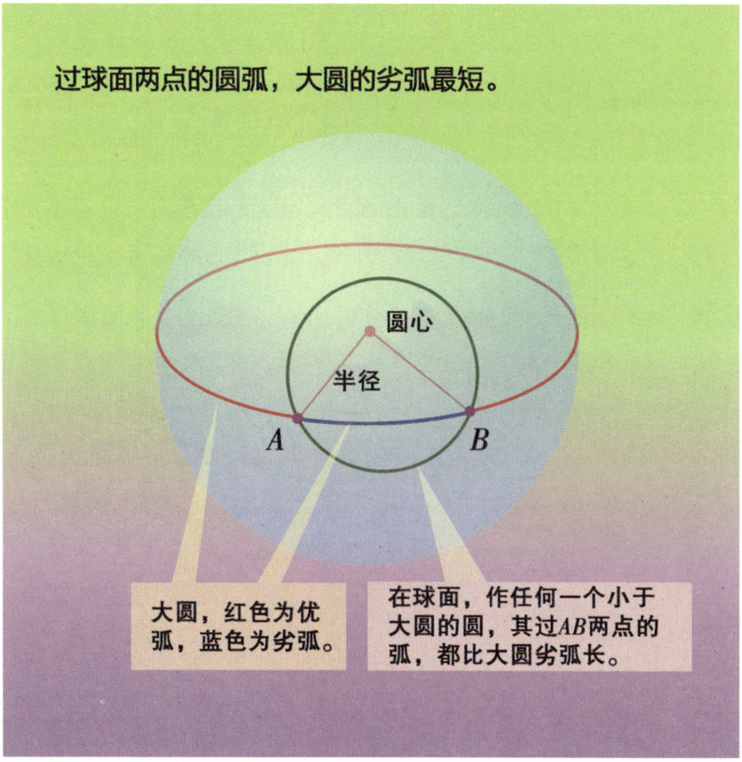

测地线

山川，地面上飞机的影子随之同步前进，飞机在三维的空中穿越，而影子在二维的地面飘移，地面是明显的曲面。所以穿越同样的距离，影子的路径是随地面起伏弯曲的，而飞机则是直线穿越三维空间。四维坐标中的直线，可转化为三维坐标的短程线——测地线。

所以，我们用广义相对论的视角仰望星空，看到小的围着大的转，并不是那个叫“引力”的家伙用力强迫大家沿着轨道转，而是大家都沿着弯曲空间中最接近直线的“测地线”运动。它边走边说“我走的是直线，我走的是直线”，而我们只看到它们在傻乎乎不知疲倦地绕圈。

同样的，光线经过一个大家伙的附近时，就进入了这家伙搞出来的弯曲空间，路线自然会发生偏转，这种效应就叫“测地线效应”。

OK，咱俩和爱因斯坦一起，又得到了一个结论：物体沿着弯曲空间的测地线运动。

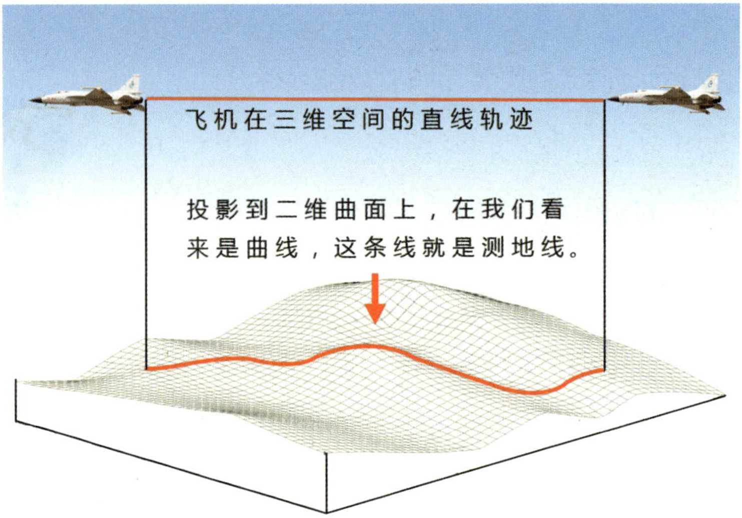

飞机的三维轨迹与二维测地线

那么，这个运动该如何表示？又该怎么计算出来？

问题的关键来了：对于一个科学理论而言，如果不能做出精确的预测，那么别说是天花乱坠，就算是说得天仙乱坠，也敌不过浮云半朵。

3 张量

当里个当，当里个当，
闲言碎语不要讲，
表一表，专业术语叫张量。
这术语，名字很有人情味，
大众化的姓氏弓长张。
大街上，你喊一声小老张，
一半人回头把你望，
不是老张就是小张。
另外一半不姓张，
那是老张的同学、死党和街坊，

还有小张的表兄、媳妇和丈母娘!

所以,同属大众的咱俩,要是不认识大众化的老张,不搞定它,让它继续高高在上供咱俩仰望,我心何甘? 你心何甘?!

为了方便接近老张,我们先从老张的亲友团入手:

① 分量:总量的一部分,分量与总量的关系,相当于省与国的关系。分量、总量也是相对的,别看省是国的分量,但在县面前,省就是总量;在世界面前,国又成了分量。这个很好理解,是吧?

② 标量:别号“无向量”,简而言之就是只具有数值大小,而没有方向的量。我们理解为:可以用某种“标尺”测量的量,比如质量、密度、温度、功、功率、动能、势能、引力势能、电势能、路程、速率、体积、时间、热量、电阻等。

③ 矢量:别号“向量”。矢量这个名取得很形象,矢,就是箭,一箭射出去,它有方向,它的力度、速度、路线都是沿方向渐变的,这种既有大小又有方向的量,就叫作矢量。电脑里的矢量图可以无限放大永不出现马赛克,因为它的颜色是矢量定义的,而不是色素点拼合的。相关的分量按照大小个儿排成一排,形成一个一维的数据表格,也就是一行有序的数组,这就叫矢量,比如力、力矩、线速度、角速度、位移、加速度、动量、冲量、角动量等。哇,好像矢量比标量复杂很多耶,俺看一个数字都晕,这个矢量要诸多数字站一排的!

④ 冲量:物体所受外力和外力作用时间的乘积。是矢量,表示过程,公式为 $I = Ft$, 单位是 N · s。

⑤ 矩阵:即 matrix,本意是子宫、控制中心的母体、孕育生命的地方。记得《黑客帝国》吧,那里的矩阵,就是一个连接无数人意识,模拟人类世界,类似角色扮演网络游戏的控制系统。矢量是矩阵的一个分量,若干行矢量排列成二维的数据表格,这个纵横排列的有序数组,就叫矩阵。晕! 这个矩阵更复杂,居然是众多矢量排成的方队!

主角张量呢? 我们可以说,它是矢量分析的推广。上面说过,一排数据组成的一维表格叫矢量,多排数据组成的二维表格叫矩阵,三维以上的数据表格就是张量了。天啊,这回真晕倒了,这个张量居然是众多矩阵的无敌组合! 这么多数字像砖一样砌在一起,对俺这样的文盲而言,别说运算了,看一眼都得吐血而亡!

那么,张量搞这么复杂,能干吗呢?

我们举个例子:坐标变换。

坐标变换是咋回事呢，咱们在前面提到过（第九章“伽利略变换”一节），就不啰唆了。

坐标之间变换，需要某种“有规律的关联”才行，那么，这种“有规律的关联”到底是什么呢？

是函数关系。

如果是简单的匀速直线运动，我们搞清楚它的位置啊、时间啊、距离啊、相对速度啊等一些标量，函数关系也不是那么难搞定。但是，在自然界中，标准的匀速直线运动几乎没有。自然界的运动的实际情况要复杂得多，有时会超出我们的想象，还记得难倒无数大牛的三体问题不？三体而已啊，就已经是人类世界的难题了，浩瀚的宇宙又何止三体！

那么，这样的函数关系又该怎么确定呢？

还是有办法的。我们可以把纷繁复杂的因素分解来看，分成一块一块的，各个击破。用某种方法，比如微积分，给每一块配一个御用因子，专门负责描述它。这个因子不是一个数，而是一个有序的数组。我们将各块的御用因子放在一起，就得到了若干数组（我们可以形象地叫它“表格”）。

把这些数组综合起来，运算分析，就是张量的工作。

哦，原来张量就是子公司的会计师，他负责综合分析下属公司的数据，供母公司使用。母公司可以是一个或一组方程式。

张量根据表格（数据组）的维数分“阶”，就好比少先队中有各种干部一样，n 维表格就叫 n 阶张量。

所以呢，我们也可以这样看：

普通队员（标量），没杠，是 0 阶张量；

小队长（矢量，一维表格），一道杠，就是 1 阶张量；

中队长（矩阵，二维表格），二道杠，就是 2 阶张量；

大队长（三维表格），三道杠，就是 3 阶张量；

区总队长（四维表格），四道杠，就是 4 阶张量；

市总队长（五维表格），传说中的五道杠，就是 5 阶张量……

张量可以表达、分析对应维数的数据组。概而言之，张量这家伙，就是一种高维的数学量，是一种数学分析方法。它可以解决曲线坐标系中的微分运算等变态难题。它像微积分一样，是一种强大的数学武器，用来对付复杂多变的、有一定规律的量的计算。

它的功能有多强大呢？我们先来看看，它在强大的黎曼几何发展中的地位。

黎曼几何是通过微分几何建立起来的，在公理系统里引进了“弯曲几何空间”。

黎曼在构想这个新几何大厦时，就千方百计要建立一个相应的代数结构用来描述它。可惜的是，天才的黎曼没有时间来实现这一目标，他 40 岁时就因肺结核去世了。

虽然如此，黎曼提出的 n 维流形的概念，以及弯曲空间中二次微分形式的变换问题，成为通向张量分析的起点。后来，经过贝尔特拉米、克里斯托夫、里奇等数学家的发展，这一神奇的武器终于被打造了出来。

强大的张量分析力挺强大的黎曼几何，前者成为后者的核心内容。比如黎曼空间中的曲率是一个张量，黎曼空间的度量以“度量张量”表达，等等。

张量分析和黎曼几何就像计算机的软件和硬件一样，相互促进，交织发展，几何学与代数学更紧密地联系起来，极大地促进了现代数学的进步。

4 爱因斯坦场方程

从 1907 年到 1915 年，爱因斯坦独自开展他艰苦卓绝的八年奋战。

天下黄河九十九道弯，九十九道弯上九十九只船，九十九只船上九十九根杆，只有一个艄公来把船来扳……新的思想不断闪现，又无奈湮灭，走出无数个死胡同，广义相对论思想终于初步成形！

爱因斯坦以其非凡的智慧、超群的洞察力、渊博的知识、过人的耐力，独自构建了广义相对论的思想框架。

要知道，爱因斯坦的思想已经远远超出他所处的那个年代，他的理论，没有经验可供借鉴，没有实验手段予以支持，可供他使用的，只有思想、逻辑、数学手段，他几乎是赤手空拳打天下，谈何容易！

方程，理论的核心。

一个没有方程的物理理论，就是一支没有子弹的 AK47，一台没有 CPU 的电脑，一个不会歌舞的 MJ，外表再酷、再光鲜都是浮云。

格罗斯曼

爱因斯坦开始尝试建立他的方程，有方向，无手段，可以想象，这时的他如陷泥沼，用他自己的话说：每走一步都是极其困难的。

闵可夫斯基对狭义相对论的数学表达，启发了爱因斯坦。从 1909 年开始，爱因斯坦寻寻觅觅，苦苦思索，想为新的引力理论配备一套合适的数学语言。

思想我有，智慧我有，方向我有，武艺精通，只欠兵器！兵器！我只需要称手的兵器！

有了！我还有哥们，格罗斯曼！这小子上学时数学就好，现在是几何学教授和苏黎世联邦理工学院(ETH)的数理学部主任。他是我的福星，是上帝赐给我的天使，每当我遇到困难时，小格同学就会扇动他那可爱的小翅膀及时出现，他详细的数学课笔记、耐心的讲解，帮助我通过了每次数学考试。就连我在专利局的稳定工作，也是格罗斯曼帮忙推荐的。格罗斯曼，I love you！这次，你必须帮助我，否则我就要疯了！

正如我们在黎曼几何这一小节里说到的那样，格同学向爱同学推荐了黎曼几何，我们已经知道了黎曼几何和张量的关系……那么，你猜对了，黎曼几何、张量，与爱因斯坦的引力理论简直就是绝配！这是构建广义相对论最有力的武器！

遥想当年，小爱和小格一起在 ETH 上学时，小爱把精力都投入到了物理和恋爱上，经常不上数学课。作为哥们儿，小格曾告诫小爱："出来混，早晚要还的。"哈哈，他原话是"你早晚会为此付出代价的"。现在，时候到了。爱因斯坦开始还债，疯狂地补习数学。

黎曼几何、张量这两个相辅相成的强大武器，好像是专为广义相对论而生的，而爱因斯坦的铁哥们——格罗斯曼正好是这方面的专家！

岳鹏举挺起了沥泉枪，孙悟空抢来了金箍棒。

什么叫如鱼得水？什么叫如虎添翼？这就是！

天才 + 勤奋 + 幸运 = 无敌！

金猴奋起千钧棒，天翻地覆慨而慷，不到长城非好汉，战地黄花分外香，当里个当……

1912 年,爱因斯坦与格罗斯曼并肩作战。

这个伟大的合作是必然的,广义相对论无论从深度还是从广度上来说,都已经远远超出了人类的普遍认知能力,超出了当时一流物理学家、数学家的理解能力。

当时的情况很尴尬,物理学家即使勉强理解了广义相对论的深刻本质,也对天书般的数学公式不知所措,望而生畏;数学家就算看得懂那些该死的公式,但对神话般的物理内涵如牛听琴,望而却步。

方程,方程,方程！爱因斯坦立功了！格罗斯曼立功了！不要给困难任何的机会！伟大的人类之子,他继承了全人类的光荣传统,哥白尼、开普勒、伽利略、牛顿、麦克斯韦在这一刻灵魂附体,爱因斯坦一个人,他代表了人类科学的悠久的历史传统！在这一刻,他不是一个人在战斗！他不是一个人！

1913 年,爱因斯坦和格罗斯曼联名发表了重要论文《广义相对论和引力理论纲要》。终于啊！

成功了?

经验告诉我们,成功哪有那么容易。这次得到的引力场方程,只对线性变换是协变的,而不像广义相对论原理所要求的那样,在所有坐标变换下都是协变的。

原因是,爱因斯坦当时还没学好张量分析,所以他得出一个错误的结论:要坚持守恒定律,就得有坐标系的限制。为了维护其因果性,他忍痛放弃了普遍协变的要求。

这相当于,本来要造一台爬山涉水穿沙越沟无所不能的超级越野车,但千好万好,轮子太小,还是只能在公路上跑！不适度啊！

这条弯路,爱因斯坦一走就是两年多。

数学！数学！绕不过去的数学！

由于没掌握一些重要的数学工具(主要是比安基恒等式),所以爱因斯坦这次没有得到方程的正确形式。

1915 年 7 月初,爱因斯坦按照广义相对性原理的普遍协变要求,思考、探索他的引力场方程。恰逢此时,他在哥廷根结识了数学家希尔伯特。

大卫 · 希尔伯特,德国人,19 世纪末 20 世纪初最具影响力的数学大牛之一,证明论、数理逻辑、区分数学与元数学的奠基人之一,名下成果众多,比如不变量理论、公理化几何、希尔伯特空间等，堪称伟大。

物以类聚，人以群分，两个伟人凑到一起，自然惺惺相惜，交流甚欢，很快成为好朋友。

小爱兴高采烈地写信给朋友说："我说服希尔伯特接受了广义相对论。"

他向老希详细介绍了广义相对论的原理、框架、前期工作以及今后的主攻方向，并就引力方程的数学问题求教于老希。

老希何许人也，听了小爱的物理课，很快心领神会。从这时起，老希开始研究广义相对论，帮助小爱解决数学问题。

搞着搞着，老希一阵坏笑，表示要跟小爱比赛，看谁先算出正确的引力方程。

一个专业的、伟大的数学家，在掌握了广义相对论原理、框架、前期工作以及今后的主攻方向后，想要用数学去描述它，这种优势对一般人来说，应该是压倒性的。小爱表示压力很大。好在这时，他的数学补习成效显著，进步神速，对黎曼几何和张量分析的运用已经游刃有余。

于是，二人开始了半真半假的数学竞赛。

其间，两位大侠不断向对方展示阶段性成果，频繁交换意见，互相促进，加快了双方的研究进度。

1915 年到 1917 年，是爱因斯坦科学成就的第二个高峰。

1915 年 11 月，爱因斯坦一连向普鲁士科学院提交了 4 篇论文。

第一篇论文发表了新的引力场方程，它既满足了守恒定律，又遵从了普遍协变的要求，并在第二篇论文中得到改进。但有一个蛇足——加了一个对变换群的限制。

爱因斯坦面对这个方程，面对的是多年后全世界的目光和期待！不必要的蛇足曾经在论文中浪费过两个方程，他深知这一点。

第三篇论文根据这个新方程，预言了光线经过太阳表面时偏转的角度，还推算出水星近日点进动的角度，解决了困惑天文学 60 多年的一大难题。

第四篇论文《引力的场方程》中，他放弃了第一篇论文里的那个蛇足，建立了真正普遍协变的引力场方程。

广义相对论诞生了！

蛇足砍掉了，战斗结束了，爱因斯坦获得了胜利！回应了所有的质疑！他没有再一次倒在数学面前，伟大的爱因斯坦，伟大的爱因斯坦精神！

1916 年春天，爱因斯坦写了一篇总结性的论文《广义相对论的基础》，广义相对论的构建基本尘埃落定。

他没有辜负全人类的期望，这是一个绝对理论上的绝杀。人类科学进入了新时期！胜利属于爱因斯坦，属于麦克斯韦，属于牛顿，属于伽利略，属于普朗克，属于哥白尼，属于所有爱真理爱科学的人！

1916 年 6 月，爱因斯坦根据他的方程预言：一个力学体系变化时，必然发射出以光速传播的引力波。由此他提出了引力波理论，该预言在 1979 年得到了间接证明。

1916 年 8 月，爱因斯坦在《论辐射的量子性》一文中，提出了受激辐射理论，这成为激光的理论基础。

1917 年，爱因斯坦在《根据广义相对论对宇宙学所做的考察》一文中，推论宇宙在空间上是有限无边的。这又是人类历史上的一个大胆创举，宇宙学从此摆脱了纯粹猜想的思辨，进入现代科学领域。

现代宇宙学诞生了！

1937 年，在两个助手的协助下，他从广义相对论的引力场方程推导出运动方程，进一步揭示了空间、时间、物质、运动之间的统一性，这是广义相对论的重大发展，也是爱因斯坦在科学创造活动中所取得的最后一个重大成果。

说了半天爱因斯坦场方程，我们却还没见过她的真容，其实，她很难看懂，反正我是看不懂。不过，人类最伟大的思想内核，即使看不懂，我们扫一眼应该也不会吃什么亏吧？

准备好了吗？下面就是传说中惊天地泣鬼神，前不见古人后不见得有来者的爱因斯坦引力场方程！

$$\boldsymbol{G}_{\mu\nu} = \boldsymbol{R}_{\mu\nu} - \frac{1}{2}\boldsymbol{g}_{\mu\nu} R = \frac{8\pi G}{c^4}\boldsymbol{T}_{\mu\nu}$$

其中，G 是引力常数，c 是老熟人了，真空中的光速。R 和 π 咱也认识吧，是半径和圆周率。下面是几个拖家带口、自带装备的复杂因子。我们发现，张量这家伙在公式里无处不在：

$\boldsymbol{G}_{\mu\nu}$ ——爱因斯坦张量；

$\boldsymbol{R}_{\mu\nu}$ ——从黎曼张量缩并而成的里奇张量，代表曲率项；

$g_{\mu\nu}$ ——四维时空的度量张量；

$T_{\mu\nu}$ ——能量 - 动量 - 应力张量。

用一个什么词来形容她才算适度呢？我决定，把眼前蹦出来的第一个词写下来：

神妙。

相对论思想就浓缩在这一个公式里，其形式之简洁令人赞叹，其内涵之深广令人着迷，其计算之复杂令人敬畏（好多张量啊）！她是美妙的，但并不完美，计算时只能得到近似解。1916 年，德国天文学家、物理学家史瓦西找到了广义相对论球对称引力场的严格解，即史瓦西解。为了纪念史瓦西的功绩，德国科学院天文台被命名为史瓦西天文台。这就相当于，一个红学家因为正确解读了《红楼梦》金陵十二钗的判词，于是金陵便以他的名字命名，这从侧面衬托了曹雪芹的伟大。

广义相对论是人类有史以来最伟大的思想成就之一，它统合了狭义相对论和牛顿的万有引力定律，将引力描述成因物质与能量存在而弯曲的时空，取代了传统对于引力是一种“力”的看法，它代表了现代物理学中引力理论研究的最高水平。

广义相对论是典型的“三无”产品：无矛盾相逼，无观测征兆，无现实需要。但爱因斯坦仅凭对“万物平权”这一简洁的自然美、科学美的不懈追求，便以一人之力建起一座巍峨的科学大厦，使人类对宇宙本质的认知向前狠狠地迈出了一大步。爱因斯坦说：“如果我不发现狭义相对论，5 年之内肯定会有人发现它；如果我不发现广义相对论，50 年内也不会有人发现它。”看来，他把时间估算得太保守了，从广义相对论发表百年后的现在来看，别说是发现相对论，就是研究相对论，称得上精通的人也不多。

广义相对论颠覆了人类的认知，在时间流逝、空间几何、自由落体、光的传播等问题上，提出了与经典物理和人类日常认知完全不同的看法。

从广义相对论得出了诸多当时看起来不可能，以后却广为接受的预言：引力场内的时间膨胀、光的引力红移、引力时间延迟、黑洞、光线弯曲、引力透镜、引力波、有限无边宇宙、虫洞、时间旅行等等。

和狭义相对论诞生时一样，广义相对论的发表，立即激起了轩然大波。

狭义相对论横空出世时，毕竟是处于物理学遇到空前危机、各种理论割据混战之时，同志们都很迷糊，出现些奇谈怪论大家都能理解，反对者还算客气，说爱因斯坦的狭义相对论不是物理，而是魔术。

现在，在铁的事实面前，人们不得不违背日常认知，不甘又无奈地尝试接受狭义相对论，一只脚踏进陌生的天地，还没等适应呢，爱因斯坦又抛出一个更奇怪的理论，叫我如何说“爱你”？

所以，广义相对论一发表，反对的声音就此起彼伏，甚至一些人言之凿凿地说，广义相对论就是爱因斯坦精神失常的证据，他们对这个发疯的天才表示同情。很多原来支持爱因斯坦的人也纷纷倒戈，因为他走得太远，何止是难望项背，简直连影子也看不见了。只有少得可怜的革新派信心满怀，但他们中的大多数还得面临一个大问题，那就是先搞懂广义相对论。

千辛万苦披荆斩棘搞出的成果，没人懂不说，还遭人攻击，爱因斯坦很痛苦。虽然这一切尽在意料之中。

世界上有一件事情最难：让别人放弃相信自己，转而相信你。

还有一件事更难：让别人放弃相信自己和其他人，转而只相信你。

所以，摆在爱因斯坦面前的只有一条路：实验，证据，用事实来说话。

实验？广义相对论的实验？谁能做得了?! 当时反对广义相对论的物理学家有句形容相对论的名言：理论家的天堂，实验家的地狱。这句怨言，一语道出验证广义相对论的难度。

不好找不等于找不到，你们找不到，我自己找！为了方便人们验证广义相对论，爱因斯坦的任务是，找出可以验证的引力效应，它们需要具有这样几个特点：

① 离得近，可以被观测。这样便于人们验证。

② 可以由广义相对论定律算出。这个当然是必须的。

③ 用牛顿定律算不出来。这个也是必须的，如果牛顿定律算得出来，广义相对论又得出同样的结论，就有打哪儿指哪儿的嫌疑，证明不了广义相对论的正确性。

实际上，爱因斯坦在构建广义相对论之初，就已经着手为他的思想寻找证据支持了，他先后提出了三个著名的预言——不出太阳系就能验证的三个预言：

① 太阳附近光线的偏折，角度是0.83角秒（这是1911年的计算结果）；

② 水星近日点进动，每100年的多余进动值是43角秒；

③ 引力红移——从引力场中发射出来的谱线，波长会被拉长，向红端移动，也就是红移。

我要的，不是一个表扬，只是一个……证明。

第十四章 广义相对论（下）

铁证如山

1 光线偏折

其实，早在1704年，不朽的牛人牛顿就在他的《光学》一书中，推测巨大引力可能会使光线弯曲，根据就是光的微粒说。一个世纪后，法国天体力学家拉普拉斯也提出了这一看法。1808年，德国慕尼黑天文台的索德纳把光当作有质量的粒子，用牛顿力学计算出：光经过太阳边缘的偏折角是0.875角秒。但是，大家知道，光是没有质量的。更重要的是，当时光的波动说占了上风，光"波"有质量，比光"粒"有质量更荒谬，所以他们的预言没有引起大家的兴趣。

根据广义相对论，光线与其他物质一样，必须沿着时空的测地线走。1911年，爱因斯坦根据等效原理预言，光线经过太阳附近时，会向内稍微偏折。当时他给出的偏折数是0.83角秒。

由此推论，当太阳挡住遥远的恒星时，经过太阳表面附近的星光由于偏折，会有一部分射向地球，这就是说，我们应该能看见太阳背后的星光。

可是，太阳那么亮，他老人家一出来，满天星星都不见了，看他一眼，什么浮云都看不见了，更甭提他背后的星光了！怎么验证啊?！熟归熟，这样整蛊我也要告你玩人啊小爱！

爱因斯坦说，别急，有办法，我们可以选个恰当的时间，那就是日全食的时候。

那一刻，太阳GG被月亮MM完美地挡在身后，天空一片漆黑，繁星满天。

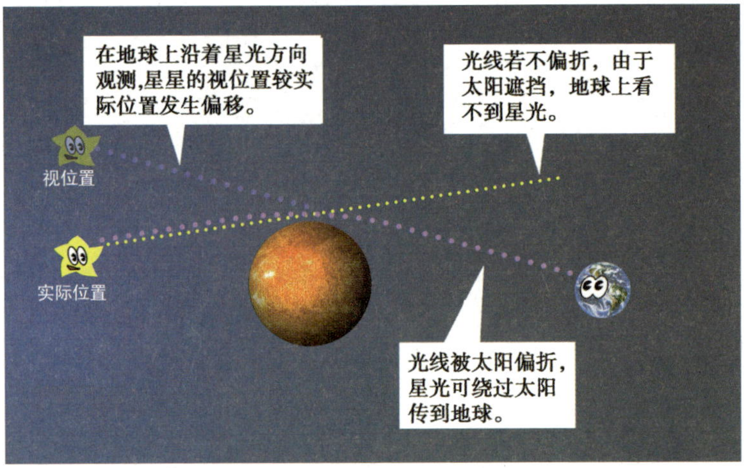

光线偏折

这时,我们就可以出来数星星了。

我们将看见太阳周围的星星,其中,就有由于光线偏折,本该在他身后、现在却出现在他旁边的星星。我们根据这些星星本来应该在的位置,和它们这时的观测位置,利用二者之差,很容易就能算出来光线偏折了多少,再对照一下广义相对论的运算结果,不就可以验证了?

道理是这个道理,但是,事情永远不是想象的那样简单。再完整的日全食周围也有日冕,还能看见日珥啊什么的,周围有散射光,所以在紧贴太阳边缘处,是不可能看到星光的,能被拍到的恒星,都离太阳边缘有一定的距离。

那怎么办呢?

别急,尽管离太阳边缘有一定距离,但是,它们的光怎么也算是经过太阳附近到达地球的,也应该会发生弯曲,只不过是,离太阳越远,偏折越小。有了这个规律,我们就可以利用拍到的星光,由外向内归算出曲线的偏折强度,进行推算、拟合,也可以得出太阳边缘的偏折角。

天才啊! I 服了 you ! I love you !

那我们立刻开始这段观测吧!

好,立刻开始!

……

虽然原理很直观,直观得看似简单,但实施起来真的很麻烦。

就全球而言,日全食并不太少见,大致每三年可以发生两次日全食。按理说不少了。可是方便观测的日全食不多，比如，日全食出现在海洋上（地球表面积约71%是海洋）、喜马拉雅山区、撒哈拉沙漠、不方便去的国家等等。这样一算，便于观测的机会也不多。

再说星星和太阳的位置，由于地球、太阳都在不停地运动，太阳、星空背景的视位置都在不断变化，所以，不仅要拍出日全食时的精确照片，还要拍出太阳不在这片天区时，同一视位置的星空的精确照片，以供对比。

就算等到了日全食，也不一定正好赶上它背后有可供观测的星星；就算有这样的星星，也不一定能赶上好天气；就算赶上了好天气，也不一定就能测准，因为那个偏折太小了，非十分精确便不足为证，甚至拍照时、洗相片时的温度差异等毫不起眼的条件都会导致测量不准。

这样一算，观测成功的概率虽然不等于零，但希望也相当渺茫。

从1911年爱因斯坦提出光线偏折角度的预言开始，人类又一个伟大的验证之旅戏剧性地拉开了帷幕。

这个故事很长，情节很狗血。如果这是一部电视剧，我相信即使是最蹩脚的导演，也不好意思让故事情节曲折得如此做作，但现实就是如此。世界就是这样，生活就是这样，它永远出乎人的意料，你别无选择。

起初，没有人对这个观测感兴趣，天文学家和物理学家都很忙。1912年10月，南美洲北部出现了一次日全食，好不容易有人想起这事，阿根廷科多巴天文台兴冲冲地准备观测光线偏折，但日食当天，阴云密布，于是大家洗洗睡了。

此后很长一段时间，观测之事无人问津。

正在爱因斯坦感到挫败时，柏林天文台的欧文·芬利·弗里德里希站了出来，表示愿意干这件事，他是天文台的助理，一个充满激情的年轻人。他知道，参与这一重要新理论的验证，是一次名垂青史的好机会。小伙子，有眼光！

但这真的不是一件容易的事，即使有日全食，月亮MM扫过地球的影子也只有几英里宽，要及时赶到阴影里才行。当然，你自己及时跑过去也只能看看热闹，向当地人借个脸盆敲敲，帮忙赶一赶吃月亮的哮天犬，因为搞测量要有精密昂贵的设备、器材等。这是一个团队的工作，涉及资金、人力、运输等。来回火车票找谁报？搬运费怎么开发票？离开岗位去搞测量，工资朝谁要？鸡要下蛋人要吃饭，这些现实问题不能不考虑。

小伙子算了一下，下一次日全食时间是1914年8月21日，地址是在毗邻黑海的克里米亚。

弗里德里希鼓足勇气,对他的上司说:“Boss,咱俩去俄罗斯吧,验证爱因斯坦的广义相对论,顺便去比较大的城市旅游一下,我看他以前的理论都比较靠谱,相信这回也错不了,万一火了呢?要不你批一下,台里出资?”

一曲肝肠断,天涯何处觅知音!这番话声情并茂,山河为之倾倒,鬼神为之动容,boss果然干脆,当即清晰地答了两个字:“做梦!”

爱因斯坦很生气,但后果不太严重。就是后人每次提起这事,都不提boss的名字,让他的名字被时间掩埋吧,我们只需知道柏林天文台曾有个眼光不好的boss就行了。

弗里德里希没有气馁,他见自己的boss死心眼,就给别人的boss——美国里克天文台的台长威廉·华莱士·坎贝尔写了封信,说:“Boss,咱俩去俄罗斯吧,验证爱因斯坦的广义相对论,顺便去比较大的城市旅游一下,我看他以前的理论都比较靠谱,相信这回也错不了,万一火了呢?要不你批一下,台里出资?”

坎贝尔一看,正合心意,准了!

临行,坎贝尔激动地说:“我们一定要成功!”

他们带着笨重的设备出发了,路很长,要横跨欧亚大陆,穿越世界上最辽阔的国家——俄罗斯,目标:黑海北部海岸上的一个半岛——克里米亚。

为了尽可能拍到好照片,他们提前到达,选择了不同地点宿营,以免同时遇到糟糕的事情,比如狗血天气啊什么的,让观测功亏一篑。

然而,更糟的事情发生了,1914年8月1日,德国对俄国宣战。

一天,弗里德里希的营地来了一队俄军,他们发现这个密林深处的营地里住的是德国人,还带着精密的照相机、望远镜……可以想象,那个背景下,傻瓜也能猜出他要干吗。果然,根据观测,傻瓜们得出结论:

这是一名德国间谍。

可怜的弗里德里希,还没看到日全食的影子,就成了战俘,人被关,设备被没收……人生若此,还有更倒霉的吗?

有的。

坎贝尔。

因为他是美国人,美国是中立国,俄军给了个面子允许他继续观测日全食,他在观测点调试好设备,时刻准备着。

期待已久的日全食终于到来了!

But,天边飘来一片云,也不太厚,也不太大,恰到好处地挡住了他要观测的星星。

坎贝尔幽怨地凝视了云朵 n 秒钟，二话没说，丢下先进的设备（打仗呢，设备被扣），心灰意冷地回国了。他说，他只想从后门偷偷溜回家，不见任何人。伤不起啊！

真是没有最倒霉，只有更倒霉！

下一个适合观测的日全食在 4 年之后。

希望又破灭了。

我们的希望就像小朋友吹泡泡，边破边吹，边吹边破，直到兴致全无。

爱因斯坦失望之余，开始重新审视他的计算结果。结果他发现，这次观测失败，对他而言，简直太幸运了！

因为，他算错了。囧……

爱因斯坦意识到，1911 年根据等效原理，他只算了时间弯曲产生的效应，一个类似牛顿引力势的效应，所以得出的值与根据牛顿力学计算的值大抵相当。当时没有考虑空间弯曲的效应。1915 年，爱因斯坦根据广义相对论计算出空间弯曲产生的偏折效应，对以光速运动的粒子来说，偏折大小恰好与时间弯曲效应导致的偏折大小相等。这样，时空弯曲综合效应产生的偏折角大约是原值 0.83 角秒的两倍，为 1.75 角秒。

如果弗里德里希他们观测成功了，那么他们会发现爱因斯坦错了。

这个幸运来得真是尴尬。爱因斯坦很快改正了错误，把太阳边缘星光的偏折度修正为 1.75 角秒。

1916 年 2 月，荷兰天文学家威廉·德·西特把爱因斯坦的论文翻译成英文，寄给了亚瑟·斯坦利·爱丁顿。

爱丁顿，英国天文学家、物理学家、数学家，也是著名的科普作家，剑桥大学天文学和实验物理学终身教授，剑桥大学天文台台长，英国皇家学会会员。自然界密实物体的发光强度极限被命名为“爱丁顿极限”，“无限只猴子任意敲打键盘，最终会写出大英博物馆所有的书”，这句名言即出自他口。

具有敏锐科学洞察力的爱丁顿立即意识到这篇论文的巨大科学价值。而当他得知，爱因斯坦曾逆德国之狂潮，写了份反战宣言，并因此遭受打击时，爱丁顿决定，必须为这个理论做点什么。当时，爱丁顿也因反战受到孤立，他要以此证明，科学无国界，敌对双方科学家可以为了崇高的目标站在一起。

这个想法很美很崇高,爱丁顿同志为之激动不已。

但激动归激动,星球运转可不管你心情怎么样,任你恨海情天,下一个日全食只能等到 1918 年 6 月 8 日。

等啊等,这一天终于临近了。

但不幸的是,大战正酣,爱丁顿被困在英国。

幸运的是,这次日全食出现在美国,因上次壮志未酬而耿耿于怀的坎贝尔离此不远,天赐良机啊!

But,坎贝尔的尖端设备还被扣着。

万幸的是,坎贝尔人缘不错,东挪西凑,终于用散件 DIY 出一套设备,可以凑合用。

"无论如何,也要办成这事,这也许是我最后的机会。"坎贝尔想。

1918 年 6 月 8 日,星期六,阴转多云有时晴,西北风转东南风一二三四五六级。

月亮 MM 依偎在太阳 GG 身边,GG 乐弯了腰,多么温馨的一幕!

可是,悲剧了,天边又飘来一片云。

每次都来这一手,一点都不好玩。敢不敢再俗套一点?!拜托你来点新鲜的好不好?!

坎贝尔抓狂了,他没有心情漫随天外云卷云舒,而是咬牙切齿地望着那片云,泪飞顿作倾盆雨:"我这辈子就毁在你手里了!"

反正也看不成星星了,我就多站会儿,看你还能怎么样?!看着那片若无其事的云,坎贝尔恨不能手掷炸弹轰散之。如果要评史上观云最狰狞表情,坎贝尔必定夺魁。

奇迹出现了,就在发生日全食的时候,云开雾散,繁星满天!悲痛欲绝的坎贝尔顿时幸福满怀,喜笑颜开,太刺激了!老天,这种搞法会出人命的!

不抛弃,不放弃。这话谁说的来着?高,实在是高啊!拍照,拍照,赶紧拍照!时间宝贵,稍纵即逝啊!

根据爱因斯坦的预言,照片上的某些恒星会有位移,不过,这个位移十分细微,大概相当于在几十米外拍一根火柴棍——要是没概念,就举起你的手机拍下试试,在 10 楼窗口拍 1 楼地面,只有不到 30 m,看看能不能分辨出火柴棍。这要求照片十分精确才行。

照片洗出来了,好像有几张能用,比了又比,对了又对,没发现传说中的位移！难道是临时 DIY 的设备不够精确？

可不能因为这套山寨设备毁了自己的名声！谨慎的坎贝尔想出一个绝妙的主意，那就是先闭嘴。我不说，不就没事了吗？哈！

云白看了，牙白咬了。

下一个日全食，在 1919 年 5 月 29 日，月亮 MM 的倩影，将从智利和秘鲁的接壤处开始，越过南美，扫过大西洋，飘到非洲的中部。这些地方离赤道都不远。那一带，风景如画，紫外线强烈，气候闷热、多暴雨，蚊虫也很猖獗。

爱丁顿把希望寄托在这次日全食上，但他知道政府不可能批准自己组团去观测，因为当时英、德两国正拼个你死我活，英国反对德国的一切，而爱丁顿是个和平主义者，拒绝参战，政府对他的立场比较恼火，因此爱丁顿只好鼓动别人来干这件事。

在他的鼓动下，一些强人技痒难熬，其中包括英国天文学家戴森。这家伙喜欢看月亮，也喜欢看太阳，两个一起看当然更爽，所以日食观测经验十分丰富。他欣然指出，这次日食，是检验相对论最理想的机会，因为日食发生时，它的星空背景是毕星团，其中有比较亮的恒星可供观测。

戴森向政府提交了他的观测计划。

政府一看，what？ why？ oh yes！你去吧，带上爱丁顿，告诉他，这只是一个警告，下次再反战，罚他天天去赤道看月亮！

太意外了！爱丁顿欣喜若狂。

1918 年 11 月，战争结束。虽然硝烟尚未散尽，尘埃尚未落定，但有了政府强有力的支持，一切困难就都是浮云了。戴森和爱丁顿屁颠屁颠地出发了。

英国这次派出了两支观测队，一支由戴森领队，观测点是南美洲巴西的索贝瑞尔；一支由爱丁顿领队，观测点是非洲西岸的普林西比岛。这次的设备还算比较精良，但以防万一，戴森除了天体照相仪，还带了一架小望远镜。

1919 年 4 月下旬，爱丁顿观测队一到普林西比岛，立即开始周详的准备工作，一切都是为了那一刻：1919 年 5 月 29 日下午，2：15—2：20，一共 5 分钟的观测时长。

1919 年 5 月 29 日凌晨，爱丁顿被他最怕听到的声音吵醒，风声雨声打雷声声声入耳，普林西比岛笼罩在狂风暴雨之中，爱丁顿举目四顾皆金星，万念俱灰，最终化为一念：愿戴森好运！

爱丁顿准备收拾行李回家。没想到下午 2 点，居然雨过天晴，风和日丽，好像那场雨是上个世纪的事。爱丁顿欣喜若狂，狂拍了很多照片，但到底是刚下

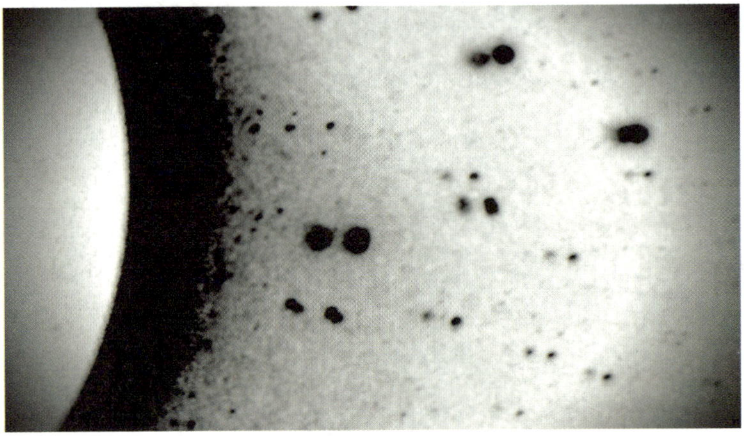

爱丁顿拍摄的日全食星光照片

过雨,大气层能见度受到影响,仅有 2 张显示出恒星的像。这已经是意外之喜了。

戴森的运气似乎好些,巴西的索贝瑞尔天气好极了,十分适宜观测。

他们用天体照相仪拍了 19 张照片,为稳妥起见,还用小望远镜拍了 8 张。这下保险了吧?

铁一般的事实告诉我们,这个世界上,没什么事是保险的。

天体照相仪关键时刻掉链子了,焦点不准,导致星像模糊!根据预言,底片上的星位位移只有 1/60 mm,现在图像模糊,测量的精确度自然就不高了。幸亏小望远镜还拍了 8 张,幸亏它拍的照片很清楚很锐利。但是,它的原始底片尺度小,位移更细微,需要更精准的测量手段。要知道,这是天体测量啊,差之毫厘何止谬以千里!

几个月后,3 份观测资料的处理结果出来了:

爱丁顿在普林西比拍的照片:(1.61 ±0.30)角秒

戴森在索贝瑞尔用天体照相仪拍的照片:0.93 角秒

戴森在索贝瑞尔用小望远镜拍的照片:(1.98 ±0.12)角秒

好像都跟爱因斯坦预言的 1.75 角秒不太一样。

爱丁顿和戴森经多次讨论分析,一致认为:小望远镜的测量结果应该更精确。原因有二:其一,爱丁顿拍照时受到天气的影响比较大,而戴森的天体照相仪犯的错最离谱——模糊;其二,星光的偏折程度,与其离太阳边缘的远近密切相关,而小望远镜的视场比较大。综合来看,这次,小望远镜给出的结果更精确。

根据上述分析，爱丁顿和戴森评判出 3 个观测结果的重要程度，用加权平均法，给出 1.64 角秒的结果。与爱因斯坦的预言比较接近。

1919 年 11 月 6 日，戴森在皇家学会和皇家天文学会上宣布：观测结果支持爱因斯坦的理论。汤姆逊说："爱因斯坦的相对论是人类思想史上最伟大的成就之一，也许是最伟大的成就！……这不是发现一个孤岛，这是发现了新的科学思想的新大陆。"

会场沸腾了。

伦敦《泰晤士报》于 11 月 7 日发出头版头条新闻《科学革命：牛顿的思想被推翻》。

世界沸腾了。

1919 年 9 月 22 日，洛伦兹发来贺电："欣闻爱丁顿验证星光经太阳边缘发生偏转……"

爱因斯坦很高兴得到这个结果，但并不激动。结果公布前，爱丁顿告诉爱因斯坦结论时，爱因斯坦说："我从来没有想过会是别的结果。"他对自己的理论十分自信，所以这一切都在他的意料之中。

意料之外的是，他一夜之间名扬全球，成为科学界、艺术界、教育界、娱乐圈、时尚圈、文化圈等各界各圈竞相追逐的明星，人们出于千奇百怪的理由，关注他的相对论和他本人的一切，令爱因斯坦猝不及防。这就是当代活牛顿啊，怎不令人痴醉迷狂?!

爱因斯坦敢于挑战权威，运用创造性的想象颠覆了人类自以为了解的整个世界。

除了坚定的支持者、盲目的崇拜者、狂热的追随者，当然少不了各种质疑者。甚至有人说，这次公布的日食观测结果经过了爱丁顿的"烹调"。瞧，说造假都说得这样婉约。

戴森公开了原始底片的拷贝，以正视听。

尽管如此，一些科学家还是认为，他们宣布这一成果是草率的，因为在这样复杂的一个检验中，导致误差的因素很多，比如天气、设备状况、底片成像质量，就连不起眼的温度变化，也可导致大气扰动、望远镜聚焦、底片尺寸等发生一系列变化，这些都会影响最后结果。温差小于 10 华氏度（约 5.6 ℃）的结果是可以接受的，但爱丁顿他们观测当天的温差达 22 华氏度（约 12.2 ℃）。

1920 年，在华盛顿召开了一次史称“大辩论”的重要会议，会议的主要目的是为沙普利和柯蒂斯提供一个打口水仗的战场。此前，在宇宙结构问题上，他俩一直企图说服对方同意自己的观点，但双方都没有成功。

我们在这里要说的不是他俩的辩论，而是本次大会的组织者阿伯特，他拒绝把相对论列入议题，并说了一句：“我向上帝祈祷，科学的进步会把相对论送到第四维空间之外的某个地方，它就永远不会回来折磨我们了。”

是啊，广义相对论怪诞离奇，怎么看怎么像谬论，但逻辑完整严密，形式简单优美，又怎么看怎么像真理。一半是魔鬼，一半是天使，一般人还真是伤不起。

相对论还没有到达第四维空间之外，阿伯特就先去了。

倒霉的坎贝尔台长也是怀疑、反对者之一，他反对的原因就是他自己没能找到支持相对论的证据。坎贝尔只相信事实，他严谨、客观的作风为人称道。

1922 年，坎贝尔又一次出发了，目标是澳大利亚，那里将发生一次日全食。

失败经验十分丰富的坎贝尔总结了经验教训，进行了周密的准备，行程、设备、人员等方面的每一个细节都在掌控之中。

更重要的是，不知是什么吸引了老天爷的注意力，这次他老人家没时间捉弄坎贝尔，天气很好。这一切保证了观测的精度。

得到的结果是(1.72 ±0.11)角秒。

这个结果以更高的精度为相对论提供了证据。

“我成功了！爱因斯坦成功了！”可爱的坎贝尔立即发表声明，承认自己错了，相对论是对的。

大家一看，不撞南墙不回头的坎贝尔都站在相对论阵营了，我们还等什么？呼啦一下，又站过去一大堆。剩下的那部分，有的还在愣神，有的感觉时空弯曲啊什么的太难以接受，于是脖子一扭屁股一扭转身去探求新的理论，还有几个撞了南墙也不回头的家伙仍站在原处，干吗？继续撞墙。

我们知道，在多个理论提出不同弯曲值的情况下，仅仅检验出光线弯曲，不能证明谁的理论正确。我们只能通过检验结果，判断哪种理论与观测更接近。

那么，观测精度就至关重要了。

坎贝尔之后，世界各国天文学家多次组织了光线弯曲的检验，手段越来越强，精度越来越高。一直到 20 世纪 60 年代初，检验结果离牛顿力学预言越来越远，离爱因斯坦的预言越来越近。爱因斯坦赢了。

可这时，半路杀出个程咬金，出现了一种新的引力理论——布兰斯-迪克理论，这个理论也给出了星光被太阳偏折的预言，偏折量比相对论给出的结果小8%。以当时的检验精度，无法判断哪个更接近观测，一时间，刚刚消散的迷雾又聚拢起来。

1973年6月30日，非洲撒哈拉沙漠西部的毛里塔尼亚将发生一次日全食。这是一个绝佳的观测机会。论时长，在20世纪所有日全食中排名第二；论星空背景，日全食在恒星最密集的银河背景下发生。

为了利用好这次机会，美国观测队提前做好周密的准备。他们选定欣盖提沙漠绿洲作为观测点，建造了专门用于观测的绝热小屋，围绕观测精度的提高做了大量细致的工作，比如，把暗房和底片洗液保持在20 ℃，对整套仪器各个部分的温度变化进行监控等，可谓细致入微。

天气很好。

日全食照片拍摄后，观测队封存了小屋，用水泥封住了望远镜上的止动销。

半年后，又回去拍摄了同一视位置的星空照片作为比较。那时，以超大规模集成电路为标志的第四代电脑已经问世。他们用精心设计的计算程序对所有的观测数据进行了分析，得到的结果是(1.66 ± 0.18)角秒。这一结果进一步接近了爱因斯坦的预言。

但是，这个精度，仍然不足以裁定相对论和布兰斯-迪克理论的胜负。

就光学观测手段而言，这次观测的精度，似乎达到了极限。还能怎么样呢？

我奶奶说，只要肯办事，就能办成事。人们很快想出一个新办法。

因为，人类有个宝贝已经越来越成熟了，那就是20世纪30年代发明的射电望远镜，这玩意儿能测到人眼看不见的电磁波。观测太阳对射电波的偏折，这就不用等日全食了，咱高兴啥时测，就啥时测，只要有太阳。

其实所谓射电望远镜，也不是很神秘。见过电视接收器、太阳灶吧？原理大致类似。

因为要靠“聚焦”来放大信号，所以观测精度跟射电望远镜的尺寸有很大关系。

说到这里，咱俩可以很骄傲地“显摆”一把：目前，世界上精度最高的射电望远镜，是咱国的FAST。它的口径有500 m，坐落在贵州省黔南布依族苗族自治州平塘县。为啥建在这儿呢？因为这么大尺寸的玩意儿，最好是利用天然地形，而平塘县的大窝凼(dàng)洼地恰好就有这么圆这么大，地质构造比较稳定。

中国天眼

虽说是利用地形的天然构造顺势而建，少挖很多土，但是由于涉及的技术、资金等问题很多很多，所以从1994年提出构想，到2016年9月25日FAST才建成启用，历时22年，是个超级工程。

FAST被称为“中国天眼”，和100 m口径、号称“地面最大的机器”的德国波恩望远镜相比，灵敏度提高约10倍。整整一个数量级的提高，必定能使它找到星空中更多的神奇玩意儿，比如已发现的数颗脉冲星。甚至有人把搜寻星际通讯信号、探索地外文明的希望寄托在中国天眼身上。

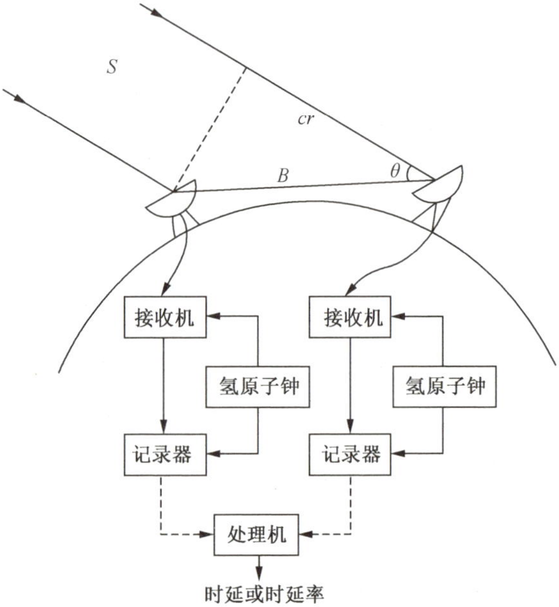

甚长基线干涉测量原理程序图

不过，中国天眼是2016年的事儿了，在当年，射电望远镜还都很小很稚嫩，所以只能想办法扩大“口径”。

那就是运用“甚长基线干涉技术”。给这个技术命名的人，小学语文可能是体育老师教的，毫无道理地把个名字搞成这样。听起来很高深，其实就是联合地球上不同位置的射电望远镜，对同一射电源——也就是太阳旁边的星光进行观测。“基线”是指射电望远镜之间的距离；“甚长”是指这个距离特别长，有的在湖北，有的在东北，有的在藏北，基线就有几千千米长；“干涉”是电磁波的一种物理特性，类似前面说过的光干涉，不同之处是人眼看不见，得用仪器看。

这种技术的优点是，基线长度不受限制，定点准，精度高。

这些远隔千里的望远镜，“同时”接收太阳边缘的恒星射电波，各自记录在磁带上，然后科学家把磁带一起送到处理机中，算出结果。

1976 年，他们得到(1.761 ±0.016)角秒的值，以误差小于 1% 的精度证实了广义相对论的预言。爱因斯坦又赢了。

可以说，广义相对论光线偏折预言经受了严苛的检验。从 1919 年到 1973 年，进行了 12 次光学观测检验；从 1970 年到 1991 年，进行了 12 次射电观测检验。

1991 年，精益求精的科学家们又以万分之一的观测精度证实了广义相对论的预言。

此时，身在第四维空间之外某个地方的阿伯特，如果看到这些结论，一定也会承认，至少在万分之一精度范围内，相对论是对的。

在光线偏折方面，广义相对论还预言了“引力透镜效应”。一个天体发出光线，遇到另一个大质量天体，光线会重新汇聚，类似光学透镜的作用，故名“引力透镜效应”。

这个效应让我们可以观测到被天体挡住的恒星。一般情况下，看到的应该是个环，被称为“爱因斯坦环”。但由于诸多因素的影响，有时会看到不同的景象，比如“爱因斯坦十字”等。黑洞、星系、星系团等强大引力源，会造成空间剧烈扭曲，使天体影像严重变形。

随着宇宙观测技术的进步，人们找到越来越多引力透镜效应的证据，并根据观测效果命名为“爱因斯坦十字”“爱因斯坦环”等。

引力透镜效应是一个特好用的工具，比如用来寻找暗物质，寻找星系团，测定星系团里暗物质的分布，测定宇宙物质分布，等等。

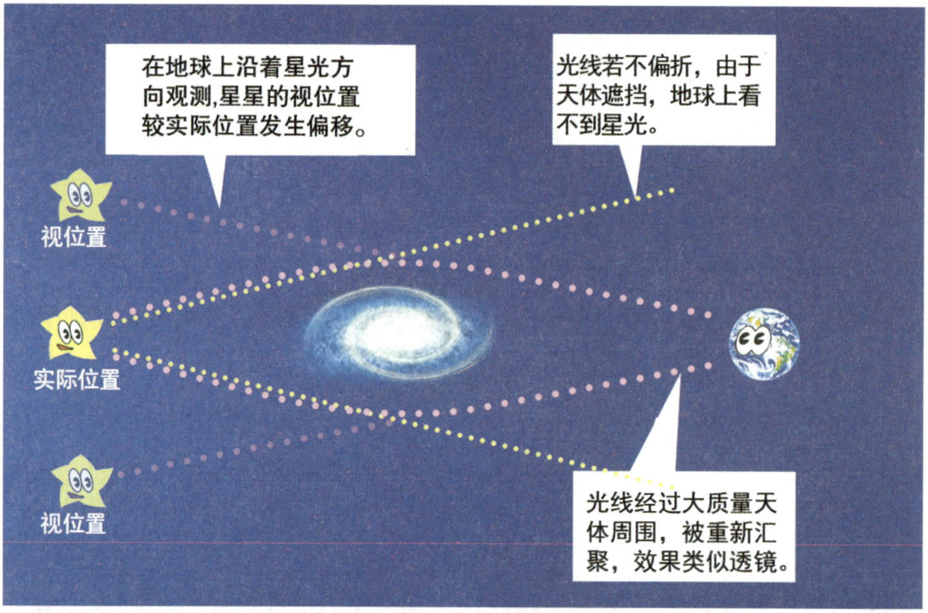

◀引力透镜效应原理

▲爱因斯坦环

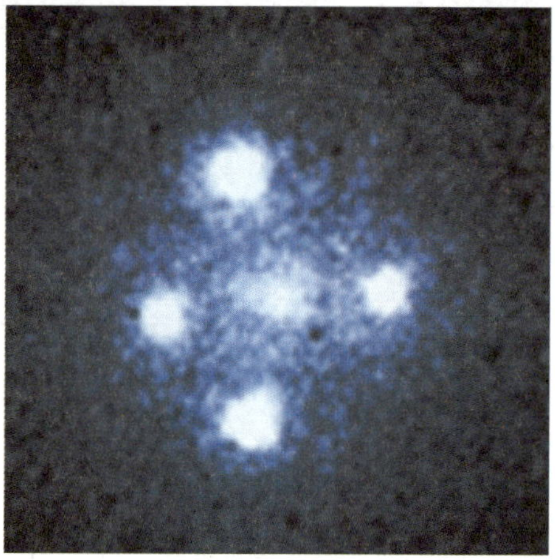

▲爱因斯坦十字

2 水星进动

水星是太阳系中一颗特别奇怪的行星。没说它最奇怪，是因为有地球在，地球上有看什么都奇怪的你和我，还有比这更奇怪的吗？

水星创造了很多太阳系之最，我们列举几个：

① 离太阳最近。水星和太阳的平均距离为 5 790 万千米，约为日地距离的 38.7%，太阳系八大行星中，它离太阳最近。

② 轨道速度最快。水星是太阳陛下的贴身近臣，围着太阳转得最快，轨道速度为每秒 48 km，比地球每秒快 18 km。

③ 一年时间最短。它绕太阳一周只用咱地球时间的 88 天，我们知道，地球绕太阳一周约 365 天。

④ 表面温差最大。水星没有大气层，又离太阳太近，所以只能被太阳干烤，向阳面最高温可达 430 ℃，背阳面夜间可降到 −160 ℃，温差近 600 ℃。

⑤ 卫星最少。水星没有卫星，和金星一样穷，而太阳系 8 颗行星已发现并命名的卫星总数达 170 多个。如果你住在木星上，就能看见好多“月亮”，有 60 多个！不说具体个数的原因是，说不定明天又有新发现。现在要紧的是，赶紧定义卫星的最小尺度，不然会发现几千万颗卫星，但不会有水星的份。

太阳系八大行星

水星照片

⑥ 一天时间最长。水星自转、公转方向相同，它每自转 3 周才是 1 昼夜，这需要它公转 2 周的时间才能完成，所以水星上 1 天就是 2 年，相当于地球的 176 天。很绕是吧？嘿嘿，好好琢磨琢磨就绕过来了。

⑦ 最小。它的平均半径只有(2 440 ± 1) km，仅比地球的卫星月亮 MM 大 40% 左右。冥王星被开除行星星籍，降格为矮行星，其中一个原因就是个儿太小，没有足够的引力清空其轨道附近的天体。

由于水星太接近太阳，所以常常被无比灿烂的阳光淹没，我们常常看不见它。它的行踪十分诡异，时常交替出现在太阳的两侧，以至于古希腊人曾把水星看成两个不同的行星：它出现在傍晚时，人称墨丘利；它出现在早晨时，人称阿波罗。后来毕达哥拉斯拆穿了它的鬼把戏，指出这其实是同一颗行星。

实际上，八大行星各不相同，总要有大小远近快慢长短之最，尽管上面 7 个“××之最”集中在水星上，但也还算基本正常。所以，科学家每发现水星的一个“之最”，虽然都会像娱乐记者发现巨星绯闻一样兴奋一下，却也并不意外。

然而，水星还有一个“之最”，却让物理学家、天文学家们感到困惑，头痛不已——最不听话。

它不遵守牛顿定律！

按照牛顿天体力学，一个孤立的行星是在一个固定的椭圆轨道上围绕太阳运转的（椭圆的长轴不动）。由于其他行星的存在，这个运动受到干扰，椭圆轨道会缓慢地进动。

那么，什么是“进动”呢？

“进动”又叫“旋进”，就是物体自转时，它的自转轴又绕着另一轴旋转的现象。

我们都玩过陀螺，陀螺自转时，它的自转轴一般并不垂直于水平面，它会往复摇摆，仔细看，其实它的自转轴在绕着尖脚旁的垂直线旋转。

行星在自转时有进动现象，有的进动比较明显，导致赤道并不总是正对着太阳，从而产生温度变化（就像地球上的春夏秋冬一样），所以，星球进动现象也叫岁差现象。当然，地球的四季不是由进动引起的。

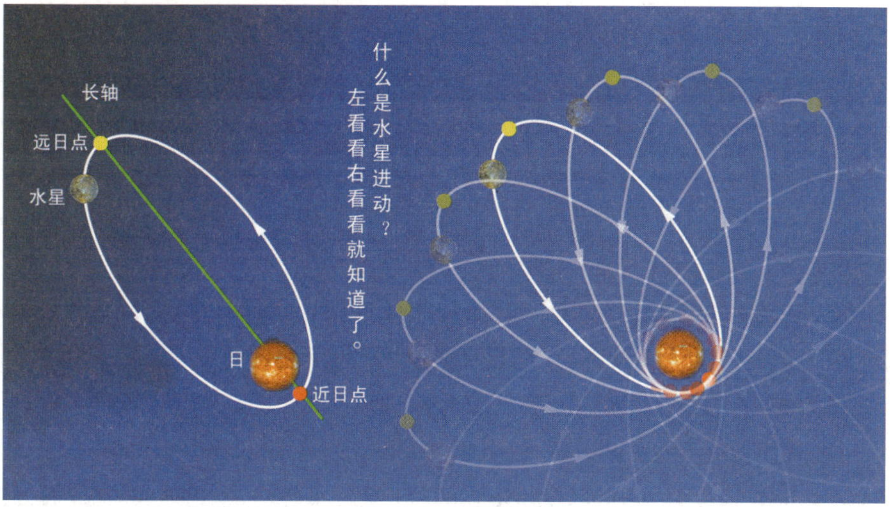

水星进动

实际上，只要物体在转，就会产生进动。自转有，公转也有。天体公转的轨道也在进动。如果我们把天体公转的椭圆轨道都画上长轴，会发现，这个长轴不是总指向同一个方向，而是在缓慢转动。

为方便观测、对比轨道的变化，我们需要在行星轨道上找一个点作为标记。因为大家都是绕着太阳转的，所以选离太阳最近的那个点观测比较方便，这个点叫“近日点”。

水星从一个近日点出发，转一周后，由于轨道进动，它不能回到原来的那个点上了，也就是说近日点已经“转移”了，因此，水星的轨道不是一个封闭的椭圆，而是一个接续转动的开口椭圆，画出来就像是一朵花。

还记得勒威耶吧？就是那个因发现海王星而一举成名的幸运儿。

1859 年，勒威耶又狠狠地激动了一场。因为他感到，自己又将发现另一颗行星。

上次发现海王星，是由对天王星诡异行动的研究引起的。

这次，勒威耶又发现水星行迹十分可疑。

他运用得心应手的牛顿力学，详细计算了水星轨道近日点的进动速率。之所以说“详细计算”，是因为真的算得很详细，不仅考虑了太阳引力、水星本身自转和公转等因素，还考虑了其他行星引起的微弱扰动因素，最后得出水星每百年进动的精确结果与观测结果相差 38 角秒。

差 38 角秒，本就不算什么。我们知道，$1^\circ=60$ 角分 $=3\,600$ 角秒，一个圆是 360°，用角秒表示，有 1 296 000 角秒。

我来画一个圆，由你来把它分成 1 296 000 份圆弧，你一定会惊叹：每一段实在是太小了！

如此说来，计算值与观测值的差距，实在是太细微了，牛顿理论太牛了！

所以，即使这个圆圈是金的，让你把它切成 1 296 000 段，把其中一段作为你的劳务费，你也会很干脆地送我一个特有快感的字：不！

但，你会后悔的。

因为这是一次天文计算。所以，那是一个大圈。

很大的圈。

我们粗略算一下：

水星公转速度是 48 km/s，每天是 86 400 秒，每转一圈耗时 88 天。那么这个圈的周长是 $48\ \text{km/s}\times(86\,400\times88)\ \text{s}=364\,953\,600\ \text{km}$。

每一角秒对应的弧长是 $(364\,953\,600\div1\,296\,000)\ \text{km}=281.6\ \text{km}$。

对不起，你刚才放弃了一根 281.6 km 的金条。

你想从头到尾看一下你的金条，以 70 km/h 的车速，得跑 4 个多小时。这根金条即使高和宽都只有 1 cm，那也有 $28.16\ \text{m}^3$，重 544 051 200 g，按 2018 年 1 月金价 277 元/g 算，价值约 1 507 亿元人民币，200 多亿美元。你放弃了在福布斯全球富豪榜上叱咤风云的机会！

勒威耶曾预言在太阳和水星之间存在“火神星”。

38 角秒对应的弧长就是 10 700.8 km，即使是红军叔叔的铁脚板，也要跑上一年。

所以，这 38 角秒是咱俩不能容忍的。

也是勒威耶不能容忍的。

所以，勒威耶推测道：

① 我以前的实践证明，牛顿理论是很牛的，不会出错；

② 我的计算是很牛的，不会出错；

③ 我和大家的观测也是很牛的，不会出错。

因此，只剩下一个可能，存在一个我们还没发现的行星，它给水星的扰动带来这 38 角秒的差异。

我一定要找到它，重塑当年发现海王星的辉煌！太阳系中一共就这么几颗行星，其中两颗行星都是同一个人发现的，这是空前的，也是绝后的，这等美事，想想都失眠。

勒威耶估算了新行星的位置：在太阳和水星之间。

甚至为这颗新行星取了一个酷酷的名字：火神星。

被水星诡异的行踪搞得十分懵懂的人们纷纷表示，勒威耶的观点推进了天体物理学的发展，指明了太阳系行星研究的前进方向，代表了牛顿力学的根本利益，我们大家都喜欢，必须一以贯之，坚定、坚决地拥护。

他们是这样说的，也是这样做的。

地球上无数天文望远镜一齐瞄准太阳，目标：太阳的贴身秘书"火神星"。

即使有不少人被阳光灼伤了眼睛，也在所不惜。

因为，发现者——地球上第一个看见并予以描述的人——只有一个。

毕竟，全球第一的机会，实在是一个稀有资源。

而且，有人告诉你，就在那儿。你要做的，只是对准那儿，仔细看，记下来，就 OK 了。

这等好事，不干白不干，白干谁不干？

很快，喜讯传来。

巴黎远郊的一个美丽乡镇，勒斯卡博师傅，三级木匠，骨灰级的天文爱好者，喜讯是从他这里传出的。

1859 年的一天，勒斯卡博家门前传来一阵急促的马蹄声，一位风度翩翩、风尘仆仆的绅士跳下马车，直奔勒斯卡博的工棚。

打柜？修车？

看着勒斯卡博疑惑的目光，绅士自我介绍道："我是勒威耶。"

偶像突然出现在自己面前，腼腆的勒斯卡博激动不已。一切语言都是多余的，他转身从工棚搬出一堆木板，用手一指：都在这里了。

勒威耶一看，木板上写满了观测记录。勒斯卡博师傅以木为纸，以刨子为橡皮，写错了就拿出来刨一刨，很有创意。

勒斯卡博介绍道，自从听到勒威耶的预言起，他就一心扑在太阳上，望眼欲穿，终于看到太阳圆面上有个未知行星的投影，根据他的观测，它的直径是水星的 1/4。

此后，很多观测者纷纷宣布：火神星找到了。

人证这么多，勒威耶一时心花怒放。

何止是勒威耶，整个欧洲都轰动了。这是一件大事。

巴黎科学院紧急召开专门会议，勒威耶做专题报告。

勒威耶根据木板上的资料，结合水星进动的计算结果，得出“火神星”离太阳约2 100万千米，绕太阳一周约20天，下一次在日面上出现（凌日）的日期是1877年3月22日。

这是万众瞩目的一天。

1877年3月22日，所有望远镜都对准了太阳。同志们，同学们，同乡们！你们即将看到一颗新星，那是一颗璀璨的新星！激动人心的时刻就要到来了！有没有？有没有？

没有。

没人看见火神星。

火神星放了全地球人的鸽子。

怎么回事呢？阳光太强看不到？或者，火神星不堪众目睽睽，扑进了太阳的怀抱？

你还别说，当时，“火神星被太阳吃掉”的说法还真流行了一阵子。

难道它绕太阳转了几十亿年，单等人们企图窥视它时，才义无反顾地纵身火海？凭什么啊？

但谁也没有怀疑计算错误。这道计算题，牛顿不会说错，勒威耶不会算错。

火神星一定有！否则，那该死的38角秒怎么解释？

勒威耶对此深信不疑。1877年9月23日，勒威耶去世。临终时，他叮嘱人们：找到新星，勿失信心！

坚信火神星存在的，又何止勒威耶。很多人像信徒一样，把满腔热情投入到寻找火神星的这场修行中。

骨灰级天文爱好者、德国药剂师施瓦贝就是其中的一员，他自制望远镜，17年如一日地寻找火神星的倩影，但伊人如梦，无影无踪。

找不到火神星，也不能当那38角秒不存在啊。日子还得过，理论还得符合观测，是不是？

19世纪末，美国海军学院的纽康测得更精确的差值为百年43角秒。为了解释水星近日点的进动，一些聪明的家伙把牛顿理论稍加修改，成功地弥补了这43角秒！

但是科学家们一点也不兴奋，因为照这种搞法，其他行星的近日点进动就都算不准了，比如金星、地球和小行星伊卡鲁斯等等。一个理论只为一颗行星服务，而视其他行星为无物，是不是太儿戏了？

后来，人们发现，越是靠近太阳的行星，近日点进动的观测值与理论值相差越大。所以有人提出，寻找太阳本身形变产生的扰动力。这倒是个很不错的思路。同志们纷纷表示拥护。

太阳很圆很强大，它的变形应该能引起行星近日点进动。

于是大家开始研究太阳的变形，以及由此对行星运转产生的扰动。

但研究结果与预期结果差得太多了。

太阳虽然不像理论球形那样圆，但它现在那点变形，根本不足以引起那么大的扰动。

也就是说，太阳还是太圆了。总不能把太阳拍扁来适应这43角秒吧？

牛顿引力理论改或者不改，都解释不了这43角秒的差异。人们说，这又是飘浮在牛顿的引力理论上空的一朵乌云。

为什么要说“又”？

断壁撑楼台，

乌云滚滚来。

何故一而再？

东方鱼肚白！

1915年，爱因斯坦构建了广义相对论的完整框架，但有一个很大的问题，我们前面提到了——没人信。

广义相对论的思想太过超前，没什么实验基础，它主要是靠一颗聪明的脑袋，建立在一种数学式的推理之上。所以，许多物理学家都把它看作一种数学游戏。

必须找到一个证据！

必须找到一个广义相对论能准确预言的证据！

必须找到一个广义相对论能准确预言，但牛顿理论却不能预言的证据！

有了！

爱因斯坦眼前一亮。

他看到了水星。

水星轨道近日点进动，这是一个困扰人类多年的天文学之谜，他相信，他的广义相对论一定能够破解这一重大疑团！

广义相对论的计算结果：水星每百年进动值为 5 600. 53 角秒。

与牛顿理论的计算结果相差 42. 91 角秒。

与观测数据 5 600. 73 角秒十分接近。

纸上的方程式，与天外遥远行星的运行方式神奇地吻合，该是怎样的一种快感！

尤其是，只有这一个方程式与之吻合。

爱因斯坦说，不存在火神星，不需要请火神星来解释水星的进动。

牛顿力学认为，引力与距离有关，与质量有关，与行星自转速度等其他因素无关。

广义相对论认为，引力不仅与物体的质量和距离相关，与物体的自转速度也密切相关。也就是说，物体自转也参与引力的相互作用。这样，引力影响自转轴的进动，而自转轴的进动、自转的速度也会扰动引力，对公转轨道进动产生影响。这些小动作非常细腻微妙，产生的效应值也非常细微。牛顿理论不考虑这些因素，也能得出很精确的近似值。

那么，这些个小动作，你有我有全都有，为什么单单水星近日点的进动，会给牛顿定律出难题呢？

主要原因不在这些小动作上。还记得广义相对论描述的重点吗？

是的，时空弯曲。

根据广义相对论，越靠近太阳，时空曲率越大。而水星运动轨道的偏心率较大，它在近日点和远日点所受到的时空曲率作用的差异也更明显，这会增加其进动值。

爱因斯坦的理论综合了各种因素，尤其是在对时空的认识上，更胜一筹，所以得出了更准确的结果。不仅计算水星进动的理论值与观测值相符，而且计算的地球、金星等行星的进动值也与观测值十分相符。

人们正要为水星疑云的成功化解长舒一口气时，却突然发现，一个严重的问题出现在面前。

如果承认爱因斯坦是对的，那就意味着牛顿理论崩溃了。

取而代之的是自己难以接受的一个奇谈怪论，它从一个匪夷所思的角度描述我们的宇宙，使我们本来以为一目了然的宇宙顿时披上一层神秘的面纱。

不，是一床神秘的棉被！

“错，我始终坦诚相待，是你们自己用棉被蒙住了眼睛！”宇宙纠正道。

于是，一些天文学家仍在孜孜不倦地继续寻找他们心中的火神星。

1970 年 3 月 8 日，墨西哥日全食，一个国际观测小组宣称，观测到太阳旁边有颗很灿烂的行星。

1973 年 6 月 30 日，肯尼亚日全食，比利时天文学家多森和赫克拍摄了 20 多张底片，显示太阳附近有一颗比水星还亮的行星。但国际天文学界未予承认，他们认为这不过是底片上的一点瑕疵。

1973 年 11 月，美国发射水手 10 号宇宙飞船，专程去寻找水内行星，一年后，徒劳而归。

1976 年 1 月，德国、美国联合发射了太阳神 2 号太空探测器，在距离太阳 0.3 天文单位处苦苦搜寻火神星，未果。

1980 年 2 月 16 日，中国昆明日全食，中国科学院的观测队也把搜寻火神星列入重要任务，搜寻未果。

许多年过去了，多少少年鬓成霜，身成仁。

火神星说，不要迷恋哥，哥只是一个传说。

水星进动效应的精确验证，成为广义相对论的一根牢固支柱。

3 引力红移

这是普通的一天，在一个普通的铁路道口。

那件普通的事情，本不适合在这里做。

散步。

但，他们已然来到这里。

一次普通的路过。

两个普通的身影。

一个父亲，带着他的孩子。

隆隆声，不用看，是火车正呼啸而来。

因为那时，汽车还没有诞生。

“那我们就离它远点，等它过去再走吧。毕竟，我们只是来散步的。”父亲说。

充满张力的汽笛声，高唱而来，呜咽而去。

孩子目送火车渐行渐远，拉起父亲的手，要完成这次散步。

而父亲，却陷入沉思。

为什么汽笛声总是高唱而来，呜咽而去？无数次在站台听过火车启程时的汽笛声，音调平稳而悠长。

没有音调起伏。

这是正常的，因为火车汽笛没有设计变调的功能。毕竟，它的主要功能是发出噪声提醒人们远离自己，而不是奏出迷人曲调吸引人们亲近自己。

那么，为什么火车在快速靠近我们时，音调越来越高，越来越尖锐，而在快速离开我们时，音调越来越低，越来越沉闷？

这的确是个问题。

但多数人没注意到。少数注意到的，只是“咦”了一声，然后像我一样，把这个问题抛在脑后，忙着打酱油去了。

只有这个父亲，不仅注意到了，而且一研究就是很多年。

这个比孩子更好奇的父亲，就是大名鼎鼎的多普勒，奥地利物理学家、数学家和天文学家。他的盛名得益于这次著名的好奇。

研究越来越深入，事情就变得越来越有趣。

当观察者与声源相对静止时，听到的声源频率不变。如果你坐在火车里，火车开得再快，这列火车的汽笛声，你听起来也是不变调的——从车窗外传来的声音除外。

观察者与声源之间相对运动时，听到的声源频率就会发生变化。规律是：相互靠近，音调变高，也就是频率升高；相互远离，音调变低，也就是频率降低；并且，相对速度越快，变化越明显。

站在铁路旁，相互有一段距离的两个人，一列向前开的火车头运动到他俩之间的时候鸣笛，在车头前方的人，听到的音调高，在车头后方的人，听到的音调低。

不同的观测者，听同一汽笛声，音调不同。原来频率也是相对的！

这种效应就是著名的多普勒效应，也称多普勒频移。

多普勒还给出了速度与频移的关系式。

多普勒频移不仅适用于声波，也适用于其他所有波形，譬如光波、电磁波，甚至水波。

嗯，就算是这样，又有什么用？

用处大了去了。这是一个基础性的发现。一般来说，越基础的东西越不起眼，但用处越大。

比如，我们发现，种子埋到土里，可以复制更多种子，于是农业诞生了。

比如，人们发现，身上披些东西既可遮羞，又可御寒，于是服装业萌芽了。

比如，牛顿发现，万物都是有引力的，于是现代科学奠基了。

比如，瓦特发现，蒸汽力大无比，于是第一次工业革命爆发了。

现在，多普勒发现，波谱可以频移，虽然不像种子那般基础，但作为通行波界的一种普遍现象，它为人们带来了怎样的变革呢？

1842 年 5 月 25 日，美丽的布拉格，皇家波希米亚学会科学分会会议胜利召开。

多普勒提交了题为《论天体中双星和其他一些星体的彩色光》的论文，正式提出了多普勒原理，解释天体运动和光谱变化之间的关系，他总结道：

光源沿着我们的视线方向运动，会导致光的颜色和频率（其实是一回事）发生变化，速度越快，变化越明显。

规律是：光源趋近我们，光频增高，颜色向蓝端变化，也就是“蓝移”。（其实最外端是紫色，应该叫“紫移”才准确。）

多普勒效应

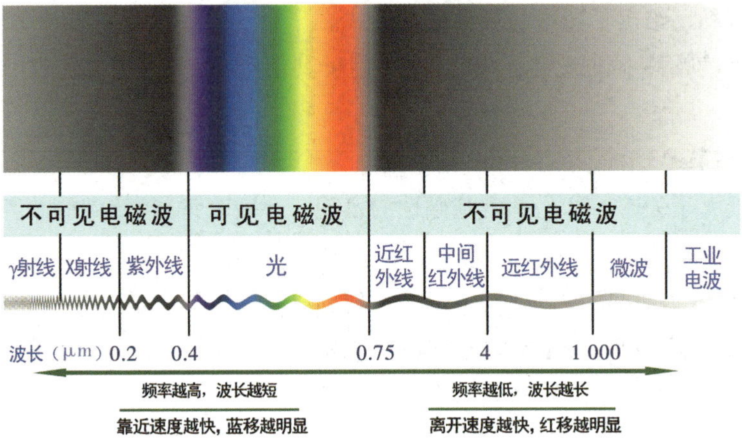

电磁波光谱

注：为了看起来方便，图中波长的分段不是按实际比例划分的。电磁波波长差别巨大，长的达几千米，甚至上千千米，短的几微米，甚至不足1 nm。不同波长对应不同性质的电磁波。可见光只占电磁波中极小的波段。

光源离开我们，光频减弱，颜色向红端变化，也就是“红移”。

其实，多普勒效应不难理解。波的传递速度不变，那么当波源向波的运动方向加速时，波长必然被压缩，频率增高；反之，波长必然被拉伸，频率降低。

我们可以这样想象：手电筒射出的光，是一根笔直的、向前匀速延伸的弹簧，弹簧最前端速度不变，那么，手电筒前后移动，是不是必然导致弹簧被拉伸或压缩？

我们还可以做实验，其实这个实验大家都做过。小时候在湖边玩，都拿棍子划过水面，我们稍慢些划，会发现水波的最外围是圆的，这说明水波以同样的速度向四周传递，棍子运动方向的波纹细密（波长短，频率高），而反方向水波宽松（波长长，频率低）。

当然，如果棍子划得太快，就会超出水波传递范围，此时，棍子运动前方没有波，这可以类比超音速效应。这也从一个侧面证明了波速是不可以叠加在波源上的。

扯远了，呵呵，再扯回来。

如果波源不动，而是观测者动，那更好理解。波以稳定的速度向观测者传递。观测者向波源运动，则同等时间内，接收到更多的波，等于频率增高；反之，则在同等时间内，接收到更少的波，等于频率降低。

多普勒把这一原理与天体观测联系起来，推测道：

星星对于我们不管是趋近还是离开，如果速度够快，白光和彩色光最后都变得不可见。

如果一颗星星与我们的相对速度发生变化，那么它的颜色和频率也会发生变化。

比方说，注意，是“比方”说，一颗发黄的星星变得有些发红了，说明它在加速离开我们，或者说，我们在加速离开它。如果这个速度再加快些，那么我们就看不见它了，因为我们眼睛接收的是红外线的频率。

这怎么可能？！

质疑声此起彼伏。

荷兰皇家气象学院院长巴洛特也是这样说的，他先批评了多普勒关于星星颜色随速度变化的预言，然后策划实验——我不仅要在理论上放倒你，还要在实验上放倒你！

因为当时的技术条件有限，星星的颜色是不是随速度变化，无法用实验验证，于是兴致勃勃的巴洛特院长选择对声音的频移进行验证。

1845 年，乌得勒支的一条铁路上，一辆机车拉着一节平板车厢，上面坐着一个乐队，他们当然负责演奏。

铁路旁，是一些音乐家，他们负责欣赏乐队的演奏。这似乎是件好事。

不幸的是，这个乐队全是小号手，音色单一。

更不幸的是，音调也单一。这是为了更好地甄别速度与变调的关系。

最不幸的是，音乐家们连续欣赏了两天。

小号手奏乐，机车快速地跑来跑去，铁路旁的音乐家们负责辨别音调变化。

然后音乐家坐在车上，乐队在铁路旁演奏。

如此往复。

这样折磨了两天后，音乐家们得出结论：音调的确发生了变化，就像多普勒说的那样。

“好吧，你是对的。”巴洛特对多普勒说。

虽然巴院长的实验放倒了自己，但他认真严谨、绝不耍赖的科学精神得到了更大、更长久的尊敬。

虽然从声波的实验上来看，多普勒是对的。但他确有错误之处，只是巴洛特没发现。

当时，多普勒是把光波类比声波来看待的。但光波是横波（质点的振动方向与波的传播方向垂直），声波是纵波（质点的振动方向与波的传播方向平行）。多普勒把光波当作“以太”中的横向位移来处理了。

不过，不论是横波还是纵波，在多普勒效应上是类似的，所以他得到的结果是对的。

1848 年，巴黎，科学普及协会。菲佐，还记得吧，就是用齿轮测光速的那个牛人（第七章“光速追踪”一节），他在会上提出几点看法：

① 光源静止时，每一种光占据相应的谱线位置。

为什么要说“每一种光”呢？因为基本找不到那么变态的自然光源，只发一个频率的光。

什么是谱线呢？谱线是光谱上的线条，有的亮，有的暗，是光子在某个频率范围内，比邻近的频率多或少造成的。每条谱线在静止光谱上有自己的固定位置和名字。还记得吧？前面说过，1814 年，夫琅和费发现太阳光谱中有许多暗线；1823 年，小费自制精密光栅，观察到 576 条暗线（现在人们已经发现了 1 万多条），并编制成表，这些线以他的名字命名并编号。（第六章“元素的指纹”一节）

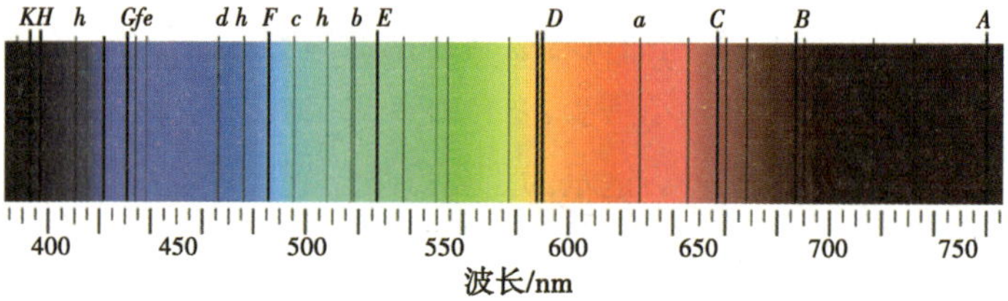

夫琅和费光谱

② 光源运动时，根据运动方向，所有的光都以当前频率为起点，谱线向红端移动或向蓝端移动。

注意，是谱线移动，而不是颜色移动。

③ 颜色本身不会移位。

光源发出的光多数是什么频率都有，黄色光频向红色移动时，绿色光频也在向黄色移动，光频被补充了，所以我们一般看不到颜色移动，但能看见谱线移动。

④ 谱线位移只跟速度关系密切，跟距离一毛钱关系没有。

⑤ 所以，多普勒效应可以用来确定观察对象（光源）在光谱中的谱线位置，对照一下这些谱线本来应在的标准位置，就可以得出光源的速度。

为此，也有人把这称为“多普勒－菲佐效应”。

1870 年，意大利天文学家赛奇想到利用太阳自转现象观测这一效应。太阳自转，自然就有一侧朝我们而来，另一侧离我们而去（除非它的自转轴正好瞄准我们。若想象不到，转一下拳头看看就知道了），他发现了两侧谱线位置存在差异。

1871 年，德国天文学家沃格尔用分光镜测定了太阳东西两侧的光谱，算出了太阳自转速度，将其与利用太阳黑子移动算出的速度一对比，发现两者非常接近。后来这一结果被多次验证，精确度越来越高。法国物理学家考纽以 3% 的精度验证了这一效应。

1891 年，沃格尔通过金星的谱线位移算出它的速度，证实反射光同样适用多普勒效应。

此后，人们开始在实验室验证多普勒效应，1907 年到 1919 年间，严谨的科学家们多次在实验室验证了这一效应。

如今，多普勒效应广泛应用于科学研究、工程技术、医疗诊断等领域，如分析恒星大气、星体运动测量、激光和声波测速等。

我们现有的多数星体运动知识，都是运用多普勒效应得来的，如双星特征、银河系转动、宇宙爆炸等等。

在飞机、卫星等高速运动的通信设备中，也要充分考虑到多普勒效应，解决由于速度造成的变频问题，才能保证通信质量。

利用多普勒效应原理可测量气体、液体的流速。如：研究风洞里的速度分布，远距离测量风速（空中任意高度的风速），监视飞机着陆前后机场上的湍流，测量人体血管内血流的速度，等等。

我们比较熟悉的多普勒效应设备有雷达、测速仪、彩超等等。

那么，说了这么多，这与广义相对论有什么关系呢？

有很大关系。

多普勒效应是运动引起的。

爱因斯坦根据他的广义相对论等效原理推论：引力也应该能引起多普勒效应！

电磁波从恒星上发出，速度不变，但引力等效于加速度，会拖电磁波的后腿，也就是拉伸电磁波的波长，产生的效应，就像光源在后退一样，电磁辐射的频率减小，产生红移。

这就是著名的引力红移，也称相对论红移——爱因斯坦提出的广义相对论三大验证方案之一。

这个验证方案看上去很美，但是，实施起来那是相当的困难。因为我们不仅仅要验证引力是否能引起红移，还要验证理论值与检测值是不是吻合。

第一个难题，观测什么。

太阳。逃脱太阳引力的速度称为第三宇宙速度。从太阳表面逃逸需要617.7 km/s的速度，在地球轨道上，逃脱太阳引力场的速度就只需要42.1 km/s（我们地球人利用地球公转的速度，与地球公转同方向发射速度为16.7 km/s的火箭，就可以摆脱太阳引力了，所以我们常说的第三宇宙速度就是16.7 km/s）。

这点速度就可以逃脱太阳引力，对于光速而言，真是太小菜一碟了，小到几乎没有。也就是说，太阳引力对光频的影响微乎其微。以当时的实验精度，难以得到准确结果。

太阳系外的大质量恒星中，即使找到一个质量比太阳大得多、能带来更强红移效应的恒星，也会由于多种因素导致检测不准。

比如，恒星与我们的相对运动带来的多普勒效应，要比引力效应大得多，如何能精确地把复杂的运动效应剔除，得到那么一点点细微的引力效应，是个很大的技术问题。

再比如，不同元素发出的电磁波是不同的，不知道恒星的成分，那就不知道电磁波的初始频率，连起点都不清楚，又怎么测得准它移动了多少？

理想的状态是，能在天空中找到频率比较单一、引力比较大的光源。但我们都知道，这和坐在迪拜塔地下室等着天上掉馅饼一样困难。

第二个难题，用什么观测。

观测这一细微的效应，关键是精度——时间、频率的精度。

因为这个效应十分细微，所以我们要从原子和光子说起。

原子情绪稳定、行为正常的基本状态，称为“基态”。当一个原子吸收了足够能量（比如光子），类似大力水手吃了菠菜，有劲没处使时，称为“激发态”。

原子想从激发态恢复到基态，需要放出能量——光子。光子遇到别的原子，会被接收，但不同类型的原子、相同类型不同状态的原子，接收光子的能量各有差异。

我们知道，光子的能量和它振动的频率成正比，而我们要测的就是频率。接收的频率和射入的频率不相等，还怎么测？

直到1957年，德国物理学家穆斯堡尔提出，一个处于激发态的原子释放出的光子，遇到另一个同类的处于基态的原子时，就能够被共振吸收。

这种“共振”吸收的状态很理想，光子能量不减，也不增，利于测量。

这种效应，被称为穆斯堡尔效应。

但是，它只停留在理论上。

因为，原子自由散漫惯了，都是不老实、不稳定的。借用一个经典的比喻，就像漂在湖面上的随波逐流的两条船，现在你从A船跳上B船，根据牛爷第三定律，会给A船一个反作用力（反冲），A船因此会向反方向漂移，这就分走了你起跳的一部分能量，当你跳上B船时，你的冲力也会让B船漂移，代价是又消耗了你的一部分冲力。比起原子来，船是很随和的，它不管你的能量丢掉多少、剩多少，只要你能落到船上，它照单全收。但原子不行，它比丈母娘还严厉，审批准入一丝不苟，前面说了，它只接收振动频率（能量）门当户对的光子，有共鸣（共振）嘛。现在，一个光子从原子A跳上原子B，起跳前，能量符合B的要求，但起跳时，原子A受到反冲，光子丢掉一部分能量。现在的大问题是，原子B一看，你损失了能量，能量不够，不合格了，就坚决不收。

穆斯堡尔效应

所以，实现共振吸收，关键是消除反冲。这种问题怎么解决呢？如果是跳船，想保持起跳的冲力，当然是让两船固定，比方说船搁浅在岸上，或者湖水结冰了，两条船都固定不动时，就能保持起跳冲力不变（空气阻力在此忽略）。这个办法，对原子也同样适用。稳定压倒一切啊！

但是，活泼好动的原子看不见摸不着，怎么能让它固定不动呢？

原子不老实。这个自从原子诞生就存在的问题，突然让科学家们一筹莫展。

穆斯堡尔的牛气之处是，他不仅看出了问题，还提出了办法：囚禁。把发射和吸收光子的原子都固定在固体晶格里，这样，原子再出现反冲效应，受力的就是整个晶体，相当于固定在航空母舰上的迫击炮，那点后坐力就可以忽略不计了，这样就能实现穆斯堡尔效应。

1958 年，穆斯堡尔在实验上实现了原子的无反冲共振吸收。由于这些工作，穆斯堡尔获得 1961 年的诺贝尔物理学奖。

准确测量入射光频率的技术问题解决了，就意味着测量有了足够的精度，不需要太大引力，也就是说，在地球上也能进行测量了。

那么，还剩下一个大问题：频率单一的光源。

频率单一的意思是颜色极纯。

“极纯”这个概念怎么理解呢？白色，被人类一厢情愿地作为纯洁的象征，但我们知道，白光由七色光混合而成，最不纯洁的就是它了。所以有时离开理性，只凭着感官去判断本质，是一件十分不靠谱的事。

其实不光白色不纯洁，七种颜色的每一种，也都不太纯洁。

虽然可见光只占电磁波频率范围的极小一段，但想得到“极纯”的光，每种颜色的波长分布范围还是显得太广了。比方说红色，波长分布在 630 nm 到 750 nm之间，即使取整数，以 1 nm 为单位算波长，那它也有 120 多种红色，相当不纯。所以，氪灯、氦灯、氖灯、氢灯等虽然属单色光源，但是跟“在地球上实现精确测量”的要求相比，其波长的分布范围实在是太宽了。

后来，从某种意义上来说，这个大难题是爱因斯坦自己解决的。还记得吧，1916 年，爱因斯坦提出了受激辐射原理。这个原理几句话就能说清楚：

第一句——从刚才说过的激发态和基态可知，原子所含的能量是不一样的。

第二句——按能量分级为高能级、低能级，能级越高，背的包袱越多。

第三句——合适的光子会激发高能级的粒子，帮它卸掉包袱，跳到低能级上，代价是，辐射出与那个光子相同的光。

看见没，一个光子进，两个光子出，弱光激发出强光，这就是“受激辐射的光放大”，简称激光。

注意到“放大”两个字没？什么概念？

投入少产出多啊！这买卖有搞头！

原理详情在量子论部分再说。先说这个原理的技术前景，实在是太诱人了！于是世界各地的科学家纷纷埋头苦干，拼搏进取，试图抢先把激光发明出来。这是理想，是荣誉，是金钱，是事业，更是对全人类的贡献！无论从哪方面看，都值得为之痴迷。

但经验告诉我们，越是大家都想要的东西，就越难得到。

由于普通光源中粒子产生受激辐射的概率极小，所以激光之路虽然前景光明，却荆棘遍地。

爱因斯坦的原理给出后40年间，激光壁垒无人能破。人生能有几个40年啊！直到爱因斯坦1955年去世时，激光也没被研发出来。

1958年，美国科学家肖洛和汤斯发现，氖光会使一种稀土晶体分子发出鲜艳的、不散射的强光。他们据此提出了“激光原理”：物质在受到与其分子固有振荡频率相同的能量激发时，就会产生激光。之后，各国科学家纷纷提出各种实验方案，但都未获成功。

1960年5月15日，美国科学家梅曼获得了波长为0. 694 3 μm的激光，这是人类获得的第一束激光，梅曼成为世界上第一个使激光具有实用功能的人。

1960年7月7日，梅曼制成世界上第一台激光器。他用一个高强闪光灯管，来刺激红宝石里的铬原子，从而产生了激光。它可以使物体达到比太阳表面温度还高的温度。

同年，苏联科学家巴索夫发明了半导体激光器。半导体激光器尺寸小，效率高，响应速度快，波长和尺寸合适……

激光是继原子能、计算机、半导体之后，人类的又一重大发明，江湖人赠予诸多名号：最快的刀、最准的尺、最亮的光……激光大家都很熟，它辉煌的发展应用史这里就不啰嗦了。

话说激光波长分布范围非常窄，因此颜色极纯。比方说氦氖激光器发出的红光,波长分布范围可以窄到 2×10^{-9} nm(小数点后面 8 个 0 再跟个 2),它的纯度远远超过任何一种单色光源。

这不正是我们苦苦求索的频率单一的光源吗?

随着激光的出现,光刻技术飞速发展,出现了每毫米数百条刻线的光栅,大大地提高了对电磁波谱进行量化研究的分光技术精度。

然后是飞秒技术取得突破,1 飞秒等于一千万亿分之一秒。光速牛吧?光每秒能走 30 万千米,但每飞秒只能走 0.3 μm,不到头发丝直径的百分之一。什么叫精度?这就叫精度!

这一切,为验证引力红移做好了技术准备。

1960 年,哈佛大学的庞德和瑞布卡运用这些技术,完成了这个著名的实验:在地球上同时做红移、蓝移实验,来验证广义相对论。

哈佛大学的杰弗逊物理实验室的塔顶,距地面 22.6 m 高。

他们把 γ 射线的放射源放到塔顶,把探测器放在塔底,测量射线频率的变化。

然后把实验装置对换位置,放射源在地面,探测器在塔顶,测量射线频率的变化。

两个方向的实验数据相结合,可以消除一些不同因素造成的误差。

这个实验在百分之十的精度内验证了爱因斯坦的理论预言。

对这个精度,野心勃勃而又刁钻苛刻的科学家们当然是不会满足的。

1964 年,他们应用新技术,改进了这个实验,使理论与实验在百分之一的精度内相吻合。后来人们又以千分之一的精度验证了广义相对论预言。

华盛顿大学的克利福德·威尔评论道:这是一个卓越的科学成果,不仅仅因为这个实验是对广义相对论的一个经典检验,而且在于它独创性的实验设计。

这个实验的成果还为全球定位导航系统(GPS)提供了技术支持,卫星上的钟需要按照广义相对论来计算、校正由引力红移带来的误差,才能保证定位精准。

精度达到了千分之一,应该满足了吧?

绝不!

精益求精,是科学界的传统美德。一五一十、一清二楚不行,精度太低。小数点以后不带几个0，出门都不好意思跟人打招呼！

近年，美国和德国的三位物理学家马勒、彼得斯、朱棣文通过物质波（德布罗意波）干涉实验，将引力红移效应的实验精度提高了一万倍，更准确地证实了爱因斯坦预言。

4 精益求精

不论是对人们的生活常识和经验直觉，还是对人们已经接受的科学理论来说，相对论都显得太疯狂了。

广义相对论比狭义相对论更匪夷所思。

所以，在专业领域，比起狭义相对论，广义相对论更难让人接受。在广义相对论提出后很长一段时间内，物理学家们对它都不太感兴趣。究其原因，除了它的颠覆性之外，很大一部分因素在于，当时物理学的触角所及之处，有狭义相对论、量子力学作为基础和支柱就够用了。对物质理论、辐射理论等这些研究课题来说，思想超前的广义相对论不是必需的。就像计算月亮绕地球运转的周期等这些事，狭义相对论不是必需的一样，用牛顿理论足矣，甚至用开普勒定律就搞定了。

但是，科学进步开阔了人类视野，拓展了研究领域，知道的越多，就会发现不知道的更多，科学需要一个强有力的理论作为支撑。随着广义相对论预言不断被证实，还在为适应狭义相对论热身的人们惊奇地发现，这个看起来荒谬不经的理论居然很可能是对的，难道这就是我们需要的那个理论？

还等什么？一个字：验！

不验活你，就验死你，反正不能让你在那儿便宜着。

除了光线偏折、水星进动、引力红移外，广义相对论还预言了许多颠覆人们直觉的现象，这些预言被全面、反复验证。

时钟变慢效应

在大质量的物体附近，时间流逝得更慢一些。也就是引力越大，时间越慢。

根据等效原理，更大的引力意味着更大的加速度。这样看来，引力越大时间越慢，与狭义相对论的速度越快时间越慢是一个道理。条条大路通罗马。

1962 年，人们选了一对非常精确的钟，一座放在水塔顶上，另一座放在水塔底下——哦，忘了说是同一座水塔——验证了更接近地球的那座钟，也就是水塔底下的那座钟走得更慢些。

还记得詹姆斯·周钦文在 2010 年利用铝原子钟做的实验吧，这个实验以每 79 年只快 900 亿分之一秒的变态精度证实了这一效应。（第十一章“时间膨胀”一节）

在我们看来，时间是最冰冷坚硬的，它不屈不伸，可以蚀刻尘世间的一切，以及尘世外的一切。

但是，当我们用更清澈的目光审视它时，横容寰宇、纵纳古今的时间，顷刻间柔软随和起来。

电磁波传播时间延迟效应

电磁波在引力场中一般沿曲线传播。所以，电磁波在两点之间的传播，没有引力场时，花的时间短，有引力场时，花的时间长。

苏联实验物理学家沙皮罗领导的小组对水星、火星、金星进行了雷达回波实验，得到的结果与广义相对论一致，地球与水星之间雷达回波最大延迟时间可达 240 微秒。

虽然取得了与理论一致的实验结果，但是，沙皮罗并不满足。因为，行星的皮肤都不太好，服装——也就是大气层的款式太过丰富多彩，有的还穿着“皇帝的新装”，条件迥然不同，所以利用行星进行雷达回波实验，很容易受到各种干扰，这让人总是不能安心。

沙皮罗说，必须用人造设备来搞这个实验，才能取得精确、靠谱的结果。他是这样说的，也是这样做的。在 1967 年至 1971 年期间，沙皮罗在太阳两侧各发射卫星一枚：一个是雷达发射器，负责发送电磁波；另一个是探测器，负责接收电磁波。这一发一收，证明确有此事，电磁波果然走了弯路，实验结果与理论预言非常一致。

5 引力波

爱因斯坦由引力场方程推导出波动方程，预言了引力波的存在。任何一个运动的物体都有一种波与之对应，其波长 $\lambda = \frac{h}{p}$。引力波是横波，以光速传递。它是怎样产生的呢？

前面说过，质量会使空间弯曲。那么，当大质量物体的速度或质量突然发生改变时，比方说两个黑洞对撞，就会扰动周围的时空，产生时空涟漪，向外辐射，这就是传说中的引力波。为了便于理解，我们完全可以用“投石击破水中天”来类比。还有另外的情况，当被加速的质量在失去能量的时候，也会发射出引力波。这和物体降温辐射出热是一个道理。其实这个过程互为因果，我们也可以反过来说，热辐射使物体降温，引力波辐射使运动的质量失去能量。一切物体都在辐射电磁波，这种辐射与物体的温度有关，所以叫作热辐射。

什么意思呢？举个例子：

还记得双星吧，我们拿高密度、大质量、近距离的双星做例子，这样的双星系统轨道周期很短，只有几天(地球轨道周期是365天多)，甚至更短，互绕的速度非常快，也就是说，动量非常大。

如果它俩永远这样绕下去，也就罢了，但是，被瞬息万变的世界搞得麻木不仁的我们深知，没有什么永恒，这个系统必然会走向衰落，直到灭亡。

双星系统

当它们的轨道衰减的时候，能量必然随之耗损。

但是，根据热力学第一定律，能量是守恒的，双星系统的能量，耗损到哪里去了呢？对了，这就是刚才说到的——以引力波的形式，散播到宇宙中去了。

小链接

热力学第一定律

① **内容**：系统内能的增量(ΔU)等于外界对系统做的功(W)和系统吸收的热量(Q)的总和。

② **表达式**：$W + Q = \Delta U$。

③ **符号法则**：外界对系统做功，W 取正值，系统对外界做功，W 取负值；系统吸收热量，Q 取正值，系统放出热量，Q 取负值；系统内能增加，ΔU 取正值，系统内能减少，ΔU 取负值。

表示为下表：

符号	W	Q	ΔU
+	外界对系统做功	系统从外界吸热	系统内能增加
-	系统对外界做功	系统向外界放热	系统内能减少

【典例】① 若某系统从环境接受了 160 kJ 的功，内能增加了 200 kJ，则系统将吸收或是放出了多少热量？

② 如果某系统在膨胀过程中对环境做了 100 kJ 的功，同时系统吸收了 260 kJ 的热，则系统内能变化为多少？

解析☞ ① $W=160$ kJ，$\Delta U=200$ kJ，根据热力学第一定律 $Q=\Delta U-W$，得 $Q=(200-160)$ kJ $=40$ kJ。

② $W=-100$ kJ，$Q=260$ kJ，根据热力学第一定律，得 $\Delta U=Q+W=(260-100)$ kJ $=160$ kJ。

我们知道，宇宙中并不缺少这样的系统，也不缺少大质量天体对撞之类的活动，那么，也就不缺少引力波。如果这个真的有，应该很好探测吧？

事实恰恰相反，探测引力波，比登天还难，甚至比探测中微子还难。主要原因有二：

一是引力波非常弱。有人计算，一根长 20 m，直径 1.6 m，重 500 t 的圆棒，即使以每秒 28 转的濒临断裂的极限速度转动，所发射的引力波功率也只有

2.2×10^{-19} W，这个功率弱到无法察觉。所谓“弱爆了”，说的就是它。那么，上面说的双星系统，以及大质量天体对撞所产生的引力波，应该很强吧？没错，可是距离太远，再大的基数也架不住广袤时空的耗散，我们可以用引力大小与距离的平方成反比来帮助理解，由于传播距离导致的衰减，遥远星体传到地球的引力波强度，还是微乎其微。

二是需要的尺度大。由于产生条件和传递距离等原因，引力波只有在宇宙大尺度下，才能显现出来。这很好理解，我们坐在“神州九号”里鸟瞰地球海面，很容易感受到海面的曲率，但是身在海水中的一条鱼，就无法感受到海面的曲率。如果把引力波比作大海，那么，地球就是海里的那条鱼。

那么，引力波会对物质造成什么样的影响呢？

引力波是时空涟漪，它能够畅通无阻地穿过物质，却不会使物质发生改变。但引力波经过时，能够让物质随着时空涟漪产生波动，也就是拉伸和收缩，引力波过后，恢复正常。

物质的拉伸和收缩又怎么理解呢？举个例子吧，把美丽的果冻比作时空，把里面的果肉比作物质，那么，果冻发生波动时，果肉也会随之波动，固态物质的所谓波动，实质上就是拉伸和收缩的过程。

既然有拉伸和收缩，是不是就容易检测了呢？

当然不是。无论什么，必须达到一定的量，才可以被检测到。当然，这个量的大小，与检测它的技术手段是密切相关的。

由于上述原因，即使是大质量黑洞相撞这样的大动作，其引力波传到地球上，也只能使每千米有大概 10^{-18}m 的改变。直观地说，它会使帝国大厦的高度改变一个质子宽度的百分之一！

一个质子有多宽呢？它大概是一个原子宽度的十万分之一。

原子多宽也不好想象？好吧，我们把一根头发的宽度平均分成十万份，其中一份，大概就是一个原子的宽度了。

呃，这个帝国大厦，那个质子的百分之一……我随便在大厦里跺一脚，它的颤动也不止这些吧？这个太难测了，还是不要测了吧？那么多未解之谜已经够我们喝一壶的了，还搞什么引力波？洗洗睡了吧！

不行。必须探测。

因为它的意义太重大了。

它不仅可以验证广义相对论和其他引力理论的优劣，还可以推动相关科学、技术的发展。

最显而易见的，引力波天文学将是继电磁波天文学、宇宙射线天文学和中微子天文学之后，人类认识世界的又一双眼睛。

目前，我们人类接收和发送信息，最重要的工具是什么？是电磁波。

但是，电磁波有它的局限，尤其是在宇宙大尺度下，它的局限显而易见。比方说，宇宙尘埃啊、天体啊都能挡住它的去路；引力、发送和接收者的相对速度什么的还能改变它的频率，使它失真；遇见黑洞，它还会被吸引且逃不出来……这些死穴，大大缩小了我们的观测范围和信息传递的有效范围。而引力波就不存在这些死穴。

如果我们掌握了引力波的接收和探测技术，那么，很多我们原来看不见、不知道的东西，就会神一般地降临在我们眼前，宇宙的重重面纱会再揭去一层，世界在我们眼里将变得更加清晰，更加透明，更加绚丽多彩，我们就可以在远古梦幻的时空涟漪中徜徉，尽情分享宇宙演化的恢宏巨献！

这相当于给高度近视的眼睛配上度数合适的眼镜——不戴它死不了，但有了它死也要戴。

此外，引力波探测还有助于推动引力场量子化等理论研究。同时，也由于引力波探测难度极大，对设备精度要求极高，所以在研究制造引力波探测设备的过程中，必然会推动激光、晶体、精密机械制造、精密测量等高新技术的发展。

我们前看后看左看右看，这件事的每一个侧面都躁动着摄人心魄的诱惑，让我们心驰神往，无法逃脱。

那么，拿什么探测她呢，我的爱人？

刚刚说过，引力波可以拉伸和收缩物质。

20 世纪 60 年代，根据这个原理，美国物理学家约瑟夫·韦伯建造了世界上第一台引力波探测器。其实这个高科技仪器的主体很简单，是一根直径1.5 m、长 2 m 的铝棒。如果有引力波打酱油路过，那么，铝棒的长度将随波伸缩。

但是我们也知道，这个伸缩程度不会像金箍棒那样夸张，大收大放的。引力波导致的伸缩，那是相当的细腻含蓄，以至于我们难以抵挡研发变态精度仪器这档子事儿的诱惑。

由于引力波伸缩物质的效应是那样的微弱，一点点小小的干扰——比方说下个电影、发个帖、做个俯卧撑什么的，都会导致误测。说不定打个嗝引起的效应，都比引力波来的大呢！那么问题就来了：

假如引力波真打这儿路过了，面对探测仪的记录，我们怎么确定这就是引力波到此一游？

好像很难很复杂耶。但对那些专门跟难题过不去的聪明脑袋瓜来说，处理起来不难也不复杂，他们用了个相当聪明的笨办法：再造一个探测器，让它俩发扬牛郎、织女身相隔心相连的精神，天南海北分开安置，同时记录探测信息。这样，如果两个探测器记录的信息不一致，那就是噪声；如果两个探测器在相同时间记录到同样的信息，那八成是引力波。因为无论是打嗝、打雷还是放炮，统统做不到同时对两个远隔千里的探测器造成同样的干扰。

1969 年，韦伯宣布了一条爆炸性新闻，他探测到了引力波！

这条消息让整个物理界狠狠地震惊又振奋了下，但很快，物理学家们冷静下来，他们认为这个探测结果很可能是“诈和”。首先，其他探测团队无法重现这个探测结果；其次，韦伯探测到的引力波能量大到匪夷所思；再者，韦伯说，他探测的引力波来自银河系中心。产生如此高能量的引力波，银河系中心必须发生剧烈的天文事件才能做到。这与观测不符，因为观测结果是：银河系中心情绪十分稳定，生活轨道十分正常，没有任何过激言行。

综上，这次观测结果虽不能确定是“诈和”，但可以暂时被无视，除非将来找到确凿证据。

韦伯的探测结果虽然没被承认，但他使用的探测方法还是可行的，叫作共振质量探测法。主要原理是引力波引起天线（相当于那根铝棒）振动，感应器对这些振动予以记录。为了抵制噪声，探测器天线一般要放在真空、低温环境下。

因为共振质量探测器可测量的频带太窄，只对特定的引力波源敏感，所以，这种探测器已经面临淘汰，比较著名的旧版引力波探测器，有瑞士的探索者、意大利的鹦鹉螺、荷兰的小圣杯等。

那么，新版引力波探测器又有何神奇之处呢？

看着你期待的眼神，我只能残忍地告诉你，对不起，新版探测器比旧版的还老。

迈克尔逊干涉仪，就是迈克尔逊和莫雷做实验测以太漂移的那台。

新版引力波探测器把迈克尔逊干涉仪的光源换成了激光，名曰“激光干涉探测器”，听起来很潮很高新的样子，其实是照搬了迈克尔逊干涉仪的原理。其技术细节在前文已经讲过了，就是利用相互垂直的两臂光波干涉变化来实现探测（第八章“一个失败的实验”一节），这里就不重复了。

通过调整干涉仪的臂长，我们可以让两臂的光干涉降到最低，然后坐等引力波华丽路过。

我们知道，当引力波翩然飘过时，干涉仪的两臂将会随之共舞，其臂长哪怕只发生一点点变化，两束激光脆弱的同相（同步）关系就会瞬间崩溃，从而产生旖旎的干涉条纹，望眼欲穿的光电二极管将即时接收，迫不及待地向唯恐天下不乱的人类打小报告。

尽管激光干涉对臂长变化很敏感，但是由于引力波伸缩物体的单位量太小太含蓄，臂长变化达不到一定量的话，还是探测不出来！

那怎么办呢？为了能够捕获到这个细微的效应，研究人员使用的，依然是个聪明的笨办法：花大本钱，把两臂建得长长的，用足够的总量，让单位量的细微变化能够累积到足以探测的程度。

我们选几个有代表性的激光干涉探测器围观一下。

TAMA（这个音译起来不好听，就免了），位于日本东京附近，臂长 300 m。

TAMA

GEO 600，位于德国汉诺威，英、德合作项目，臂长 600 m。

VIRGO（处女座），位于意大利比萨附近，意大利和法国合作项目，臂长 3 000 m。“处女座”可感知相当于质子直径 1% 的细微间距变化。

VIRGO

LIGO（这个很直观，就是“激光干涉引力波天文台”的英文缩写），美国的项目。拥有两套干涉仪，一套在利文斯顿，臂长 4 000 m，一套在汉福德，同样臂长 4 000 m，分踞两州。

这些新版激光探测仪，一个比一个雄伟壮观，一个比一个敏感精确，灵敏度比旧版的共振棒探测仪高出 3 ~ 4 个量级，可探测的引力波源是旧版的 109 ~ 1 012 倍！

虽然新版探测器看起来很强很震撼，但事实却没有期望的那样顺利。探测

LIGO

技术在不断进步，探测结果却在之后相当长的一段时间里始终高度一致：0。探测不到引力波，再精密的仪器都将成为传说！

但是，除了直接探测外，我们还找到了引力波存在的间接证据。

还是双星。

根据广义相对论，双星的运动模式会产生引力波，而引力波辐射会带走能量，使双星的绕转周期越来越短。

可以推断，在大质量、高密度、近距离、高速度运转的双星系统中，这个效应会更加明显，甚至明显到可以观测的程度。

1974 年，美国物理学家约瑟夫·泰勒和拉塞尔·赫斯发现了脉冲双星（其中一颗星是脉冲星的双星系统）PSR1913 + 16。这个双星系统轨道周期只有 7.75 小时，轨道椭率达 0.617。

自从 PSR1913 + 16 的倩影映入眼帘，泰勒和赫斯的目光就再也没有离开过她们。四年的目不转睛，四年的体察入微，换来了百亿分之几的观测精度！

终于，他们发现，该双星的轨道周期在稳定地变短，每 10 年减少 4 秒，双星每年相互靠近大约 1 cm。这个数值，相当符合爱因斯坦广义相对论的预言，误差不超过 0.5%。现在，我们知道的是，广义相对论对脉冲双星的预测精度，已经与观测符合到 10^{-14} 数量级。到目前为止，人类还没有任何其他理论可以达到这个变态精度！对于如此精准的预测，最简单同时也是让更多物理学家接受的解释是，广义相对论对其引力辐射给出了准确的说明，方得如此。

这就是引力波的间接证据。

别小看这个间接证据，它让泰勒和赫斯共同荣获了 1993 年的诺贝尔物理学奖！

这种用观测双星系统发展来间接“探测”引力波的方法，叫作“脉冲双星探测法”。2004 年发现的 PSRJ0737 - 3039A/B，是迄今为止唯一的双脉冲星（两颗星都是脉冲星的双星系统），它们的轨道周期只有 2.4 小时，轨道较圆，椭率为 0.088，这是一个更理想的引力波探测对象。

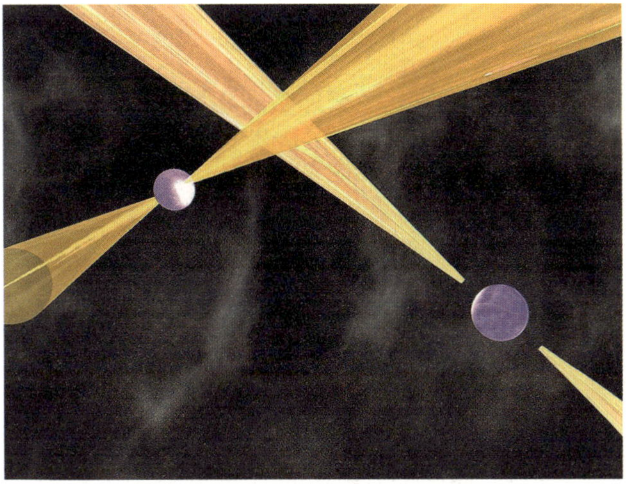

Michael Kramer 对脉冲双星的艺术表达

脉冲双星探测法虽然不能说不靠谱，但毕竟是间接证明，就算我们发现的所有脉冲双星都得到了相同的结果，也不如真真切切地直接探测到引力波给力。就像当年的电磁波，没有实验验证，无论理论上电磁波的存在是多么理所当然，多么毋庸置疑，它也只能徘徊在物理大厦的边缘，站在哪儿都底气不足，撑不起科学的大梁。

所以，间接证明，只是给了我们继续探测引力波的信心。

就像道听途说苦苦追求的姑娘对自己似乎有了好感，虽然不那么确定，但足以让我们的追爱步伐更加坚定起来。

这不，在双星的间接鼓励下，我们决定胆子再大一些，步子再快一些，把目光投向了美丽的星空。

欧洲空间局（ESA）和美国国家航空航天局（NASA）搞了一个空间合作项目：激光干涉空间天线计划（LISA）。

LISA 怎么进行引力波探测呢？其实一看名字就知道，它的基本原理，还是利用激光干涉来感应引力波对空间造成的拉伸和压缩。

不过，它的形状与地面上的激光干涉探测仪有很大差别。造成这么大差别的原因，只有两个字：环境。

在地面上，有空气尘埃、风云雷电、雨雪霜露、人虫鸟兽等等诸多干扰。为了抵抗这些千奇百怪的干扰，对探测器的关键部分，包括激光路径等，必须进行密封、防震、低温、恒温、真空等技术处理，这需要一大堆笨重的配套设施、设备才能做到，这些配套设施，无论是数量还是体积，都远远超过了激光干涉仪本身。所以，我们在地面看到的所谓“激光干涉引力波探测仪”，通常是一个长达几百米甚至几千米的庞大建筑群。

而在太空中，不存在地面上常见的那些干扰，不用密封隔绝，本来就是真空，用不着防震，温度很低很稳定，所以，只要搞定激光干涉本身就 OK 了，用不着那些配套设备，甚至连那根长长的、用层层管子套装的长臂都省了。

根据现在的设计，LISA 其实是三个一模一样的航天器，三兄弟在太空相互等距分布，做三足鼎立状，每两个兄弟之间的连线，都是 100 万千米（地球的直径只有 1 万多千米哟）。嗯，这是一个巨大的等边三角形。

每个航天器都有两个相同的光学台（包括光源、分束器、检测器、光学镜组等），分别与另外两个航天器上的对应光学台有激光交流，构成一套悬浮在太空的激光干涉仪。激光在两个航天器之间走一趟，要用大约 3 秒多钟的时间。

虽然 LISA 的工作环境很理想，不需要那么多配套设施，但它仍然需要解决很多技术细节问题，如：激光长距离传输的损耗问题、航天器运行对激光频率造成的多普勒效应问题、保护关键部件不受光压和太阳风粒子影响的问题、如何减少地球引力影响的问题等等。

比方说，LISA 将采用与地球相同的日心轨道，LISA 与太阳的连线和地球与太阳的连线之间的夹角为20°。这是为减少地球引力影响所采取的措施。

下了这么大力气，只为了一个很简单的目的：提高灵敏度和可靠性。那么，LISA 的灵敏度能达到多少呢？它能够在 500 万千米的长度上，探测到 10 pm（1 pm等于 10^{-12}m）量级的长度变化！

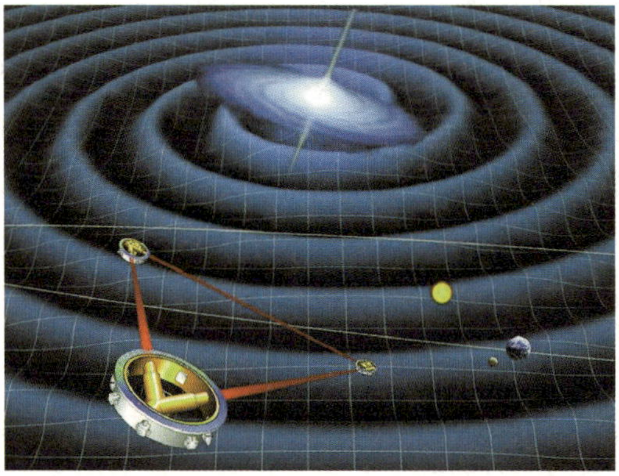

LISA 引力波探测器想象图

这一精度，远远高于现有的各种引力波探测器。所以，物理学家们对它的殷切期待，远非其他引力波探测器可比。甚至有人期待，它可能探测到宇宙大爆炸时产生的“原始引力波”！

在大家期待着 LISA 能带来惊喜的时候，BICEP2 那边却传来喜讯：2014 年 3 月 17 日，美国哈佛大学史密森天体物理中心宣布，他们找到了宇宙膨胀理论的最有力证据，顺便找到了引力波存在的直接证据！

怎么找到的？哈佛大学的约翰·科瓦克带领他的团队，在南极架了套 BICEP2望远镜，探测宇宙微波背景辐射，也就是利用宇宙中最古老的光，绘制宇宙地图。现如今，探测宇宙微波背景辐射只能算是常规的天文观测手段，因为这事儿人类已经干了半个世纪之久。不同的是，现在探测精度越来越高。从 BICEP2 望远镜搞到的宇宙图中，科瓦克团队分析了微波背景辐射的分布，找到了宇宙暴胀期留下的痕迹——时空涟漪，也就是引力波。宇宙膨胀理论认为，138 亿年前，宇宙诞生于大爆炸。爆炸初期，宇宙在不到 10^{-34}秒的时间里膨胀了 10^{78}倍，这就是所谓“暴胀”。在暴胀期，时空涟漪被急速放大，促成了现在的宇宙结构。这是该团队利用三年时间，小心翼翼地排除了他们已知的噪声干扰后得到的结果。这个发现如果被证实，那就是补上了广义相对论、大爆炸理论缺失的拼图，进一步证明了两理论的完备性、正确性，意义重大。有意思的是，暴胀是基于量子力学而提出的，引力波却属于相对论的范畴，我们以后会知道，两者有着不可调和的矛盾，但这个发现，能够同时证实这对冤家的重要推论。这一成果如果被确认，诺贝尔物理学奖唾手可得。

检验、确认，对科学理论而言，与创建同等重要。科学理论的自检自查系统，比人类现有的任何系统都要严苛。自从科瓦克团队宣布发现引力波证据后，这个自检自查系统就启动了。欧洲空间局普朗克卫星首先介入了调查，随后，夏威夷的凯克望远镜也加入了鉴定。BICEP2 望远镜探测到的引力波涟漪证据，是某种细微的卷曲偏振图像。但经过对“普朗克”“凯克”等望远镜的图像的分析，科学家发现银河系的尘埃也可以让光线发生这样的偏振，他们的结论是，BICEP2 可能被银河系尘埃给耍了！所以，目前靠谱的结论是，我们不能确认已经探测到了宇宙暴胀的遗迹，不能用这次的观测数据来宣布发现引力波。值得一提的是，调查并确认 BICEP2 错误的组织，正是由欧洲空间局和科瓦克团队组成的。

BICEP2 望远镜

现实的剧情就是这样狗血和无奈。

那么，是不是这种探测方法不靠谱呢？不，方法靠谱，只是观测位置、观测精度、观测频段范围需要进一步斟酌、提升、扩大，直到可以确保两点：一是精确地去掉尘埃噪声；二是留下比噪声微弱的引力波信号。

不过，科学探索有山重水复，就有峰回路转、柳暗花明，苦苦追寻而不得的它，往往在蓦然回首间，就会俏生生地出现在你面前。

就在 BICEP2 乌龙事件不久，被吃瓜群众抛在脑后的 LIGO 却重装上阵，成为主角：2015 年，LIGO 直接观测到了引力波！那是离我们 10 亿光年外的两个黑洞合体时激荡出来的时空涟漪，根据广义相对论，这两个黑洞合体前，它俩的质量分别是 36 倍和 29 倍太阳质量，合体后，为 62 倍太阳质量，你掐指一算，少了 3 倍太阳质量，这么大的质量去哪儿了？是化为能量，以引力波的形式被辐射出去了，光速扩散于茫茫宇宙，在北京时间 2015 年 9 月 14 日 17 点 50 分 45 秒，经过 10 亿年衰减的细微涟漪掠过了地球上的 LIGO……

3 个月后，在国际协调时间 2015 年 12 月 26 日 3 点 38 分 53 秒，LIGO 第二次探测到引力波信号——GW151226，还是熟悉的配方——两个黑洞，还是熟悉的味道——它俩合体时激荡的时空涟漪。不同的是，这对宝贝儿离我们更远，达 14 亿光年，质量分别约为 14 倍和 8 倍太阳质量，合成了一个质量约为 21 倍太阳质量的黑洞，另外 1 倍太阳质量以引力波的形式被释放出去，它被称为“来自爱因斯坦的圣诞礼物”。

LIGO 始建于 2000 年，为啥十几年没测到引力波，而 2015 年却在 3 个月前后突然连续测到两次引力波呢？

那是因为 LIGO 在不断地升级。

升级什么呢？主要围绕两个字：精度。

主要包括振动隔离、激光功率放大、激光反射次数增多、镜子反射率提高等等。各种黑科技，能用上的，全往 LIGO 身上招呼：纯二氧化硅打造的镜子，每 300 万个光子入射，只有 1 个会被吸收，反射率高达 99.999 97%；激光反射可多达 400 多次，相当于大大增加了 LIGO 的臂长；激光臂的真空度大大增加，达到万亿分之一个大气压……

篇幅关系，我们只简单介绍一下“振动隔离”。

前面说过，相对于地球内外的各种噪声，引力波微弱得几近于无。但在这里还要用一个形象的说法加深我们对它的印象：太平洋上台风四起、恶浪滔天（这是地球内外的噪声），我在西雅图海岸边上扔了一克拉钻石，你负责在香港测出它荡起的涟漪（这就是传到地球的引力波）。

所以，隔离那些噪声带来的振动，对于提高精度来讲，要多重要有多重要。如此重要、如此高精尖的要求，科学家们却用了一个很平常的原理：惯性。

你把秤砣用细长线吊在手上，快速晃手，秤砣不会跟着晃，反而会保持稳定。

老版 LIGO 也用了这招，不过，新版 LIGO 把这招用到了极致。

原理虽简单，但达到需要的精度，还是要大量黑科技来配套的，最简单的，比如吊绳，随便拿根麻绳系上显然是不靠谱的，它的弹性、韧性、摩擦系数、疲劳寿命等，要达到理想指标，光是材料这一关就没那么好过。

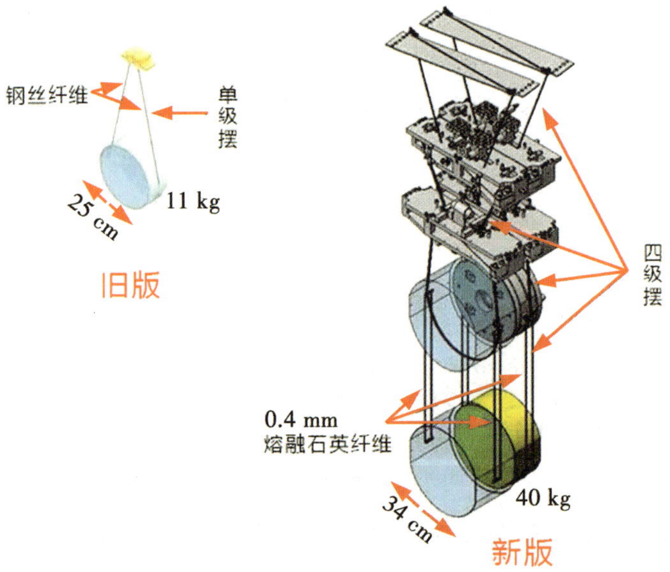

LIGO 振动隔离装置

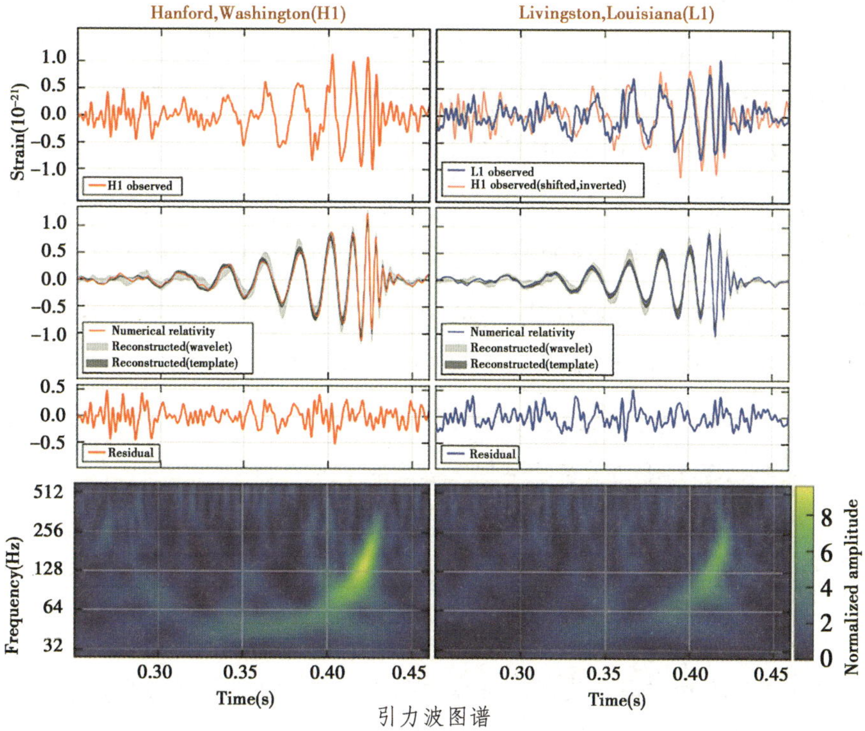

引力波图谱

注:左、右分别是 LIGO 两组探测器先后观测到的 GW150914 引力波事件,前后相差 7 毫秒,传播速度是光速。

升级后,新版 LIGO 的精度提高了 10 倍,可以检测出万分之一质子大小的距离变化。

这两个观测结果,意义十分重大,不仅证实了引力波,还推进了黑洞的证实,数据显示,那两对合体的宝贝儿,不管是从质量、大小上来看,还是从行为上来看,都和理论中的黑洞十分吻合。

24 年前,继双星观测通过间接证明引力波勇夺诺贝尔奖之后,2017 年,诺贝尔物理学奖因引力波的直接观测很快就落实到了实处,被授予三名美国科学家——雷纳·韦斯、巴里·巴里什、基普·索恩,以表彰他们“在 LIGO 探测器和引力波观测方面做出的决定性贡献”。

2017 年 8 月 17 日,人类观测到了双中子星合并事件,这是一场全球天文狂欢。中子星质量不如黑洞,为啥反而引起了全球天文狂欢呢?因为黑洞合并比较纯粹，不发光，并且比较快，只有几秒。而这次中子星合并呢，时间相对较长，超过100秒哦，还会发出各种辐射，距离地球又那么近，只有1.3亿光年。所以，地球人这次观测过程是这样的：LIGO观测到引力波之后两秒，NASA观测到伴生的γ射线暴；不到11小时，几个团队收到光学、红外信号；几天后，光源从亮蓝色渐变为暗红色；11天后，合并的中子星开始以X射线和无线电波的形式发射能量。不同国家用不同的仪器，从不同的角度，观测到了中子星合并的全过程。光、红外线、紫外线、高能、射电……偷窥了个够，科学家们都看疯了。包括中国在内，全世界70家天文台，953个研究机构，3 674名研究者参与了观测和研究。这是引力波与传统观测手段首次携手作战。成果多吗？太多了，只举一个例子：人类终于知道黄金是怎么合成的了。

那么，已经找到引力波存在的直接证据，LISA是不是就没用了？当然不，它会更有用。因为，人类如果能够探测到引力波，就相当于多了一双天眼，不仅会促进引力波天文学的诞生，还会衍生引力波通信等高端大气上档次的福利，前途不可限量。不确定引力波存在时，制造LISA很可能是竹篮打水，现在，我们已确定引力波存在，制造LISA就成了一项好处看得见的投资，横竖不吃亏，不做白不做！所以，巴黎时间2015年12月3日5时，欧洲空间局的“LISA探路者”升空。为啥多了“探路者”这个后缀名呢？因为，这颗卫星确实只是为整个项目探探路，搞搞前期演示，验证技术靠不靠谱。这个“探路者”，质量1.9 t，造价超过4亿欧元(约合人民币27亿元)。项目正式实施，需要砸多少钱，可想而知。

意不意外？惊不惊喜？不管前景多么振奋人心，LISA现在毕竟还在孕育之中，我们多数人现在所能做的，只能是像盼望彩票中奖一样，好好活着，翘首以待。

“LISA探路者”想象图

6 参考系拖曳

参考系拖曳也叫时空拖曳，更形象些叫“时空旋涡”。天体自转时，能吸引附近的时空一同转动。大致就像在蜂蜜里转动一个球，球附近的蜂蜜会随着一起转动一样，区别是时空拖曳的效应非常微弱。天体质量（密度）越大，这种效应越明显。

麻省理工学院崔伟领导的小组、意大利罗马天文台路易吉·斯特拉领导的小组都对致密天体（中子星、黑洞等）进行了大量观测。致密天体引力强大，可以把围着自己转的恒星上的物质夺到自己身边，形成一个随着自己转、不断扩大的圆盘，参考系拖曳效应导致圆盘上的物质以致密天体的自转轴为中心旋转，发生脉动。观测过程很复杂，比如还要测 X 射线强度什么的，这里不赘述。

1997 年 11 月初，美国天文学会在科罗拉多州召开会议，科学家们宣布，他们的观测证实了“参考系拖曳”的预言。

加州理工学院天体物理学家基普·索恩说，这是对爱因斯坦思想的一个极其重要的检验。

广义相对论的经典预言已经被反复验证，新预言也不断被验证，为什么我们还要反复、不断地从更高的精度去验证它？

这其实是相对论的创立者、拥护者、反对者、酱油党等方方面面共同需要的结果。

创立者希望，通过更高精度的验证，使自己的理论给人们更高的信心。

拥护者希望，通过更高精度的验证给自己以信心，同时摧毁反对者的信心。

反对者希望，通过更高精度的实验把相对论证伪，把自己的反对论证实。

酱油党虽超然，却也希望知道到底谁胜谁败，管他是王是寇，都很适合围观。

无论怀着什么样的目的，实际上他们都在检验同一个问题：我们赖以描述世界的理论到底有多靠谱？

彪悍的人生不需要解释，但彪悍的理论却需要很好的解释。

在繁荣的引力实验时代，还有这样一群人，他们不是拥护者，不是反对者，也不是围观者。

这是一群冷静哥。

他们不赞同谁，也不反对谁，甚至不去研究你这个理论如何，以免先入为主的看法影响判断力。你赞同？你反对？那好吧，我们一起来，客观、冷静地做这件事：实验，反复实验，不断提高精度，再实验。

只看实验结果，不论其他。

吹尽狂沙始到金。

当然，验证相对论，还有更充足的理由。

作为一个引力理论，广义相对论诞生于太阳系，所以只好利用太阳的引力场做实验。

而太阳系的引力场用来验证相对论，它的效应就显得太微弱了，以至于不达到一定的验证精度，不达到一定的实验数量，我们心里总感觉不踏实。

上次实验结果是不是凑巧？这次实验的结果是不是偶然？

反对者也在发出这样的疑问。

释疑，只有一条路可走：再实验。

足够的数量，足够的精度，相同的结果，就是赢家。

事实胜于雄辩。

而且，这些神奇的实验结果引发了理论家们的丰富想象，他们纷纷提出理论，来符合实验结果，与相对论竞争。

这些理论与相对论比起来，更符合人们的经验和直觉，广大人民群众容易接受。这当然是一件好事。

但它们有一个共同的 bug，那就是必须附带一些参量，通过调节这些参量，来使理论结果与实验结果相符。简单地说就是打哪儿指哪儿。

小朋友们都知道，这好像是在耍赖。

但他们有很多理由为这些参量辩护。

好吧，还是那条路：再实验。

分两个方面判断优劣：

① 精度。看谁的理论预言与实验结果更接近。你总不好意思每次实验结果出来都调整一次参数吧？

② 广度。看谁的理论能解释更多的事物。这次观测光线偏折，你提出一个理论符合了它，那好，下次再观测时间膨胀、引力红移，你的理论还能相符吗？这么巧又相符了？好吧，后来又观测到中子星，然后又发现了黑洞，再后来又发现黑洞有辐射……你的理论有关于这些怪异天体的预言吗？

更高精度的实验很艰难，新发现也很艰难，但规则却很简单。

谁更符合实际，谁就赢了。

目前，广义相对论是最大的赢家。

现在，让我们用一个最新、最高端的实验结果，来暂停广义相对论的验证之旅吧。

引力探测器 B——这是一项发明，一项只为验证相对论两个预言而产生的发明。

叫这个名字也是没办法，因为她有个姐姐，1976 年发射的"引力探测器 A"。

引力探测器 B 的任务，是探测广义相对论预言的"测地线效应"和"参考系拖曳效应"。

太阳系里的这两个效应实在是太微弱了，所以对探测设备精度的要求极其苛刻。

苛刻到什么程度呢？咱俩得从侧面看（如果用技术参数来表达，还没等你看明白，我自己就先蒙了）：

这是美国国家航空航天局（NASA）历史上研发时间最长的计划，研发周期达 40 多年。

这是历史上第一颗由 NASA 资助，由大学研发并投入运作的人造卫星，耗资达 7.5 亿美元。

在它的研发过程中，十几种新技术被开发并完善，92 篇博士论文产生。

它所用的陀螺仪，稳定性超高，是最好的导航陀螺仪的 100 万倍。

为了制成完美球体的陀螺仪转子，研究团队用十几年时间，开发出一套全新的制造工艺，得到了人类迄今为止最完美的球体：它们约为乒乓球大小，相对于理论上的完美球体，其误差小于10 nm（约50个原子的宽度）。按比例放大到地球那么大，这个球上的最高峰只有2.4 m高。

它的超导量子干涉仪可以探测到0.1毫角秒的角度倾斜。这个角度有多大呢？你把一个直角分成90份，然后拿出其中1份，再分成36 000 000份。你没看错，后面是6个0。

为了把分子运动产生的扰动降到最低，陀螺仪温度保持在－271 ℃。而宇宙最低温，也就是绝对零度为－273.15 ℃。

……

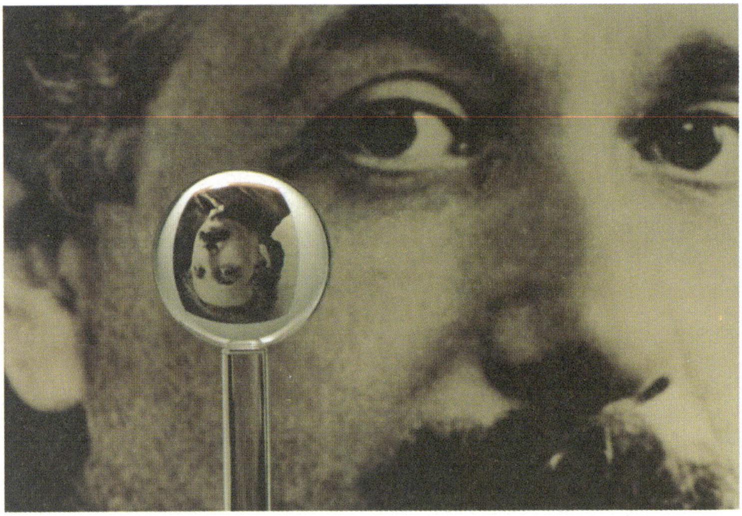

熔凝石英制成的陀螺仪转子（背景是爱因斯坦像）

所有都达到了极致。

好了，技术成熟了，可以开始工作了！

格林威治时间，也就是国际标准时间2004年4月20日16点57分23秒，范登堡空军基地，德尔塔－2运载火箭腾空而起，当然没忘了带上我们的宝贝——引力探测器B。发射时间之所以精确到秒，是由于对运行轨道的高精度要求，发射窗只能维持一秒钟。18点12分33秒，探测器进入轨道。卫星运行时间持续17个月。

四个堪称完美的陀螺仪被电场悬浮起来。一束氦气流如约而至，温柔地推动它们开始旋转。超导量子干涉仪开始监测它们的自转轴方向。

方位参考望远镜死死地盯住那里——飞马座双星 HR8703，这也是陀螺仪自转轴的初始方向。

两个目标：

① 测地线效应造成的陀螺仪的进动值：每年 6.606 角秒。还记得水星进动吧？每百年 5 600.73 角秒，那么每年就是 56.007 3 角秒。比起水星进动，陀螺仪进动值小多了。也就是说，更难测。

② 地球自转的时空拖曳效应使陀螺仪自转轴发生的偏移量：每年 0.041 角秒。陀螺仪自转轴的指向会与望远镜的指向形成一个小小的夹角。这个效应值更小，只有上面那个效应值的 1/170。因此，探测器必须具备 0.000 5 角秒的精度，相当于我们测量 160 km 外的一张纸的厚度！如果你对此没什么概念，就在你家晾衣架上夹一张纸，然后离它 5 m 开外，想办法用某种仪器隔空测量一下它的厚度试试看，之后想想，如果这个距离是 50 m 会怎样，是不是很让人崩溃？

这两个微小的值，就是我们花了 40 年时间、750 000 000 美元所要探测的！

在此之前，这两种效应还没有被精确测量过，至少从未达到过引力探测器 B 预计的精确量级——万分之一。别小看这个精度，这可是针对极其细微的效应的，好比大象的万分之一，和跳蚤的万分之一，能是一个概念吗？

引力探测器

我们来看看引力探测器 B 的任务日程表：

2004 年 4 月 20 日，成功发射并进入预定极轨道。

2004 年 8 月 27 日，进入科学探测阶段。

2005 年 8 月 15 日，完成科学探测阶段，转入最终数据校正模式。

2005 年 9 月 26 日，校正阶段完成，等待恒温室残留的液氦完全耗尽。

2006 年 2 月，数据分析第一阶段完成。

2006 年 9 月，数据分析团队宣布数据分析时间表延长到 2007 年 4 月之后。

2006 年 12 月，数据分析第三阶段完成。

2007 年 4 月 14 日，美国物理学会四月年会，项目首席科学家、斯坦福大学教授弗朗西斯·伊夫利特报告初始成果：观测数据证明，爱因斯坦的理论对测地线效应的预言误差低于 1%；由于参考系拖曳效应仅是测地线效应的 1/170，一些噪声信号造成的干扰不低于拖曳信号本身的效应，数据分析仍将继续下去。这个过程持续了 4 年。

2011 年 5 月 4 日，美国国家航空航天局发布消息，地球周围确实存在时空旋涡，参考系拖曳效应各项观测参数与广义相对论预言的完全符合。

这项工程自 1963 年开始，伊夫利特和他的一部分同事们已经在这个项目上花费了半个多世纪的时间。一项史诗般的工程！

美国国家航空航天局天体物理学家威廉·丹奇说：“这项成果对理论物理学具有长期影响，将来要想挑战爱因斯坦的广义相对论，就必须获得比引力探测器 B 观测结果更精确的数据。”

负责对引力探测器 B 的数据进行检查和评估的科学家——美国华盛顿大学圣路易斯分校的克利福德·威尔表示：“这是一个历史性的时刻……有一天，今天的这个实验将被作为经典案例写进物理学教科书。”

伊夫利特说：“我们在研制引力探测器 B 的过程中开发了 13 种新技术，谁知道这些新技术会将我们引向何方？”

相对论让人类重新审视这个世界。时间、空间、物质、运动，都不是以前我们认为的那样，它颠覆了人类千万年来的经验、直觉，以及我们曾陶醉其中、长达200多年的科学思想体系。

爱因斯坦相对论创立之初，让人承认这些全新的概念，比创立它们更难。

因为地球上除了寥寥几人，无人能够理解，包括大部分物理学家。

甚至狭义相对论关键概念的重要奠基人庞加莱、洛伦兹等，都表示难以接受。

但是没办法，在所有人怀疑的目光中，铁的事实一次又一次证明，相对论是对的，我们必须接受它——在没有更好的理论取代它之前。

所以，相对论走过的道路，虽然注定充满了艰辛和坎坷，但也注定通向灿烂和荣耀。光荣属于伟大的爱因斯坦！也属于千千万万的怀疑者、挑战者、验证者！

因为，没有那么多怀疑，没有那么多挑战，就不会做出范围如此之广、数量如此之多、精度如此之高的验证，就不会对这个理论树立如此之强的信心！

蓦然回首，狭义相对论、广义相对论建立百年以来，经受了各种考验，成为人们普遍承认的真理。相对论不仅奠定了现代物理学的基础，对现代科学产生了巨大的影响，也对现代人类思想的发展产生了深远的影响。

狭义相对论统一了牛顿力学和麦克斯韦电动力学，牛顿力学是物体在低速运动下的一级近似。

广义相对论建立了广义协变的引力理论，从根本上解决了物理定律限于惯性系的问题，牛顿引力理论、狭义相对论只是它特殊情况下的特例。狭义相对论是在没有重力、匀速直线运动时的情况；牛顿引力定律是在距离近、引力小和速度慢时的情况。

相对论更深刻地考察了时间、空间、物质和运动的基本概念，建立了科学、系统的时空观和物质观，使物理学体系在逻辑上更趋完美。

自从人类得到了相对论，宇宙的起源和终结有了依据，小裂变产生大能量不是幻想，黑洞和暗能量的存在合情合理，时间旅行成为可能……人们惊奇地发现，以前想都不敢想的东西，逐一步入我们的视野，宇宙几乎所有的奥秘，都隐藏在相对论那几行简单的公式中！

迄今为止，广义相对论的预言，能被直接实验和观测的，已经通过了所有实验和观测的验证。不能被直接实验和观测的，其间接证据也很靠谱。

广义相对论不是唯一的引力理论，但它是与实验数据最相符、形式最简洁的理论。目前，我们只能相信它。

但是，它并不完美。

最大的问题是，它与同样久经考验的量子论不能相洽统一，甚至相互矛盾。

这说明一个事实：它们都不是终极理论。

反对相对论的人虽然不像相对论诞生之初那么多，但反对的声音一直未曾间断。

科学理论正确与否，不是辩论出来的，而是实验和观测验证出来的。就像过得好不好，不是说出来的，而是从真真切切的生活上体现出来的。

因此，反对一个理论最好的办法，不是批驳这个理论有多荒谬，而是比结果——拿出另一个理论，解释现有观测，预言新的结果，这些结果被证实的那一天，就是你的反对胜利的那一天。

过程正如相对论、量子论取代经典物理理论那样。

请相信，这正是爱因斯坦所希望的——建立一个可以取代相对论和量子论的理论。

不幸的是，直到现在，我们对宇宙的理解，仍然没能超越爱因斯坦。百年来的发展和完善，说到底，只是在爱因斯坦的理论框架基础上的修修补补。

我们的宇宙，从根本上说，就是爱因斯坦的宇宙。

挑战爱因斯坦，已经成为物理学——乃至整个科学进步的当务之急。谁是下一个爱因斯坦?!

2003 年，NASA 的“超越爱因斯坦计划”闪亮登场，它由一系列野心勃勃的太空探测任务组成，包括前述的激光干涉空间天线计划（LISA），以及星群 - X 计划（Constellation - X）等。星群 - X 计划包括探测宇宙大爆炸释放出来的引力波，观察黑洞，追踪暗物质、暗能量等任务。

如果这个计划的最终结果与相对论不符，那么，我们就以这些观测结果为突破口，完善现有理论或建立新理论，朝宇宙的终极真相再迈进一步。

如果这个计划的最终结果与相对论相符，那么，我们就可以确定那些还在怀疑的东西，也算是朝宇宙的终极真相又迈进了一步。

至少要改善目前满腹狐疑而又不得不信任的状态，暂时跳出“疑人重用”的尴尬。

但是，目前，有个残酷的现实，我们不得不面对：“超越爱因斯坦计划”，仍然只是一个计划。

计划永远没有变化快。尤其是，在缺钱的情况下。

不幸的是，这个烧钱的计划，恰好面临缺钱的尴尬。

缺钱的理由很充分，这个计划对技术的高要求，是史无前例的，无与伦比的。

比方说，LISA 的轨道精度问题。

按理说，三个航天器各自相隔达 500 万千米之多，如此大的尺度，它们的轨道位置也应该比较粗放才对，有个百十千米的误差，应该不算什么，对吧？

但是，实际的技术要求恰恰相反，三者的关键部件在太空所处的位置，必须精确地保持在正确的轨道上。

怎么样才算“正确”呢？答案相当恐怖：轨道精度要以毫微米（10^{-9}m）计算！

这个精度，不要说是三个相隔 500 万千米在空中飘浮的航天器，就算是同一个航天器，由于阳光照射的角度不同，热胀冷缩所导致的变化，误差也不止毫微米的量级吧？！

你我都知道，苛刻的条件肯定不止轨道精度这一条，还有很多。不过就这一条，一般人听了以后大概都要吐血。

达到这样的苛刻要求，事情就变得无比复杂。事情一复杂，最直接的反应就是，成本上升。成本一上升，最直接的反应就是缺钱。一缺钱，最直接的后果就是，计划搁浅、延迟。

不过还好，由于这个计划太重要了，不实施难以平民愤，所以，实施是早晚的事。我们能做的，就是健康快乐地生活和等待！

或许，现在正在读书的某位天才，你将来会参与其中，出手搞定某个恐怖的技术指标。

地球人都知道，爱因斯坦倾尽后半生精力，试图建立一个大统一理论——统一场论，用以取代相对论，然而，这也许是整个人类的遗憾：这一次，他没有成功。

是的，没有人会永远成功，即使是爱因斯坦，也不例外。但是，这并不妨碍他的伟大。

智慧头脑，科学精神，纯粹人格，无与伦比的巨大贡献……这一切，已经让爱因斯坦成为一种真正意义上的象征。他是德国的爱因斯坦，是瑞士的爱因斯坦，是美国的爱因斯坦，是我们全人类的爱因斯坦。